高等学校应用型会计人才精细化培养系列教材

李　雪◎总主编　　　　徐国君◎主审

财务管理概论

U0823414

耿　菲◎主编

杨　屾◎副主编

中国财经出版传媒集团
中国财政经济出版社

图书在版编目（CIP）数据

财务管理概论/耿菲主编．—北京：中国财政经济出版社，2017.8
高等学校应用型会计人才精细化培养系列教材/李雪主编
ISBN 978－7－5095－7584－0

Ⅰ.①财…　Ⅱ.①耿…　Ⅲ.①财务管理－高等学校－教材　Ⅳ.①F275

中国版本图书馆 CIP 数据核字（2017）第 167117 号

责任编辑：郭爱春　　　　责任校对：刘　靖
封面设计：智点创意　　　　版式设计：录文通

中国财政经济出版社 出版
URL：http：//ckfz.cfeph.cn
E－mail：cfeph@cfeph.cn

社址：北京市海淀区阜成路甲 28 号　邮政编码：100142
营销中心电话：88190406
天猫网店：中国财政经济出版社旗舰店
网址：https：//zgczjjcbs.tmall.com
北京财经印刷厂印刷　各地新华书店经销
710×1000 毫米　16 开　15.5 印张　320 000 字
2017 年 8 月第 1 版　2021 年 8 月北京第 2 次印刷
定价：53.00 元
ISBN 978－7－5095－7584－0
（图书出现印装问题，本社负责调换）
本社质量投诉电话：010－88190744
打击盗版举报热线：010－88190414　QQ：447268889

总　序

经济社会越发展，会计人才越重要。经济社会发展需要会计改革与之相适应，会计事业全面发展又对经济社会发展具有重要的促进作用。新中国成立以来，特别是改革开放以来的实践证明，各项重大改革几乎都离不开会计改革，同时对会计人才培养不断提出新的要求。当下金融创新、虚拟经济、强化监管、内部控制等成为时代主旋律，会计人才的培养必将成为当前和今后一个时期经济社会发展的关键要素之一。

高等学校作为会计人才培养的主阵地，必须面对经济社会对会计人才的新要求，对会计人才培养的理论和实践作出新的设想和探索。经过多年的研究和探索，培养高素质应用型会计人才已经成为我国部分公办大学、所有独立学院和民办大学财会类专业共同的人才培养目标。其中，运用精细化管理的思想，探索和人才需求密切结合的精细化会计人才培养模式是各高校运用较多的做法。该培养模式按照市场需求、学生的就业方向和学习兴趣细分专业方向和专业课程，分层次、分方向培养会计诚信度高、实践能力强的应用型会计人才，取得了良好的培养效果。实施会计人才的精细化培养已成为提高会计人才培养质量的重要保证，是高校打造办学特色的重要途径。

与培养模式相对应的教材是培养合格人才的基本保证，是实现培养目标的重要工具。教材是高校实现应用型会计人才的精细化培养目标的重要载体，教材及教材建设对高校发展具有举足轻重的作用。应用型会计人才培养的教材编写和出版这些年相对比较热闹，但教材质量和适用性仍然存在一些问题，如：出版社对应用型会计本科教材的出版还不够重视，没有进行有效的组织；应用型本科院校多为新建院校，教材建设相对滞后，主观上也较愿意使用其他本科教材；在教材使用中存在比较严重的混用现象，出版的教材目标读者群不明确等。这些问题都影响了会计人才精细化培养目标的实现。

为了更好地适应会计人才精细化培养的需要，我们组织具有多年应用型人才培养经验的优秀教师和实务界专家编写了这套应用型会计人才精细化培养教材。本系列教材由会计学科导引、会计学、财务管理概论、高级财务会计、政府与非营利组织会计、金融企业会计、涉外企业会计、房地产企业会计、施工企业会计、旅游饮食服务业会计、小企业会计、商品流通企业会计、内部控制、资产评估、财经法规与会计职业道德、高级财务管理、税收筹划、政府审计、内部审计、经济责任审计、效益审计、经济学基础、证券投资学、会计综合模拟实验（手工实验）和会计综合模拟实验（财务软件的应用）等构成。为了保证教材的质量，本套教材聘请了著名高校的专家教授进行专门指导和审核。每本教材至少有一名本学科的知名专家或学科带头人提出审核指导意见，至少有一名高等院校教学一线的高级职称教师参与组织编写，至少有一名行业协会、实务界专家和教学研究机构人员提出编写建议。

本套教材的特色如下：

1. 应用性

本系列教材建设坚持培养精细化的应用型会计人才，体现了应用型人才培养的定位，体现了素质教育和“以学生发展为本”的教育理念，遵循了高等教育教学基本规律，重视知识、能力和素质的协调发展，从内容选材、教学方法、学习方法、实验配套等方面突出了应用性特征。

2. 针对性

本系列教材的编写符合会计学、财务管理和审计学专业的培养目标、培养需求、业务规格和教学大纲的基本要求，与各专业的课程结构和课程设置相对应，与课程平台和课程模块相对应。教材在结构纵横布局、内容重点选取、示例习题设计等方面符合教改目标和教学大纲的要求，把教师的备课、试讲、授课、辅导答疑等教学环节有机地结合起来。

3. 先进性

本系列教材反映了应用型会计人才精细化培养的内容，能够反映学科领域的新发展。教材的整体规划、每一种教材构造等均体现了实用性和创新性。教材还强调了系列配套，包括了教材、学习指导书、教学课件等。

4. 基础性

本系列教材力争打破传统教材自身知识框架的封闭性，尝试多方面知识的融会贯通，注重知识层次的递进，体现每一科目的基本内容，同时在具体内容上突出实际运用知识的能力，使本系列教材做到“教师易教，学生乐学，技能实用”。

5. 自学性

自学能力是高等教育应该教授给学生的一项基本能力。只有具备了自主学习的能力，才能最终建立起终身学习的保障体系，这也是应用型本科的客观要求。本系列教材要能调动学生的学习积极性，理论方面尽量通俗易懂，实践方面尽量采用案例式教学。为了有利于学生课后自主学习，本套教材配套了学习指导书和 PPT。

本套教材的定位把握准确，教材特色明显，适用于应用型高校选用，容易得到学生和市场的认可，便于教师的教学和学生的自学。

高等学校应用型会计人才精细化培养系列教材凝聚了众多领导、教授、专家和老师多年来的经验和心血。当然，由于我们的经验和人力有限，教材中难免存在不足，我们期待着各位同行、专家和读者的批评指正。我们将伴随着经济发展和会计环境的变迁不断修订教材，以便及时反映学科的最新发展和应用型人才精细化培养的最新变化。

李　雪

2017 年 6 月

前　言

本书为高等学校应用型会计人才精细化培养系列教材之一，由在财务管理教学中具有良好理论基础和丰富实践经验的教师进行编写，以满足当前我国应用型高等学校财务管理教学的需要。财务管理学具有很强的理论性、实践性和发展性。现代财务管理理论自诞生以来，广泛借鉴与吸收相关学科领域的理论、方法及研究成果，在适应经济发展需要的过程中不断发展和完善，逐步形成了一套较为完备的理论与知识体系。进入21世纪，随着全球化的深入、知识经济的兴起、电子商务的发展、资源紧缺的加剧以及环境保护与生态意识的增强，财务管理的环境发生了巨大的变化，给财务管理理论和实务的探索与发展提出了新的课题，带来了新的机遇。

财务管理是关于企业投资、筹资、运营管理和利润分配等方面的财务决策和控制问题，其知识体系包括基础理论和应用方法。现代财务管理以企业的价值创造和管理为核心，从战略高度服务于企业体系全局中的价值创造。

本教材围绕财务管理的基本概念、基本理论和方法展开，注重基本理论与基本实务的联系，以企业的筹资、投资、经营、分配等理财循环为主线，全面、系统、综合地介绍了财务管理的基本理论和方法。根据财务管理的理论体系，涵盖现代企业生产经营所涉及的资金运动全过程。在编写风格上，注重循序渐进，由浅入深，注重财务管理基础性内容的阐述和基本方法的应用，学生都能够根据每章的重难点提示了解和掌握各章的基本内容和方法。

本教材吸收借鉴了现代财务管理的最新成果和同类优秀教材的丰富经验，立足于我国应用型高等学校的人才培养目标，结合编写者在教学与科研工作中的知识积累与经验积淀，注重理论与实践相结合，注重培养学生的逻辑思维能力和分析解决问题的能力。在内容上，坚持以财务管理的基本原理为基础，以企业财务活动为主线，力求将原理、方法和应用融为一体，并加入“知识拓展”“相关思考”“本章小结”“重要概念”“本章练习”等内容，促进教、学、用三者的有机结合。本书主要作为高等学校应用型会计人才精细化培养系列教材，也可供相关专业人员参考。

本教材的编写特点：

(1) 逻辑性强。在总体布局上，按财务活动的内在逻辑将财务管理的主要内容划分成四个模块，各个模块既是一个相互独立的知识单元，又是相互联系形成的一个有机整体。

(2) 实践性强。在内容安排上，确保理论够用，突出实践导向。在每章编有大量例题的基础上，章前设有引导案例，章节中穿插有小案例。这些案例主要源于我国经济生活的实际，背景熟悉，易于理解，便于操作，同时又与正文呼应，有利于培养学生的应用能力。

(3) 深入浅出，循序渐进。在教材内容的组织安排和编写过程中，力求趣味性与科学性相结合，理论性与实践性相统一，从财务管理学科特点出发，有效激发学生学习兴趣。无论是整体内容还是局部章节，都尽可能做到深入浅出、循序渐进，以达到理想的教学效果。

(4) 借助图形、表格等工具进行讲解，图文并茂，通俗易懂。

本教材由耿菲主编，杨屾为副主编，陈晓冬为编者。具体分工如下：第1章财务管理总论（耿菲），第2章财务管理的价值观念（耿菲），第3章投资管理（耿菲），第4章筹资管理（耿菲），第5章营运资金管理（杨屾），第6章利润分配管理（杨屾），第7章财务分析（陈晓冬）。

本书在编写的过程中参考了大量相关教材和论著，在此向有关作者致以深深的谢意！

本书的编写先后经过多次讨论研究，力求内容编排合理、避免错误，但难免存在考虑不周、表达不妥当的地方，书中疏漏不足之处，敬请读者批评指正。

编者

2017年6月

目　录

财务管理概论模拟试题

各章练习参考答案

财务管理概论模拟试题参考答案

附　　录

第1章

财务管理总论

内容提要

本章主要讲解财务管理的基本问题，包括财务管理的内容、目标、影响环境及过程等，并分为四节进行讲解。

重点难点

本章重点为财务管理的内容和财务管理的目标；难点为财务管理目标观点的评价。

学习目标

理解财务管理的概念与特点；掌握财务管理的内容和财务管理的目标；理解财务管理的环境等基本理论问题。

知识框架

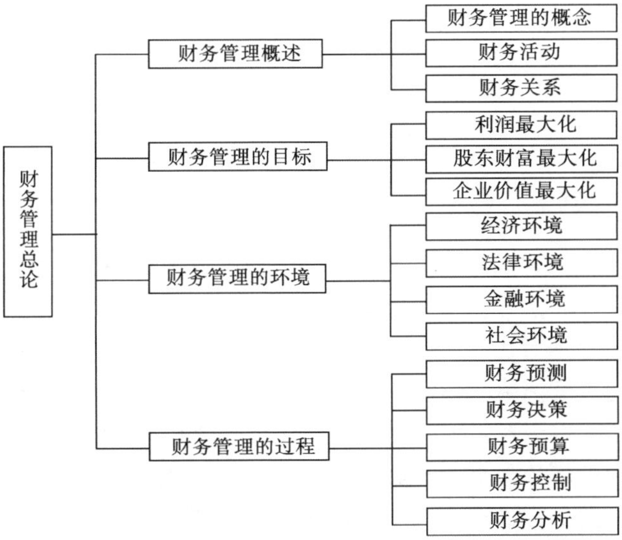

引入案例

雷曼兄弟公司破产

2008 年 9 月 15 日，美国第四大投资银行雷曼兄弟按照美国公司破产法案的相关规定提交了破产申请，成为美国有史以来倒闭的最大金融公司。

雷曼兄弟公司成立于 1850 年，在成立初期，公司性质为家族企业，规模相对较小，其财务管理目标是利润最大化。随着雷曼兄弟公司从经营干洗、兼营小件寄存的小店逐渐转型为金融投资公司，公司的性质从一个地道的家族企业逐渐成长为在美国乃至世界都名声显赫的上市公司。雷曼兄弟公司开始转型经营美国当时最有利可图的大宗商品期货交易，其后，公司又开始涉足股票承销、证券交易、金融投资等业务。1899 年至 1906 年的 7 年间，雷曼兄弟公司从一个金融门外汉成长为纽约当时最有影响力的股票承销商之一。其每一次业务转型都是资本追逐利润的结果，然而，由于公司在过度追求利润的同时忽视了对经营风险的控制，从而最终为其破产埋下了伏笔。

由于公司性质的变化，雷曼兄弟公司财务管理的目标也由利润最大化转变为股东财富最大化。雷曼兄弟公司自 1984 年上市以来，实现了 14 年连续盈利的经营业绩和 10 年间高达 1 103% 的股东回报率。为了使本公司的股票在一个比较高的价位上，雷曼兄弟公司自 2000 年开始连续 7 年将公司税后利润的 92% 用于购买自己的股票，此举虽然对抬高公司的股价有所帮助，但同时减少了公司的现金持有量，降低了其应对风险的能力。

雷曼兄弟公司破产对公司制定财务管理目标有什么启示?

1.1　财务管理概述

1.1.1　财务管理的概念

财务，通俗地讲，就是有关“钱财”的事务。一个国家的财务，称其为财政或公共财政；一个家庭的财务，称其为家庭财政；工商企业的财务，则称其为财务或企业财务。本书的范围是对在现代企业制度下的公司财务管理的介绍。

人类的生存与发展离不开物质资料及其生产经营。一方面，物质资料在商品、货币存在的条件下，其在生产经营过程中的综合反映是以货币价值——资金形式表现出来的；另一方面，随着社会再生产活动的进行，生产经营企业要不断地利用物质资料保障企业生产经营的正常进行，形成企业与国家之间、企业与外部单位之间的经济关系，同时，企业内部部门之间、企业与职工之间也会产生一定的经济关系。这些经济关系的存在，必然会引起企业资金的不断变化，即资金运动或称资金流动，从而形成财务问题。因此，对企业来说，财务就是企业在生产经营过程中的资金运动及其所体现的财务关系。

管理，就是为实现预期目标所进行的最经济、最有效的活动，是对行动的反映、计划、组织、控制、监督和调节。就企业财务管理而言，一要确定管理的对象或管理的内容；二要确定财务管理的预期目标，即企业财务管理活动所希望实现的结果。

财务管理是对资金的取得、使用和分配等一系列活动所进行的管理，包括组织财务活动和处理财务关系。

1.1.2　财务活动

随着企业再生产过程的不断进行，企业的资金总是处于不断运动之中。企业的资金运动表现为资金的循环和周转。

企业的生产经营活动，包括供应过程、生产过程和销售过程。供应过程是产品生产的准备阶段，其主要工作是采购材料物资，形成生产储备，以保证生产经营的正常进行。生产过程是企业生产经营活动的中心环节。在生产过程中，工人利用劳动资料对劳动对象进行加工，形成劳动产品。生产过程既是产品的制造过程，又是生产资料和活劳动的消费过程。销售过程是企业生产经营活动的最后阶段。在销售过程中，企业通过商品交换，获得销售收入，同时使生产过程中物化劳动和活劳动的耗费得到补偿。销售过程既是产品价值的实现过程，又是经营成果的实施过程。

上述企业资金从货币资金开始，经过供应、生产、销售三个阶段，依次转换其形态，又回到货币资金的过程就是资金的循环，不断重复的资金循环就是资金的周转。企业资金只有不断地循环和周转才能既保存自己的价值，又实现其价值的增值。资金周转速度越快，资金利用效果就越好，企业经济效益就越会提高。

企业的资金运动构成企业的财务活动，通过企业财务活动实现企业的资金运动。财务管理就是这样一个由筹资、投资、资金营运、分配等互相联系、互相作用的部分组成的整体。资金运动具体表现为企业资产、负债、所有者权益、收入、费用和利润六个要素的增减变化，与之相对应，企业财务活动可以归纳为四个方面。

1. 筹资活动

筹资是指企业为了满足生产经营活动的需要，从一定的渠道，采用特定的方式，筹措和集中所需资金的过程。筹集资金是企业进行生产经营活动的前提，也是资金运动的起点。一般而言，企业可以从三个方面筹集并形成三种性质的资金来源：一是从所有者处取得的资金形成资本金；二是从债权人处取得的资金形成负债；三是从企业获利中以留存收益形式取得的资金形成一部分所有者权益。企业筹集的资金，可以是货币资金，也可以是实物资产或无形资产。在筹资过程中，企业一方面要确定筹资的总规模，以保证投资所需要的资金；另一方面要通过筹资渠道和筹资方式或工具的选择，确定合理的筹资结构，使筹资的代价较低而风险不变，甚至降低。

2. 投资活动

企业在取得资金后，必须将资金投入使用，以谋取最大的经济效益。否则，筹资就失去目的和依据，不仅如此，还会给企业带来偿付所筹资金的本息风险。投资有广义、狭义之分。广义的投资是指企业将筹集的资金投入使用的过程，包括企业内部使用资金的过程以及企业对外投放资金的过程。就前者而言，企业将筹集的资金投放生产经营中，主要是通过购买、建造等过程，形成各种生产资料。即一是进行固定资产的购买和建造，形成企业的固定资产投资；二是进行流动资产的购买和制造形成流动资产的占用或投资；三是无形资产的购买或创立，形成无形资产的投资。在投资过程中，企业一方面必须确定投资规模，以保证获得最佳的投资效益；另一方面通过投资方向和投资方式的选择，确定合理的投资结构，使投资的收益较高而投资风险不大，甚至降低。

3. 经营活动

企业经营所需材料物资的采购、工资和相关费用等的支付，构成了日常财务支出；企业产品销售和其他业务等所获得的相关收入，构成了日常财务收入。为了保证日常财务收支在时间上的平衡，企业需要利用所筹集的资金垫付支出大于收入的缺口资金。企业为满足日常营业活动的需要而垫支的资金，称为营运资金。在一定时期内，营运资金周转速度越快，资金的利用效率就越高，企业就可能生产出更多的产品，取得更多的收入，获取更多的利润。

4. 分配活动

企业通过资金的投放和使用，必然会取得各种收入。企业的收入首先要用以弥补生产耗费、缴纳流转税，其余部分为企业的营业利润。营业利润和对外投资净收益、其他净收入构成企业的利润总额。利润总额首先要按国家规定缴纳所得税，税后利润要提取公积金，分别用于扩大积累、弥补亏损和改善员工集体福利设施，其余利润分配给投资者或暂时留存企业或作为投资者的追加投资。企业必须在国家的分配政策指导下，根据国家所确定的分配原则，合理确定分配的规模和分配的方式，以使企业获得最大的长期利益。

1.1.3 财务关系

财务关系是指企业在组织财务活动过程中与各有关方面发生的经济关系。企业的筹资活动、投资活动、经营活动和分配活动都会引起相应的财务关系。常见的财务关系主要包括：

1. 企业与投资者之间的财务关系

企业与投资者之间的财务关系指的是投资者将资金投入企业，企业获得利润后向投资者分配利润所形成的经济关系。投资者向企业投入资金，成为企业的所有者，对企业有所有权，享有企业事务的管理权，对企业的收益享有分享权。企业获得了投资者投入的资金后，投入生产经营中，产生了收益，就要向投资者分配利润。

2. 企业与债权人之间的财务关系

企业与债权人之间的财务关系主要是指企业向债权人借入资金，到期向债权人还本付息的活动所形成的关系。企业在生产活动中，为了扩大生产经营规模和降低资金使用成本，需要借入一部分资金。企业的债权人主要有企业的债券持有人、金融机构、商业信用提供者和其他出借资金给企业的单位或个人。

3. 企业与被投资者之间的财务关系

企业与被投资者之间的财务关系主要是指企业向被投资单位投资，被投资单位获利后向企业分配股利所形成的经济关系。企业向其他单位投资，按约定履行出资义务，并依据其出资份额享有对被投资单位的经营管理权。企业与被投资单位之间的关系体现了所有权性质的投资与受资的关系。

4. 企业与债务人之间的财务关系

企业与债务人之间的财务关系是指企业将其资金以购买债券、提供借款或商业信用等形式出借给其他单位或个人所形成的经济利益关系。企业将资金借出后，有权要求其债务人按约定的条件偿还借款的本金和利息。企业同债务人之间的关系体现的是债权和债务的关系。

5. 企业与政府之间的财务关系

政府作为社会管理者，行使政府行政职能，与企业之间的财务关系主要表现为：企业要按税法的规定依法纳税，国家税务机关依法征税。税收收入是国家重要的财政收入，税款的及时缴纳和征收对保障国家正常运行起到非常重要的作用。企业与政府之间的财务关系反映了依法纳税和依法征税之间的权利义务关系。

6. 企业内部各单位之间的财务关系

企业内部各单位之间的财务关系表现为各单位在生产经营环节中相互配合，相互提供劳务或产品所形成的关系。在实行内部经济核算制的条件下，企业供、产、销各部门以及各生产单位之间，相互提供产品和劳务要进行计价结算。企业内部各单位之间的这种关系表现为各单位之间的利益关系。

7. 企业与职工之间的财务关系

企业与职工之间的财务关系指的是职工提供劳务，企业向职工支付报酬所形成的关系。职工为企业提供的劳务包括脑力劳动和体力劳动，企业根据职工为企业所做贡献的多少支付相应的酬劳给职工，包括各种奖金、津贴等。

1.2　财务管理的目标

目标是人们通过一系列的行为所要达到的目的。任何组织想要完成其事业，必须首先确定追求的目标。公司财务管理的目标就是财务管理理论和实务的逻辑起点，是财务理论和实践的基础。财务管理目标就是公司财务活动期望实现的结果，是评价公司财务活动是否合理的基本标准。关于公司财务管理目标的表达，主要有以下三种观点：

1.2.1 利润最大化

利润最大化是西方微观经济学的理论基础。西方经济学家以往都是以利润最大化这一观点来分析和评价公司业绩的。这种观点认为，利润代表了公司新创造的财富，利润越多，则公司财富增长的越多，越接近公司生存、发展和盈利的目标。以利润最大化作为财务管理的目标，有其合理的一面。公司追求利润最大化，就必须加强管理，改进技术，提高劳动生产率，降低产品成本，注重市场销售。这些措施都有利于资源的合理配置，有利于经济利益的提高。然而，进入 20 世纪 70 年代以来，一味地追求过高的利润带来了许多负面影响，主要集中在以下几个方面：

（1）忽视了时间的选择，没有考虑货币时间价值。例如，今年获利 100 万元和明年获利 100 万元，哪一个更符合公司的目标？若不考虑货币时间价值，就难以作出正确的判断。

（2）忽视了风险。企业追求利润最大化，可能会使企业忽视投资过程中的风险，一旦遇到市场风险，就会陷入经营困境。

（3）忽视了利润与投入资本的关系。企业只追求利润最大化，只看利润数量上的增长，而没有全面评估企业为实现的利润所投入的资本。

因此，现代财务理论认为，利润最大化并不是公司财务管理的最佳目标。

1.2.2 股东财富最大化

按照现代委托代理学说，企业的代理关系是一种契约关系。在这种关系下，企业的日常经营管理活动由受委托的经营者负责处理。基于委托代理条件下的受托财产责任，经营者最大限度地谋求股东或委托人的利益，而股东或委托人的责任目标则是提高资本报酬率，增加股东财富，实现权益资本的保值增值。在股份经济条件下，股东财富由其所拥有的股票数量和股票的市场价格两方面来决定。在股票数量一定时，当股票价格达到最大化时，股东财富也达到最大化，所以股东财富最大化又演变成股票价格最大化。

与利润最大化相比，股东财富最大化有其积极的方面，这是因为：

（1）股东财富最大化目标考虑了时间价值，因为股票价格受到企业每股预期收益的大小以及取得时间的影响。

（2）股东财富最大化目标考虑了风险因素，因为股价通常会对风险做出比较敏感的反应。

（3）股东财富最大化目标反映了资本与收益之间的关系，因为股票价格是对每股股价的一个标价，反映的是单位投入资本的市场价格。

但也应该看到，股东财富最大化也存在一些缺点：

（1）无论是我国还是西方，上市公司在全部企业中只占一小部分，大量的非上市公司不可能采用这一目标。

（2）即使是上市公司，股票价格也要受多种因素的影响，影响股票价格的因素并非都是公司所能控制的，把公司不可控的因素引入财务管理目标是不合理的。

（3）股东财富最大化强调了股东利益最大化，很容易忽视其他利益相关者的利益。

新的产权理论认为，股东、债权人、员工都是企业的产权主体，都有权获取企业创造的剩余财产，不难发现，市场竞争的加剧使得一切以股东利益为出发点的企业财务管理目标处处捉襟见肘。

引例解析

雷曼兄弟公司破产

1. 关于财务管理目标的重要性

企业财务管理目标是企业从事财务管理活动的根本指导，是企业财务管理活动所要达到的根本目的，是企业财务管理活动的出发点和归宿。财务管理目标决定了企业建立什么样的财务管理组织、遵循什么样的财务管理原则，运用什么样的财务管理方法和建立什么样的财务指标体系。财务管理目标是财务决策的基本准则，每一项财务管理活动都是为了实现财务管理的目标，因此，无论从理论意义还是从实践需要的角度看，制定并选择合适的财务管理目标是十分重要的。

2. 关于财务管理目标的制定原则

企业在制定财务管理目标时，需遵循以下原则：①价值导向和风险控制原则。财务管理目标首先必须激发企业创造更多的利润和价值，但同时也必须时刻提醒经营者要控制经营风险。②兼顾更多利益相关者的利益而不偏袒少数人利益的原则。企业是一个多方利益相关者利益的载体，财务管理的过程就是一个协调各方利益关系的过程，而不是激发矛盾的过程。③兼顾适宜性和普遍性原则。既要考虑财务管理目标的可操作性，又要考虑财务管理目标的适用范围。④绝对稳定和相对变化原则。财务管理目标既要保持绝对的稳定，以便制定企业的长期发展战略，同时又要考虑对目标的及时调整，以适应环境的变化。

3. 关于财务管理目标选择的启示

无论雷曼兄弟公司奉行的是股东财富最大化，还是其他的财务管理目标，如产值最大化、利润最大化、企业价值最大化，甚至包括非主流财务管理目标——相关者利益最大化，都在存在诸多优点的同时，也存在一些自身无法克服的缺点。因此笔者建议，在选择财务管理目标时，可以同时选择两个以上的目标，以便克服务目标的不足，在确定具体选择哪几个组合财务管理目标时可遵循以下原则：第一，组合后的财务管理目标必须有利于企业提高经济效益；有利于企业提高“三个能力”（营运能力、偿债能力和盈利能力）；有利于维护社会的整体利益。第二，组合后的财务管理目标之间必须要有主次之分，以便克服各财务管理目标之间的矛盾和冲突。

1.2.3　企业价值最大化

企业价值是企业所能创造的预计未来现金流量的现值。企业价值反映了企业潜在的或预期的获利能力。企业价值最大化是通过财务上的合理经营，采取最优的财务政策，充分利用资金的时间价值和风险与收益的关系，注重企业的长期稳定发展，强调在企业价值增长中应满足各方利益，不断增加企业财富，使企业总价值达到最大化。

以企业价值最大化作为财务管理的目标，其优点主要表现在：

（1）考虑了不确定性和时间价值，强调风险与收益的权衡，并将风险限制在企业可以接受的范围内，有利于企业统筹安排长短期规划，合理选择投资方案。

（2）将企业长期、稳定的发展和持续的获利能力放在首位，能够克服企业追求利润的短期行为。

（3）反映了对企业资产的保值增值要求。在投入资本一定的条件下，如果企业价值大于投入资本，即可实现保值增值的目标，并且企业价值越大，增值越多。

（4）有利于资源的优化配置。社会资金通常流向企业价值最大化的企业或行业，有利于实现社会效益最大化。

以企业价值最大化作为财务管理的目标存在以下问题：

（1）尽管上市公司股票价格的变动在一定程度上可以揭示企业价值的变化，但是股价是受多种因素综合影响的结果，特别是在资本市场弱式有效的情况下，股票价格很难反映公司的真实价值。

（2）对于非上市公司，只有对公司进行专门评估才能确定其价值。而在评估企业价值时，由于受到评估标准和评估方式的影响，很难做到客观和准确。

（3）在评估企业价值时，企业未来报酬和与企业风险相适应的折现率很难预计。

但即使有以上缺陷，企业价值最大化仍是目前认同度最高的财务管理目标。

知识拓展

如何统一 CEO 与股东的利益

股东依靠首席执行官（CEO）采用适当的政策去最大化股份的价值。然而，和普通人一样，首席执行官也趋向于为增加自己的利益而行动。董事会一个最关键的职责就是创造一种激励方式，使得首席执行官为自己的利益而采取的行动同样使股东的利益增加。从理论上看，这并不是一件困难的事情。用下面三种基本政策进行某种组合，就会产生正确的货币激励，激励首席执行官最大化公司价值：

第一，董事会可以要求首席执行官成为公司的重要股东。

第二，对工资、奖金和股票期权进行组合，以便于给业绩突出的管理者以高额回报，也给业绩不佳的管理者以重罚。

第三，对业绩不佳的首席执行官，坚决予以解雇。

1.3　财务管理的环境

财务管理环境也称理财环境，是指对企业财务活动产生影响的各种条件或因素的集合。财务管理环境按其包括的范围，分为宏观财务管理环境和微观财务管理环境。宏观财务管理环境是指对企业财务行为施加影响的各种宏观方面因素的集合，主要包括：经济环境、法律环境、金融环境、社会环境。宏观环境的变化一般对各类企业的财务管理均产生影响。微观财务管理环境是指对企业财务行为施加影响的各种微观方面因素的集合，主要包括：企业组织形式、销售环境、采购环境、生产环境、企业文化等。微观环境的变化一般只对特定企业、行业或产业财务管理产生影响。下面主要分析宏观财务管理环境。

1.3.1　经济环境

财务管理的经济环境是指影响企业财务管理活动的各种经济因素，主要包括经济周期、经济发展水平、通货膨胀和经济政策等。

1. 经济周期

在市场经济环境下，经济的发展往往带有一定的波动性，一般会经历复苏、繁荣、衰退和萧条四个阶段，呈现出周期性的变化，这种循环称为经济周期。在经济周期的不同阶段，市场呈现出不同的特点，企业也该采取不一样的经营政策和财务管理政策。

在经济的复苏阶段，社会购买力逐步提高，企业要制定适当的企业发展计划，开发新产品，扩大存货量并采取较为宽松的信用政策，为企业的发展积累能量。在经济的繁荣阶段，市场需求旺盛，企业应该采取扩张的经营政策，扩大经营规模，增加对生产的投资，财务人员就要及时筹集到需要的资金。在衰退阶段，企业应采取保守的经营政策，缩减投资，采取较为稳健的经营政策，以获得较为稳定的收益。在经济的萧条阶段，企业应尽量维持现有的生产规模，降低企业成本，使企业的收益保持在一定水平，以度过萧条时期。

2. 经济发展水平

目前，世界上的国家按照经济发展水平可划分为发达国家、发展中国家和不发达国家三类。处于不同发展水平的国家的经济发展特点是不相同的，所采用的财务管理政策也是不一样的。

发达国家经历了较长的经济发展历程，已经形成较为完善的生产方式，经济关系也比较复杂。这类国家的财务管理工作的特点表现为理财水平较高，由于经济较为发达，科学技术、计算机水平不断提高，也为财务管理水平的提升提供了基础。

发展中国家经济基础较薄弱，但发展速度较快，经济政策变更频繁，国际交往合作日益增多。这些特点就决定了发展中国家的财务管理工作呈现出内容和手段更新较快、企业财务管理的有关政策法规受国家政策影响较大、不太稳定的特点。

不发达国家经济发展水平较低，经济形式和内容都较为简单，相应的财务管理工作也较为简单，发展也比较缓慢。

3. 通货膨胀

通货膨胀不仅对消费者不利，也会给企业财务管理带来较大的不利影响。主要表现在：(1) 资金占用额迅速增加，致使企业现金短缺。货币的购买力下降，企业必须支付更多的现金用来购买存货及支付工资，却难以维持原来的生产规模；同时为了促销，赊销也会使企业占用较以往更多的资金。(2) 引起利率上升。增加企业的筹资成本。(3) 引起物价上升，增加企业的产品成本。(4) 导致利润虚增、资金流失。

趣味阅读

通货膨胀

在第一次世界大战的德国，有一个小偷去别人家里偷东西，看见了一个筐里面装满了钱，他把钱倒了出来，把筐拿走了。

在 1923 年的德国大街上，一些儿童用大捆大捆的纸币马克玩堆积木的游戏；一位正在煮饭的家庭妇女，她烧的不是煤，而是本应该用来买煤的纸币……你肯定会感到难以置信，但事实确实如此——当时的德国，正在经历人类历史上最疯狂的通货膨胀，货币贬值到了今天几乎无法相信的程度；年初 1 马克还能换 2.38 美元，到了夏天 1 美元能换 4 万亿马克！一份报纸从 0.3 马克涨到了 7 000 万马克！

当时的德国人民经受了可怕的梦魇。工人和教师一领到工资就要以百米冲刺的速度冲到商店购买面包和饼干，跑得慢一点的，面包和饼干的价格就会上涨一大截。因为物价上涨的速度实在是太疯狂了！老人们努力积攒的积蓄顷刻间化为乌有，到处是工人罢工、农民罢产。在这样巨大的经济压力下，德国人民遭受了极大的苦难，没有工作、没有粮食，走投无路。德国人民对政府极为不满，德国各地斗争、骚乱不断发生，德国处于严重的动荡之中。

这就是传说中的通货膨胀。在宏观经济学中，因货币供给大于货币实际需求，而引起的一段时间内物价持续而普遍地上涨，这种现象就是通货膨胀。通俗来说，就是流动中的钱多了，钱多了就不值钱，物价上涨，货币的购买力下降了。

4. 经济政策

经济政策是指国家或政府为了增进社会经济福利而制定的解决经济问题的指导原则和措施，包括财政、税收、金融、外汇、价格、投资、物资流通和社会保障等各个方面的政策。在经济政策中，对企业影响较大的主要有财政政策和货币政策。一般来讲，积极、扩张的财政政策与货币政策，将会使投资机会增加；紧缩的财政政策与货币政策，将会使投资机会减少。政府增加开支时，投资机会将增多；政府压缩开支时，投资机会将减少。同时，对某些地区、某些行业、某些经济行为的优惠、鼓励和有利倾斜，也是政府经济政策的主要内容。经济政策对企业理财活动的影响是巨大的。企业财务人员应研究不同的经济政策对企业理财活动可能造成的影响，趋利除弊，更好地为企业理财服务。

1.3.2　法律环境

财务管理的法律环境是指影响企业财务活动的各种法律、法规和规章。主要包括企业组织法规、税收法规和财务法规。

1. 企业组织法规

企业组织必须依法设立。组建不同的企业，要依照不同的法律规范。我国有关的企业组织法规主要有《中华人民共和国公司法》（以下简称《公司法》）《中华人民共和国个人独资企业法》《中华人民共和国外资企业法》《中华人民共和国中外合作经营企业法》《中华人民共和国中外合资经营企业法》《中华人民共和国合伙企业法》等。这些法律规范既是企业的组织法，又是企业的行为法。例如，公司的组建要遵循《公司法》中的有关条件和程序。公司一旦成立，其主要的活动，包括财务管理活动，都要按照《公司法》的规定来进行。因此，《公司法》是公司财务管理最重要的强制性规范，公司的财务活动不能违反该法律，公司的自主权不能超出该法律的限制。

其他企业也应按照相应的企业法来进行其理财活动。

2. 税法

税法是税收法律制度的总称，是调整税收征纳关系的法规规范。税法可分为两大类，一类是以《中华人民共和国税收征收管理法》为核心的程序法系；另一类是以增值税为主导的实体法系。其中，实体法按征收对象的不同共分为所得税、流转税、资源税、财产税、行为税五大类。

税负是企业的一种现金支出。因此，企业希望在不违反税法的前提下减少税负。税负的减少，只能靠事先合理安排和筹划投资、筹资和利润分配等财务行为，而不允许在应纳税行为已经发生时偷税漏税。掌握税法，对财务主管人员有重要意义。

3. 财务法规

财务法规是规范企业财务活动、协调企业财务关系的行为准则。主要包括企业财务通则和行业财务制度。

财务通则是开展财务活动、进行财务管理必须遵循的基本原则和规范，是财务制度体系中最基本的法规，是制定企业财务制度和企业内部财务管理办法的纲领性文件。我国的财务通则分别从企业、事业单位、行政单位和金融企业的角度进行了规范。1992 年 11 月 30 日，财政部令第 4 号发布了《企业财务通则》，自 1993 年 7 月 1 日起施行；2006 年 12 月 4 日，财政部又对《企业财务通则》进行了修订，从 2007 年 1 月 1 日起施行。1996 年 10 月 22 日，财政部令第 8 号发布了《事业单位财务规则》，自 1997 年 1 月 1 日起实施；2012 年 2 月 7 日，财政部令第 68 号对《事业单位财务规则》进行了修订。1998 年 1 月 19 日，财政部令第 9 号发布了《行政单位财务规则》，自发布之日起施行；2006 年 12 月 7 日，财政部令第 42 号发布了《金融企业财务规则》，从 2007 年 1 月 1 日起实施。

财务制度是财政部依据财务通则，结合某类单位的性质和特点制定的，是各类单位从事财务活动必须遵循的行为规范和原则。例如，根据《事业单位财务规则》制定了《科学事业单位财务制度》《高等学校财务制度》《文物事业单位财务制度》《医院财务制度》《中小学校财务制度》《体育事业单位财务制度》《农业事业单位财务制度》《国家物资储备事业单位财务制度》等多类事业单位的财务制度；根据《企业财务通则》制定了《工业企业财务制度》《商品流通企业财务制度》《运输企业财务制度》等。

1.3.3 金融环境

金融环境是企业财务管理最主要的环境因素之一，主要包括金融机构、金融市场、金融工具和利率等。

1. 金融机构

社会资金从资金供应者手中转移到资金需求者手中，大多需要通过金融机构。财务人员要想最有效地筹集资金，必须对金融机构有所了解。

目前我国金融机构主要包括：

(1) 银行。我国银行主要包括中国人民银行、商业银行和国家政策性银行。中国人民银行是全国最高金融机构，代表政府管理全国的金融机构和金融活动，经理国库。商业银行是以经营存款、放款和办理转账结算为主要业务，以盈利为目标的金融企业。商业银行主要包括国有商业银行（如中国工商银行、中国农业银行、中国银行、中国建设银行和交通银行）和其他商业银行（如广东开发银行、招商银行、光大银行等)。国家政策性银行是由政府设立、以贯彻国家产业政策为目的、不以盈利为目的的金融机构。国家政策性银行主要有中国进出口银行、国家开发银行、农业发展银行等。

(2) 证券公司。证券公司分为综合类证券公司和经济类证券公司。综合类证券公司主要通过承担证券的推销或包销工作，为企业融通资金提供服务。经济类证券公司只能专门从事已上市证券的代理买卖经纪业务。

(3) 其他金融机构。其他金融机构主要包括信托投资公司、保险公司和租赁公司等。

2. 金融市场

金融市场是资金供求双方借助金融工具融通资金的市场，其特点是以资金为交易对象。

(1) 金融市场的分类。金融市场可以根据不同的标准进行分类，常见的方法是按金融交易对象分类，如图 1－1 所示。

- 金融市场
  - 外汇市场
  - 资金市场
    - 货币市场
      - 短期证券市场
      - 短期借贷市场
    - 资本市场
      - 长期证券市场
        - 一级市场
        - 二级市场
      - 长期借贷市场
  - 黄金市场

图 1－1　金融市场的基本类型

资金市场按期限分为货币市场和资本市场。货币市场是指资金偿还期限在一年之内的市场，通常亦称短期资本市场，包括短期借贷市场、短期证券市场等；资本市场是指资金偿还期限在一年以上的市场，通常简称长期资本市场，包括长期借贷市场和长期证券市场。

长期证券市场按具体功能分为一级市场和二级市场。一级市场是由新证券首次发行而形成的证券市场，亦称发行市场；二级市场是由现有证券买卖交易而形成的证券市场，亦称交易市场。

(2) 金融市场与企业财务管理。金融市场对企业财务管理的影响主要表现在：①金融市场为企业筹资和投资提供场所。当企业需要资金时，可以到金融市场上选择合理的方式进行筹资；当企业的资金有剩余时，也可以到金融市场上选择投资方式，为资金寻找出路。②企业可通过金融市场实现长期资金和短期资金的相互转换。如将长期的债券、股票和远期票据转换成现金；或将短期的资金转换成长期的债券和股票等。③金融市场为企业财务管理人员提供相关信息。

3. 金融工具

金融工具是指在信用活动中产生的能够证明债权债务关系或所有权关系并据以进行货币资金交易的合法凭证。金融工具按发行和流通的场所可划分为货币市场证券和资本市场证券。

货币市场证券到期日通常在一年以内，主要是政府、银行及工商企业发行的短期信用工具，主要包括商业本票、银行承兑汇票、国库券、银行同业拆借、短期债券等。资本市场证券是指到期期限超过一年的证券，主要包括普通股、优先股、长期公司债券、国债、衍生金融工具等。

4. 利率

利率是衡量资本增值量的基本单位，也是资本的增值与投入资本的价值之比。从资本流通角度看，利率为资本的交易价格。资本作为一种特殊的商品，是以利率作为价格标准的，资本的融通实质上通过利率这一价格体系在市场机制作用下实行再分配。这种分配的结果，往往是获利较高的投资机会更容易得到资本。因此，可以说，利率是资本市场上资本流向的调节器。

一般来说，利率可用下式表示：

利率 = 纯利率 + 通货膨胀率 + 违约风险报酬率 + 流动性风险报酬率 + 期限性风险报酬率

（1）纯利率。纯利率是指在无通货膨胀和无风险情况下的社会平均利润率。纯利率的高低，受平均利润率、资本供求关系和国家宏观调节的影响，很难被精确地测定。因此，在实际工作中，通常用无通货膨胀情况下的国库券利率来表示。

（2）通货膨胀率。通货膨胀会降低货币的实际购买力，使投资者的真实报酬率下降。因此，他们必然要求提高利率水平以补偿其购买力损失。一般认为，政府发行的短期国库券利率就是由纯利率和通货膨胀率两部分组成。

（3）违约风险报酬率。违约风险是指借款人无法按期偿还本金和利息而给投资者带来的风险。如果借款人经常不能按期支付本息，则说明该公司违约风险较高。投资者为了减少损失，必然要求提高报酬率以弥补违约风险。当然，违约风险报酬率不可以无限制地增长，如果某公司具有太高的风险性，则它以任何利率都不可能筹集到借款。公司违约风险由其信用程度决定，公司的信用程度可以分为若干等级，等级越高，信用越好，违约风险越低，利率水平越低；信誉不好，违约风险高，利率水平自然提高。一般将国库券与拥有相同到期日、变现力和其他特性的公司债券两者之间的利率差距作为违约风险报酬率。

（4）流动性风险报酬率。流动性风险是指某项资产迅速转化为现金的可能性。如果一项资产能够迅速转化为现金，说明其变现能力强，流动性好，流动性风险低；反之，则说明流动性风险高。政府债券和大公司债券的信用好，变现能力强，容易被社会广大投资者所接受，具有较强的流动性，投资者在需要资本时，可以随时出售证券，流动性风险小，利率低。而一些不知名的小公司发行的债券，流动性差，流动性风险高，利率高。在其他因素相同的情况下，流动性风险小的债券和流动性风险大的债券利率相差 1% ~2%，即流动性风险报酬率。

（5）期限性风险报酬率。期限性风险是指因债务到期日不同而带来的风险。一项负债，到期日越长，债权人承受的不确定因素就越多，承担的风险就越高。为了弥补这种风险而提高的利率水平，就是期限性风险报酬率。例如，同时发行的国库券，5 年期利率比 3 年期利率高，银行贷款利率也是一样。因此，长期利率一般要高于短期利率，这便是期限性风险报酬率。

1.3.4　社会环境

社会环境也称社会文化环境，是指影响企业进行财务管理工作的社会文化因素，包括教育、科学、文学、艺术、舆论、新闻出版、广播电视、卫生体育、世界观、理想、信念、道德、习俗、思维方式等。

受教育程度的高低影响着财务管理人员的职业判断、业务水平和实务能力。随着经济的不断发展，企业所面临的财务管理业务也越来越复杂，财务管理人员所面临的问题不仅是财务方面的专业问题，有时还需要处理、协调其他方面的关系；在进行财务管理决策时，不但要考虑财务方面的因素，还要考虑企业管理的其他方面，如和营销部门、生产部门等其他部门的协调。除此之外，财务管理人员还要熟悉各种法律法规，使企业的各项财务活动在法律法规规定的范围内进行。因此，财务管理人员所受的教育不仅仅是财务方面的，企业管理的各方面知识也都要掌握，更要注重能力的培养。

财务管理的知识体系的发展受到了自然科学和社会科学的影响。一方面，科学发展为财务管理的发展提供了理论指导和管理手段，经济学、管理学乃至数学、物理及计算机等科学的发展，都在一定程度上促进了现代财务理论的发展，并用于指导财务管理的实践活动；另一方面，社会科学和自然科学的不断发展，也丰富了财务管理的研究内容，给财务管理的发展带来了新的挑战。

价值观、世界观直接影响着人们对一件事的判断和认识，财务管理人员对风险的偏好、对货币时间价值的认识、对信息的处理，都会影响其对企业经济活动的判断和处理。在新的形势下，财务管理人员更要及时转变、更新观念，以适应不断变化的社会环境，使企业的财务管理活动能够有序、正常地进行。

1.4　财务管理的过程

财务管理的环节包括财务预测、财务决策、财务预算、财务控制和财务分析。

1.4.1　财务预测

1. 财务预测的含义和目的

财务预测是根据财务活动的历史资料，考虑现实的要求和条件，对企业未来的财务活动和财务成果作出科学的预计和测算。它是财务管理的环节之一。其主要任务在于，测算各项生产经营方案的经济效益，为决策提供可靠的依据；预计财务收支的发展变化情况，以确定经营目标；测定各项定额和标准，为编制计划、分解计划指标服务。财务预测环节主要包括明确预测目标、搜集相关资料、建立预测模型、确定财务预测结果等步骤。

进行预测的目的是体现财务管理事前决策的作用，帮助财务人员认识和控制未来的不确定性，使财务管理的目标和可能变化的周围环境尽量保持一致。财务预测可以不同标准进行多种分类：（1）按预测对象分为筹资预测、投资预测、成本预测、收入预测和利润预测。（2）按性质分为定性预测和定量预测。（3）按预测跨度时间分为长期预测、中期预测和短期预测。（4）按预测值多寡分为单项预测和多项预测。（5）按预测态势分为静态预测和动态预测。

2. 财务预测的作用

财务预测对于提高公司经营管理水平和经济效益有着十分重要的作用，表现在以下几个方面：

（1）财务预测是进行经营决策的重要依据。管理的关键是决策，决策的关键是预测，通过预测可以为决策提供充分的依据，使企业的决策建立在有效的基础上。

（2）通过财务预测可以使企业有效地安排资金使用，提高资金使用效率。通过对企业未来资金使用量的预测，可以使企业对经营期间所需要的资金尽快筹资，合理安排资金的使用流向，既不会占用流动资金，也不会造成资金短缺。

（3）通过财务预测提高了企业的管理水平。财务预测越准确，说明企业的管理水平越高，越能有效促进企业的生产经营活动。

1.4.2 财务决策

财务决策是指财务人员按照财务管理目标的总体要求，利用专门方法对各种备选方案进行比较分析，并从中选出最佳方案的过程。

1. 财务决策的目的

财务决策的目的在于确定令人满意的财务方案。只有确定了效果好并切实可行的方案，财务活动才能取得好的效益，完成企业价值最大化的财务管理目标。因此，财务决策是整个财务管理的核心。财务决策需要有财务预测的基础与前提，财务决策则是对财务预测结果的分析与选择。财务决策是一种多标准的综合决策。决定方案取舍的既有货币化、可计量的经济标准，又有非货币化、不可计量的非经济标准，因此，决策方案往往是多种因素综合平衡的结果。

2. 财务决策的分类

财务决策按照能否程序化，可以分为程序化财务决策和非程序化财务决策。程序化财务决策是指对不断重复出现的例行财务活动所作的决策，非程序化财务决策是指对不重复出现、具有独特性的非例行财务活动所作的决策。

财务决策按照决策所涉及的时间长短，可分为长期财务决策和短期财务决策。长期财务决策是指所涉及时间超过一年的财务决策，短期财务决策是指所涉及时间不超过一年的财务决策。

财务决策按照决策的条件，可以分为确定型财务决策、风险型财务决策和非确定型财务决策。确定型决策是指对未来情况完全掌握，每种方案只有一种结果的事件的决策；风险型决策是指对未来情况不完全掌握，每种方案会出现几种情况，但可按概率确定的事件的决策；非确定型决策是指对未来情况完全不掌握，每种方案会出现几种结果，且其结果不能确定的事件的决策。

1.4.3　财务预算

财务预算是指运用科学的技术手段和数量方法，对未来财务活动的内容及指标所进行的具体规划。

财务预算是反映某一方面财务活动的预算，如反映现金收支活动的现金预算，反映销售收入的销售预算，反映成本、费用支出的生产费用预算、期间费用预算，反映资本支出活动的资本预算等。综合预算是反映财务活动总体情况的预算，如反映财务状况的预计资产负债表、预计财务状况变动表，反映财务成果的预计损益表。上述各种预算间存在下列关系：销售预算是各种预算的编制起点，它构成生产费用预算、期间费用预算、现金预算和资本预算的编制基础；现金预算是销售预算、生产费用预算、期间费用预算和资本预算中有关现金收支的汇总；预计损益表要根据销售预算、生产费用预算、期间费用预算、现金预算编制；预计资产负债表要根据期初资产负债表和销售、生产费用、资本等预算编制；预计财务状况变动表则主要根据预计资产负债表和预计损益表编制。

1.4.4　财务控制

财务控制是指对企业的资金投入、收益过程和结果进行衡量与校正，目的是确保企业目标以及为达到此目标所制定的计划得以顺利实施。财务控制的总目标是在确保法律法规和规章制度贯彻执行的基础上，优化企业整体资源，综合配置效益，确保资本增值和保值的委托责任目标与其他绩效考核标准来制定财务控制目标，它是企业理财活动的关键，也是确保财务管理目标实现的根本标准。

1.4.5　财务分析

财务分析是根据核算资料，运用有关指标和方法，对企业财务活动过程及其结果进行分析和评价的一项工作。财务分析是财务管理的重要方法之一，是对财务报告所提供的会计信息作进一步加工和处理，为股东、债权人和管理层等会计信息使用者进行财务预测和财务决策提供依据。财务分析的作用如下：

（1）通过财务分析，可以全面评价企业在一定时期内的各种财务能力，包括偿债能力、营运能力、盈利能力和发展能力，从而分析企业经营活动中存在的问题，总结财务管理工作的经验教训，促进企业改善经营活动，提高管理水平。

（2）通过财务分析，可以为企业外部投资者、债权人、其他有关部门和人员提供更为系统、完整的会计信息，使他们能更详细地了解企业的财务状况、经营成果和现金流量，为决策提供依据。

（3）通过财务分析，可以检查企业内部各职能部门和单位完成经营计划的情况，考核各部门和单位的经营业绩，有利于企业建立和完善业绩评价体系，协调各方面的关系。

本章小结

本章主要学习了：财务管理的含义；财务管理的内容；财务管理目标的主要观点，包括利润最大化、股东财富最大化、企业价值最大化这几种观点的优缺点；财务管理的环境，包括经济环境、法律环境、金融环境、社会环境；财务管理的环节包括财务预测、财务决策、财务预算、财务控制和财务分析。

重要概念

财务管理　财务活动　利润最大化　股东财富最大化　企业价值最大化

本章练习

单选题

1. 下列不属于公司投资引起的财务活动的是（　　）。

A. 向银行借款　　B. 购置无形资产

C. 购买其他公司的债券　　D. 购买各种有价证券

2. 体现为依法纳税和依法征税关系指的是公司与（　　）。

A. 债权人之间的财务关系　　B. 税务机关之间的财务关系

C. 投资人之间的财务关系　　D. 与各单位之间的财务关系

3. 对公司财务活动产生影响的各种内外部因素的总称是指（　　）。

A. 财务管理活动　　B. 财务管理目标

C. 财务管理关系　　D. 财务管理环境

4. 下列被称为二级市场的是（　　）。

A. 流通市场　　B. 外汇市场

C. 资本市场　　D. 发行市场

5. 为了弥补因债务到期日不同带来的风险而提高的利率水平指的是（　　）。

A. 期限性风险报酬率　　B. 违约风险报酬率

C. 通货膨胀率　　D. 流动性风险报酬率

多选题

1. 总体来讲，公司的财务活动包括（　　）。

A. 筹资活动　　B. 投资活动

C. 经营活动　　D. 安全活动

E. 股利分配活动

2. 经营者是最大合理效用的追求者，其目标包括（　　）。

A. 使公司财富最大化　　B. 增加报酬

C. 避免风险　　D. 增加闲暇时间

E. 使公司利润最大化

3. 下列投资属于间接投资的有（　　）。

A. 购买设备　　B. 购买公司债券

C. 新建厂房　　D. 开办商店

E. 购买国库券

判断题

1. 如果资金不能满足公司日常经营需要，还要采取短期借款方式来筹集所需资金，这属于筹资活动。（　　）

2. 公司与投资者之间的财务关系，主要指公司以购买股票或直接投资的形式向其他公司投资所形成的经济关系。（　　）

3. 公司与职工之间的财务关系体现的是债权与债务关系。（　　）

4. 公司通过筹资通常可以形成两种不同性质的资金来源：一是公司权益资金；二是公司借入资金。（　　）

5. 财务管理环境是指对公司财务活动和财务管理产生影响作用的公司各种外部条件的统称。（　　）

简答题

1. 如何理解财务管理的内容和特点？

2. 简述股东财富最大化的优缺点。

3. 简述企业价值最大化的优缺点。

4. 简述利率的构成要素。

第 2 章

财务管理的价值观念

内容提要

本章主要讲解公司理财中必须确立的基本观念，包括资金时间价值的计算和简单的风险分析。在资金时间价值中，要理解资金时间价值的含义，掌握资金时间价值的基本计算，包括一次性收付款项的收付，即复利终值、现值的计算；后付年金、先付年金、递延年金、永续年金的终值和现值计算。风险是指一定条件下一定时期内可能发生的各种结果的可能性，风险的衡量指标有标准离差、标准离差率、风险报酬率等。和风险相对应的是报酬，人们甘愿冒一定的风险是为了获得相应的报酬。投资报酬率包括风险报酬率和无风险报酬率两部分。

重点难点

本章重点为资金时间价值计算的基本方法、单项资产及证券组合风险与报酬的衡量方法。本章难点为年金终值和现值的计算、单项资产风险报酬的计量。

学习目标

理解时间价值的概念；掌握时间价值的计算；理解风险的概念，掌握风险的计量方法，理解风险与报酬的关系。

知识框架

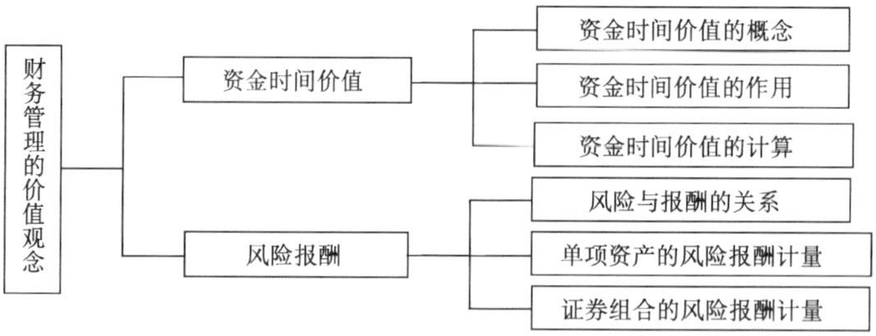

引入案例

资金时间价值

中兴天一公司为建一条产品生产线，准备向长江财务公司借款 3 000 万元，长江财务公司提出 5 年后归还本利之和 3 500 万元。另外，投资购买产品生产线设备，三联公司销售方提出的条件是现在立即付款为 2 000 万元，如果分次付款，可在今后的 5 年内每年年末付款450 万元。在银行年利率为 8% 的情况下，中兴天一公司能否接受长江财务公司的借款条件呢？向三联公司采购设备选择哪种付款方式更有利呢？

2.1 资金时间价值

2.1.1 资金时间价值的概念

资金时间价值也称货币时间价值，是指一定量资金在不同时点上价值量的差额，是资金在周转使用中随着时间的推移而形成的价值增量。在商品经济中，资金的时间价值时刻存在。现在的 100 元钱和一年后的 100 元钱或一年前的 100 元钱，其经济价值是不相等的。假定将现在的 100 元钱投资存入银行，银行存款的年利率为 10%，则现在的 100 元钱等于一年后的 110 元钱，或现在的 100 元等于一年前的 90.91 元钱。

资金投入生产经营过程后，随着时间的推移，其价值不断增长，这是一种客观的经济现象。企业资金循环和周转的起点是投入货币资金，企业用它来购买所需的资源，然后生产出新的产品，产品出售时得到的货币量大于最初投入的货币量。资金的循环与周转以及因此实现的货币增值，需要或多或少的时间，每完成一次循环，货币就增加一定数额，周转的次数越多，增值额也就越大。因此，随着时间的延续，货币总量在循环和周转中按几何级数增长，使得资金具有时间价值。

从量的规定性来说，资金的时间价值是没有风险和没有通货膨胀条件下的社会平均资金利润率。由于竞争，市场经济中各部门投资的利润率趋于平均化。每个企业在投资某项目时，至少要取得社会的平均利润率，否则不如投资于另外的项目或另外的企业。因此，资金的时间价值成为评价投资方案的基本标准。

资金时间价值可以用绝对数表示，也可以用相对数表示，即以利息额或利息率来表示。在实际工作中对这两种表示方法并不作严格区分，但通常以利息率进行计量。

2.1.2　资金时间价值的作用

1. 资金时间价值是评价投资方案是否可行的基本依据

因为资金时间价值是扣除风险报酬和通货膨胀等因素后的社会平均资金利润率。作为投资方案至少应取得社会平均资金利润率水平，否则，该方案是不可行的。由此，以时间价值作为尺度对投资项目的资金利润率进行衡量，就成为评价投资方案的基本依据。如果投资方案的资金利润率低于时间价值，则该方案经济效益状况不佳。如果投资方案的资金利润率高于时间价值，则该方案的经济效益良好，方案可行。

2. 资金时间价值是评价企业收益的尺度

企业的主要财务目标是实现企业价值最大化，不断增加股东财富，为此，企业经营者必须充分调动和利用各种经济资源去实现预期的收益，而评判这些资源是否充分有效使用的一个重要标准，就是看是否实现了预期的收益水平，这个预期的收益水平应以社会平均资金利润率为标准。由此，时间价值就成为评价企业收益的基本尺度。

2.1.3　资金时间价值的计算

计算资金的时间价值，需要引入“终值”和“现值”两个概念，用以表示不同时点上资金的价值。终值（future value），又称将来值，或本利和，是指一定数量的资金在若干期后包括本金和利息在内的价值之和，通常用 F 表示。现值（present value），又称本金，是指未来某一时点上的一定数量的资金，按照规定的利率折算成现在的价值，通常用 P 表示。把未来某一时点上的资金换算成等值的现在时点上的资金的折算过程叫作贴现，即已知终值和利率求现值的过程。

贴现、计息与终值、现值的关系如图 2－1 所示。

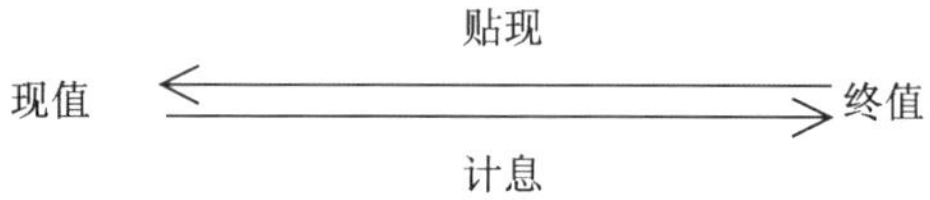

图 2－1　贴现、计息与终值、现值的关系

1. 复利终值及复利现值计算

复利是指在计算资金的时间价值时，不仅本金要计算利息，而且利息也要计算利息的方法，俗称“利滚利”。

（1）复利终值。复利终值，是在复利的基础上计算一定量的资金在若干期后，包括本金和利息在内的未来价值。复利终值的计算公式如下：

第 1 年末的本利和：$F = P \times (1 + i)$

第 2 年末的本利和：$F = P \times (1 + i)^2$

第 3 年末的本利和：$F = P \times (1 + i)^3$

…………

第 n 年末的本利和：$F = P \times (1+i)^n$

采用复利形式计算资金的时间价值，涉及指数计算问题，比较麻烦。在实际工作中，为了简化计算工作，将指数 $(1+i)^n$ 称为复利终值系数，用符号 $(F/P,i,n)$ 表示。

则 $F = P \times (F/P,i,n)$

在实际工作中，其数值可以查阅按不同利率和期数编制成的“复利终值系数表”，见教材附表一。

【例 2－1】 小王将 10 000 元闲置资金存入银行，年利率为 2%，5 年后的本利和为多少？

$F = 10\,000 \times (F/P,2\%,5) = 10\,000 \times 1.104 = 11\,040$ 元

（2）复利现值。复利现值是指在复利的基础上，将未来的一笔资金按利率折算成现在的价值。

$$P = \frac{F}{(1+i)^n}$$

通常称指数 $\frac{1}{(1+i)^n}$ 为复利现值指数，用符号 $(P/F,i,n)$ 表示，“复利现值系数表”见教材附表二。

$P = F \times (P/F,i,n)$

【例 2－2】 甲公司计划 4 年后进行技术改造，需要资金 120 万元，当银行存款年利率为 5% 时，公司现在存入银行的资金应为多少？

$P = 120 \times (P/F,5\%,4) = 120 \times 0.823 = 98.76$（万元）

趣味阅读

百万富翁与指数爆炸

货币时间价值的威力可以在杰米和韦伯的故事中进一步得到证明。杰米是百万富翁，他碰上一件奇怪的事。一天，一个叫韦伯的人对他说，我想和你订个合同，根据这个合同，我将在整整一个月（30 天）中的每天给你 10 万元，而你第一天只需给我 1 分钱，以后你每天给我的钱是前一天的两倍。杰米说，真的?! 你说话算数！但杰米没想到他付给韦伯的钱是每天以 100% 的复利增长。

合同开始生效了，第 1 天杰米支出 1 分钱，收入 10 万元；第 2 天杰米支出 2 分钱，收入 10 万元；……到了第 10 天，杰米共得到 100 万元，而总共才支出 10.23 元。杰米想：要是合同签两个月、三个月该多好啊。可从第 21 天起情况发生了变化。

第 21 天杰米支出 1 万多元，收入 10 万元。到第 28 天，杰米支出 134 万余

元，收入10万元。结果，杰米在一个月内得到300万元的同时，共付给韦伯1 073 741 823分（双方未计利息），也就是1 000万余元！杰米破产了。

杰米的故事一定让你感到吃惊：开始微不足道的数字，成倍地增长，会变得这么巨大！这种增长的速度就像“大爆炸”一样，非常惊人。

2. 年金终值及现值计算

年金是指时间间隔相同、金额相等的一系列连续的资金收付款项。如分期付款赊购、分期偿还贷款、发放养老金、支付租金、提取折旧、零存整取存款等都属于年金的形式。年金的确认应该符合以下条件：一是时间间隔相同，二是金额相等，三是必须有一系列连续的收付款项（至少两期或两期以上）。年金按收付款方式分为后付年金、先付年金、递延年金和永续年金4种。

（1）后付年金。后付年金是指一定时期内每期期末等额的系列收付款项，又称为普通年金。n期后付年金的现金流量如图2－2所示。

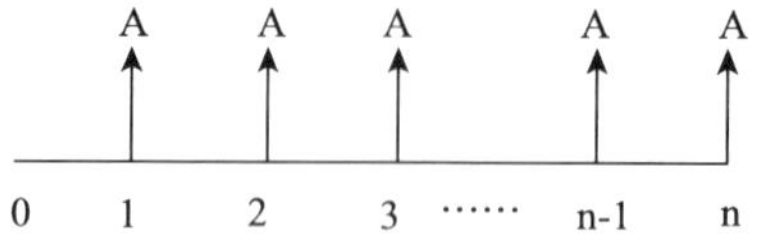

图2－2 后付年金现金流量示意图

①后付年金终值。后付年金终值是指一定时期内每期末等额收款（或付款）的复利终值之和。n期后付年金终值计算过程如图2－3所示。

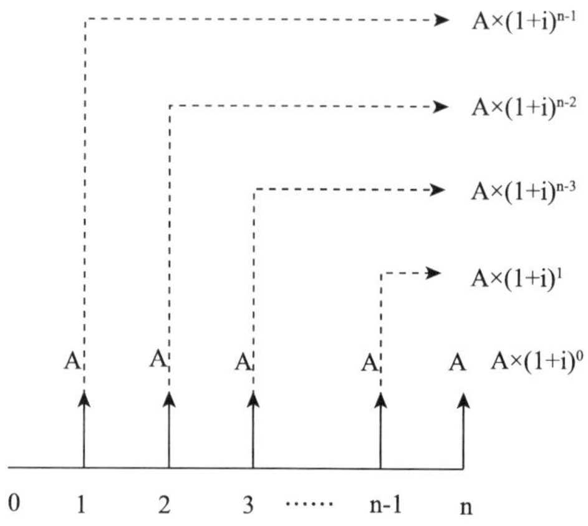

图2－3 后付年金终值计算示意图

后付年金终值计算的公式为：

$$F = A\times(1+i)^0 + A\times(1+i)^1 + \cdots + A\times(1+i)^{n-3} + A\times(1+i)^{n-2} + A\times(1+i)^{n-1}$$

$$= A\times\frac{(1+i)^n - 1}{i}$$

式中，$\frac{(1+i)^n-1}{i}$称为年金终值系数，记作(F/A,i,n)。

则 F = A × (F/A,i,n)

年金终值系数的数值，可以查阅按不同利率和期数编制成的“年金终值系数表”，见教材附表三。

【例 2 -3】假设华东公司每年年末等额向银行存入 5 000 元，存期 6 年，年利率为 8%，则 6 年后的本利和一共有多少？

F = 5 000 × (F/A,8%,6) = 5 000 × 7.336 = 36 680（元）

②后付年金现值。后付年金现值是指一定时期内每期末等额收款（或付款）的复利现值之和。n 期后付年金现值计算过程如图 2 -4 所示。

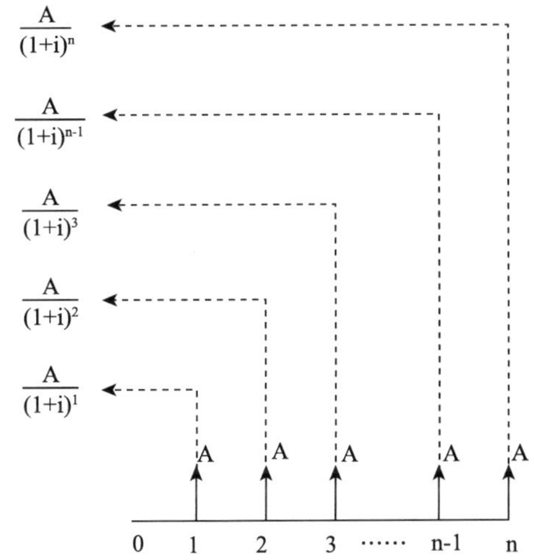

图 2 -4　后付年金现值计算示意图

后付年金现值的计算公式为：

$$P=\frac{A}{(1+i)^1}+\frac{A}{(1+i)^2}+\frac{A}{(1+i)^3}+\cdots+\frac{A}{(1+i)^{n-1}}+\frac{A}{(1+i)^n}$$

$$=A\times\frac{(1+i)^n-1}{i\times(1+i)^n}$$

式中，$\frac{(1+i)^n-1}{i\times(1+i)^n}$称为年金现值系数，记作(P/A,i,n)。

则 P = A × (P/A,i,n)

年金现值系数的数值，可以查阅按不同利率和期数编制成的“年金现值系数表”，见教材附表四。

【例 2 -4】某投资公司从今年起每年年末可获得收益 10 000 元，按年利率 10% 计算，10 年收益的总现值为多少？

P = 10 000 × (P/A,10%,10) = 10 000 × 6.145 = 61 450（元）

③年偿债基金和年资本回收额的计算。年偿债基金是指为了在约定的未来某一时点清偿某笔债务或积聚一定数额的资金而必须分次等额形成的存款准备金。年偿债基金的计算实质上是后付年金终值计算公式的一个应用，即已知年金终值、利率和期数，求年金 A。年偿债基金的计算公式为：$A=\frac{F}{(F/A,i,n)}$

年资本回收额是指在约定年限内等额回收初始投入资本或清偿所欠债务的金额。年资本回收额的计算实质上是后付年金现值计算公式的一个应用，即已知年金现值、利率和期数，求年金 A。年资本回收额的计算公式为：$A=\frac{P}{(P/A,i,n)}$

【例 2－5】某家庭想在 5 年后给孩子准备 5 万元的教育基金，假设年利率为 6%，现在开始每年应该存入银行多少钱？

$$A=\frac{50\ 000}{(F/A,6\%,5)}=\frac{50\ 000}{5.637}=8\ 869.97（元）$$

【例 2－6】张军准备购买一辆总价为 20 万元的小轿车，现在向银行贷款 20 万元，准备在 3 年内，每年年末等额偿还，年利率为 5%，请问每年年末应该支付多少钱？

$$A=\frac{200\ 000}{(P/A,5\%,3)}=\frac{200\ 000}{2.723}=73\ 448.40（元）$$

（2）先付年金。先付年金是指一定时期内每期期初等额的系列收付款项，又称即付年金。先付年金可以看成是将后付年金整体向前推动了一个计息期间。n 期先付年金的现金流量如图 2－5 所示。

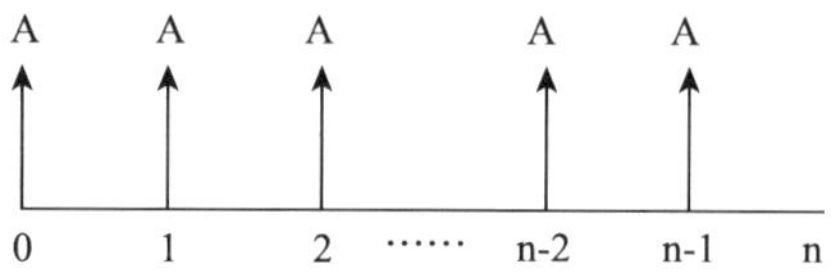

图 2－5 先付年金现金流量示意图

n 期先付年金终值和现值的计算公式分别为：

$$F=A\times(1+i)^1+A\times(1+i)^2+\cdots A\times(1+i)^{n-2}+A\times(1+i)^{n-1}+A\times(1+i)^n$$
$$=A\times(F/A,i,n)\times(1+i)$$

$$P=\frac{A}{(1+i)^0}+\frac{A}{(1+i)^1}+\frac{A}{(1+i)^2}+\cdots+\frac{A}{(1+i)^{n-2}}+\frac{A}{(1+i)^{n-1}}$$
$$=A\times(P/A,i,n)\times(1+i)$$

可见，先付年金终值和现值的计算结果都比后付年金多计息一期。

【例 2－7】为了给儿子上大学准备资金，王女士连续 6 年每年年初存入银行 5 000 元，若银行存款年利率为 5%，则王女士在第 6 年年末可以得到的本利和是多少？

$$F=5\ 000\times(F/A,5\%,6)\times(1+5\%)=5\ 000\times6.802\times(1+5\%)$$
$$=35\ 710.5（元）$$

【例 2－8】新友商店每年年初需要付店面的房租 10 000 元，共支付了 10 年，年利率为 8%，问这些租金的现值为多少？

$P = 10\,000 \times (P/A, 8\%, 10) \times (1 + 8\%) = 10\,000 \times 6.710 \times (1 + 8\%)$

$= 72\,468$（元）

（3）递延年金。递延年金是指若干期以后发生的系列等额收付款项。它是普通年金的特殊形式，即不是从第一期开始的后付年金都是递延年金。递延期为 m，收付款期为 n 的递延年金的现金流量如图 2－6 所示。

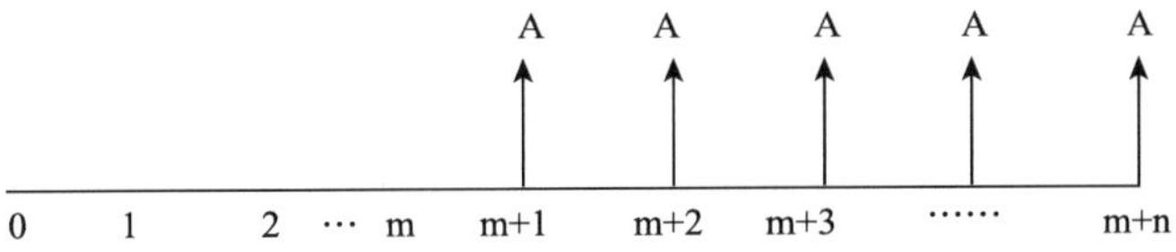

图 2－6　递延年金现金流量示意图

递延年金的终值大小与递延期无关，因此计算方法与普通年金终值相同。

【例 2－9】小王拟投资一处房产，现有两个方案可供选择：其一，现在起 15 年内每年末支付 100 000 元；其二，前 5 年不支付，第 6 年起到第 15 年止每年年末支付 180 000 元。假设银行利率为 10%，采用终值计算，哪个方案对小王更有利？

方案一：$F = 100\,000 \times (F/A, 10\%, 15) = 100\,000 \times 31.772 = 3\,177\,200$（元）

方案二：$F = 180\,000 \times (F/A, 10\%, 10) = 180\,000 \times 15.937 = 2\,868\,660$（元）

从以上计算可知，采用方案二对小王购买房产有利。

递延年金现值的计算通常有三种方法：

方法一：先计算出 n 期后付年金的终值，然后再将其折合成现值。其计算公式为：

$$P = A \times (F/A, i, n) \times (P/F, i, m + n)$$

方法二：将递延年金看成 n 期后付年金，先计算出 n 期后付年金的现值（即递延期末 m 时点的价值），然后再将其折合成现值。其计算公式为：

$$P = A \times (P/A, i, n) \times (P/F, i, m)$$

方法三：首先计算出(m + n)期后付年金的现值，然后再减去没有收付款项的前 m 期后付年金的现值即为递延年金现值。其计算公式为：

$$P = A \times (P/A, i, m + n) - A \times (P/A, i, m)$$

【例 2－10】花明公司借入一笔款项，银行贷款年利率为 10%，银行规定，前 10 年不用还本付息，从第 11 年起至第 20 年止每年年末偿还本息 50 000 元。问这笔款项的现值应是多少？

$P = 50\,000 \times (F/A, 10\%, 10) \times (P/F, 10\%, 20) = 50\,000 \times 15.937 \times 0.149$

$= 118\,730.65$（元）

$P = 50\,000 \times (P/A, 10\%, 10) \times (P/F, 10\%, 10) = 50\,000 \times 6.145 \times 0.386$

$= 118\,598.5$（元）

$P = 50\ 000 \times (P/A, 10\%, 20) - 50\ 000 \times (P/A, 10\%, 10) = 50\ 000 \times 8.514 - 50\ 000 \times 6.145$
$= 118\ 450$ （元）

三种方法的答案误差是由于系数的精确度所造成的。

（4）永续年金。永续年金是指无限期连续收付等额款项的年金。也是普通年金的特例。

永续年金没有终止的时间，因此不存在终值。

永续年金现值的计算公式可以根据后付年金现值计算的公式推导得出，在后付年金现值计算公式中，令 n 趋于无穷大，即可得出永续年金的现值：

$$P = \lim_{n \to \infty} \frac{(1+i)^n - 1}{i \times (1+i)^n} = \frac{A}{i}$$

【例 2－11】 某公司拟建立一项永久性的科研奖励基金，计划每年提供 10 万元用于奖励当年在技术研发方面作出突出贡献的技术人员。如果年利率 10%，则该项奖励基金的现值为：

$$P = \frac{A}{i} = \frac{10}{10\%} = 100 \text{（万元）}$$

引例解析

资金时间价值

第一，中兴天一公司准备向长江财务公司借款 3 000 万元，长江财务公司提出 5 年后归还本利之和 3 500 万元，是否接受？

可以通过计算复利终值来评判。

$F = 3\ 000 \times (F/P, 8\%, 5) = 3\ 000 \times 1.469 = 4\ 407$ （万元）

通过计算可知，在银行年利率为 8% 的条件下，借款 3 000 万元，5 年后应该是 4 407 万元，长江财务公司提出还 3 500 万元，那是非常好的条件。

第二，三联公司销售方提出的条件是现在立即付款为 2 000 万元，如果分次付款，可在今后的 5 年内每年年末付款 450 万元，选择哪种方式付款？

这其实只要计算普通年金的现值就可评判。

$P = 450 \times (P/A, 8\%, 5) = 450 \times 3.993 = 1\ 796.85$ （万元）

可见，立即支付要多付 203.15（2 000 － 1 796.85）万元，应选择每年年末支付。

3. 资金时间价值计算中的几个特殊问题

（1）不等额现金流量现值的计算。年金时间价值的计算是针对等额的系列收付款项进行的。而在经济生活中，往往要发生每次收付款项不等额的系列业务，这就需要计算不等额的系列收付款的现值之和。

为求得不等额的系列收付款的现值之和，可先计算每次收付款的复利现值后加总。

【例 2－12】某企业连续 5 年每年年末的收付款金额如表 2－1 所示：

表 2－1　某不等额现金流量　单位：元

年	1	2	3	4	5
付款额	100 000	200 000	300 000	200 000	100 000

若折现率为 10%，则该项系列付款的现值为：

$$P = 100\,000 \times (P/F,10\%,1) + 200\,000 \times (P/F,10\%,2) + 300\,000 \times (P/F,10\%,3) + 200\,000 \times (P/F,10\%,4) + 100\,000 \times (P/F,10\%,5)$$
$$= 100\,000 \times 0.909 + 200\,000 \times 0.826 + 300\,000 \times 0.751 + 200\,000 \times 0.683 + 100\,000 \times 0.621$$
$$= 680\,100 \text{（元）}$$

（2）年金和不等额现金流量混合情况下现值的计算。在年金和不等额现金流量混合的情况下，能用年金计算公式计算现值的用年金计算公式计算，不能用年金计算的部分使用复利计算，然后把它们加总，便得出年金和不等额现金流量混合情况下的现值。

【例 2－13】某企业在未来 8 年的现金流量如表 2－2 所示，若贴现率为 10%，求这一系列现金流量的现值。

表 2－2　某企业在未来 8 年的现金流量表　（单位：元）

年	1	2	3	4	5	6	7	8
现金流量	30 000	30 000	30 000	20 000	20 000	20 000	20 000	10 000

$$P = 30\,000 \times (P/A,10\%,3) + 20\,000 \times (P/A,10\%,4) \times (P/F,10\%,3) + 10\,000 \times (P/F,10\%,8)$$
$$= 30\,000 \times 2.487 + 20\,000 \times 3.170 \times 0.751 + 10\,000 \times 0.467$$
$$= 126\,893.4 \text{（元）}$$

（3）计息期短于一年的时间价值计算。资金的终值和现值通常是按年来计算的，但在有些时候也会遇到计息期短于一年的情况。例如，债券利息一般每半年支付一次，股利有时每季支付一次，这就出现了以半年、季度、月份甚至以天为期间的计息期。

前面探讨的都是以年为单位的计息期，当计息期短于一年，而已知的利率又是年利率时，计息期数和利率均应按下列公式进行换算：

$$r = \frac{i}{m} \qquad t = m \times n$$

其中 r 代表期利率，i 代表年利率，m 代表每年的计息次数，n 代表年数，t 代表换算后的计息期数。

【例 2－14】刘平拟在第 5 年底获得 10 000 元的投资收益，假设投资报酬率为 10%。试计算：（1）每年计息一次，问现在应投入多少钱？（2）每半年计息一次，现在应投入多少钱？

如果是每年计息一次，则 $n=5$，$i=10\%$，$F=10\ 000$，那么：

$P=10\ 000\times(P/F,10\%,5)=10\ 000\times0.621=6\ 210$（元）

如果每半年计息一次，则 $m=2$，$r=\frac{i}{m}=\frac{10\%}{2}=5\%$，$t=m\times n=2\times5=10$，则

$P=10\ 000\times(P/F,5\%,10)=10\ 000\times0.614=6\ 140$（元）

（4）利率的计算。在前面计算现值和终值时，都是假定利率是给定的，但在财务管理中，经常会遇到已知计息期数、终值和现值，求利率的问题。一般来说，求利率可以分为两步：第一步，求出相关系数；第二步，根据相关系数和有关系数表求利率。根据前述有关公式，复利终值系数、复利现值系数、年金终值系数和年金现值系数可分别用下列公式计算：

$(F/P,i,n)=\frac{F}{P}$　　$(P/F,i,n)=\frac{P}{F}$

$(F/A,i,n)=\frac{F}{A}$　　$(P/A,i,n)=\frac{P}{A}$

【例 2-15】 郭艳现在存入银行 100 元，10 年后可获得本利和 259.4 元，问银行存款利率是多少？

$(P/F,i,10)=\frac{100}{259.4}=0.386$

查复利现值系数表，与 10 年相对应的利率中，10% 的系数为 0.386，因此，利率应为 10%。

【例 2-16】 某人将退休，现在向银行存入 5 000 元作为养老备用，在利率为多少时，才能保证在今后 10 年中每年得到 750 元？

$(P/A,i,10)=\frac{5\ 000}{750}=6.667$

查年金现值系数表，当利率为 8% 时，系数为 6.710；当利率为 9% 时，系数为 6.418。所以利率应在 8%～9% 之间，则可用插值法计算利率 i 如下：

利率		年金现值系数
8%	——	6.710
i	——	6.667
9%	——	6.418

$$\frac{i-8\%}{9\%-8\%}=\frac{6.667-6.710}{6.418-6.710}$$

则，利率 $i=8.15\%$。

（5）名义利率与实际利率。为了使计算简便，我们一般假设给定利率都是扣除了通货膨胀之后的实际利率。然而在现实生活中，当我们使用一个利率的时候却需要格外小心，因为它通常只是一个名义利率而并非实际利率。名义利率是不考虑通货膨

胀因素，只是以名义货币表示的利息与本金之比，是市场通行的利率。实际利率是扣除了通货膨胀之后的真实利率。

例如，以 8% 的名义利率向银行存入 1 000 元，那么一年之后能得到 1 080 元。但这并不意味着投资价值真的增加了 8%。假设这一年的通货膨胀率亦为 8%，那么就意味着去年价值 1 000 元的商品其成本也增加了 8%，即变为 1 080 元。因此存款的实际终值将变为：

$$F=\frac{1\ 000\times(1+8\%)}{(1+8\%)}=1\ 000\text{（元）}$$

公式中分子上的利率是名义利率，分母上的利率是通货膨胀率。可以看出，该投资实际上一分钱都没赚。在上面这个例子中，名义利率为 8%，实际利率却是 0。

则实际利率的计算可以通过下式得到：

$$1+\text{实际利率}=\frac{1+\text{名义利率}}{1+\text{通货膨胀率}}$$

【例 2－17】假设某公司投资的名义利率为 8%，而此时的通货膨胀率为 5%。计算该公司的实际投资报酬率。

$$1+\text{实际利率}=\frac{1+8\%}{1+5\%}\qquad\text{则实际利率}=2.86\%$$

知识拓展

"72 法则"

Bill Veeck 曾用 1 000 万美元购买了一幢别墅，并且在 5 年后把它卖出，得到 2 000 万美元。简而言之，他在 5 年内使他的钱倍增了。那么，Veeck 这项投资的投资报酬率是多少呢？

处理复利问题，包括使自己的财富倍增的问题，一个快捷的方法是利用"72 法则"。该 72 法则表明：用 72 除以投资年限 n，就得到了近似的利率 i。该利率将保证使投资的资金在年内增加一倍。在 Veeck 的例子中，72/5 = 14.4，即利率为 14.4%。

如果 Veeck 取消这笔投资而把资金用于储蓄，利率为 6%，那么他必须等上约 12 年才能使他的资金倍增，即 72/6 = 12 年。

实际上，"72 法则"都给出了使资金倍增所要求的利率或投资期数。但按该法则计算的结果并不总是准确的。例如，在每年复利一次的利率下，要使资金在 5 年内倍增，必须要求利率达到 14.87%，而根据"72 法则"计算的结果是 14.4%。同样，若准确地计算，把资金按 6% 的利率存入银行，只要过 11.9 年就能使资金倍增；而按"72 法则"计算得出的结果是 12 年。尽管它不准确，但是对于那些近似地用口算的资金倍增问题，"72 法则"是相当方便的。

2.2 风险报酬

2.2.1 风险与报酬的关系

在市场经济环境下，公司的经营活动充满着风险，风险与报酬如影随形。如何防范和化解风险以达到风险和报酬的均衡，是现代财务管理的重要内容。

1. 风险的概念与分类

（1）风险的概念。风险是指在一定条件下和一定时期内可能发生的各种结果的可能性。风险是事件本身的不确定性，具有客观性、两面性、时期性的特征。风险常常和不确定性联系在一起。具体到财务管理活动中，风险是指由于各种难以或无法预料、控制的因素产生作用，使投资者的实际收益和预计收益发生背离的可能性。风险不仅能带来超出预期的损失，表现其不利的一面，还可能带来超出预期的收益，表现其有利的一面。

（2）风险的分类。

①经营风险和财务风险。经营风险是指由于生产经营上的原因给企业的利润额或利润率带来的不确定性。经营风险源于两个方面：一方面，是企业外部条件的变动，如经济形势、市场供求、价格、税收等的变动；另一方面，是企业内部条件的变动，如技术装备、产品结构、设备利用率、工人劳动生产率、原材料利用率等的变动。

财务风险是指企业由于负债融资导致的净资产收益率或每股收益的不确定性，也是企业到期不能偿还本息的可能性。财务风险也称筹资风险。

②公司特别风险和市场风险。按照风险可分散特性的不同，风险可分为公司特别风险和市场风险。

公司特别风险是指发生在个别企业的特有事件造成投资者发生损失的可能性。如罢工、新产品研发失败、订单被取消、诉讼失败等。又称为可分散风险或非系统风险。

市场风险是指对所有公司产生影响的因素引起的风险。如战争、经济衰退、通货膨胀、高利率等。又称为不可分散风险或系统风险。

2. 风险报酬

一般而言，投资者都讨厌风险，并力求回避风险。那么，为什么还有人进行风险投资呢？这是因为，风险投资可以得到额外报酬——风险报酬。所谓风险报酬，是指投资者因冒风险进行投资而获得的超过时间价值的那部分报酬。风险报酬有两种表示方法：风险报酬额和风险报酬率。在财务管理中，风险报酬通常用相对数——风险报酬率来计量。

风险和报酬是一种对称关系，它要求等量风险带来等量报酬，即风险报酬均衡。

简单来说，就是高风险要求高报酬，低风险则只能获得低报酬。根据风险报酬均衡原则进行财务管理运作的一般目标是：在一定风险水平下，使收益达到较高的水平，或在收益一定的情况下，将风险维持在较低的水平。

通常计量风险报酬的方式有两种：一种是单项资产风险报酬的计量，另一种是证券组合风险报酬的计量。当投资者进行单项资产风险计量的时候，往往意味着他只持有这一项资产。很明显，绝大多数资产都是以组合方式被投资者所持有。然而，为了更好地理解后者的计算过程，有必要先学习如何计算单项资产的风险报酬。

2.2.2　单项资产的风险报酬计量

风险是客观存在的，并广泛影响着企业的财务和经营活动。要计算在一定条件下的风险大小，必须利用概率论的方法，并由此与期望值、离散程度等相联系。

在现实生活中，某一事件在完全相同的条件下可能发生也可能不发生，即可能出现这种结果又可能出现那种结果，我们称这类事件为随机事件。概率就是用百分数或小数来表示随机事件发生的可能性及出现某种结果可能性大小的数值。通常，把必然发生的事件的概率定为 1，把不可能发生的事件的概率定为 0，而一般随机事件的概率是介于 0 与 1 之间的一个数。概率越大就表示该事件发生的可能性越大。如果把某一事件所有可能的结果都列示出来，对每一结果都给予一定的概率，便可构成概率的分布。

【例 2-18】 西京公司和东方公司股票的报酬率及其概率分布情况如表 2-3 所示。

表 2-3　　西京公司和东方公司股票报酬率的概率分布

经济情况	该种经济情况发生的概率（P_i）	报酬率（K_i）	
		西京公司	东方公司
繁荣	0.20	40%	70%
一般	0.60	20%	20%
衰退	0.20	0	-30%

当然，报酬率作为一种随机变量，受多种因素的影响。我们这里为了简化，假设其他因素都相同，只有经济情况一个因素影响报酬率。

要对风险进行衡量，计算步骤如下：

1. 计算期望报酬率

期望报酬率是各种可能的报酬率按其概率进行加权平均得到的报酬率，它是反映集中趋势的一种量度。其计算公式为：

$$\overline{K} = \sum_{i=1}^{n} K_i P_i$$

式中，$\overline{K}$——期望报酬率；

K_i——第 i 种可能结果的报酬率；

P_i——第 i 种可能结果的概率；

n——可能结果的个数。

根据【例 2－18】，分别计算西京公司和东方公司的期望报酬率。

西京公司：

$$\overline{K} = K_1P_1 + K_2P_2 + K_3P_3 = 40\% \times 0.20 + 20\% \times 0.60 + 0 \times 0.20 = 20\%$$

东方公司：

$$\overline{K} = K_1P_1 + K_2P_2 + K_3P_3 = 70\% \times 0.20 + 20\% \times 0.60 + (-30\%) \times 0.20 = 20\%$$

两个公司股票的期望报酬率都是 20%，但西京公司各种情况下的报酬率比较集中，而东方公司却比较分散，所以西京公司的风险小。这种情况可通过图 2－7 来说明。

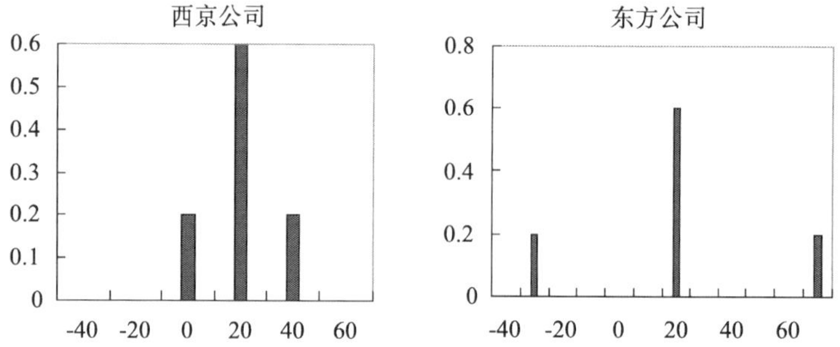

图 2－7　西京公司与东方公司报酬率的概率分布

2. 计算标准离差

标准离差是各种可能的报酬率偏离期望报酬率的综合差异，是反映离散程度的一种度量。标准离差可按下列公式计算：

$$\delta = \sqrt{\sum_{i=1}^{n} (K_i - \overline{K})^2 \cdot P_i}$$

式中，δ——期望报酬率的标准离差；

$\overline{K}$——期望报酬率；

K_i——第 i 种可能结果的报酬率；

P_i——第 i 种可能结果的概率；

n——可能结果的个数。

将【例 2－18】中西京公司和东方公司的资料代入上式，可以得到两个公司的标准离差。

西京公司的标准离差为：

$$\delta = \sqrt{(40\% - 20\%)^2 \times 0.20 + (20\% - 20\%)^2 \times 0.60 + (0 - 20\%)^2 \times 0.2}$$
$$= 12.65\%$$

东方公司的标准离差为：

$$\delta = \sqrt{(70\% - 20\%)^2 \times 0.20 + (20\% - 20\%)^2 \times 0.60 + (-30\% - 20\%)^2 \times 0.2}$$
$$= 31.62\%$$

这说明，标准离差越小，离散程度越小，风险也越小；反之，风险越大。根据这种测量方法可知，东方公司的风险要大于西京公司。

3. 计算标准离差率

标准离差是反映随机变量离散程度的一个指标，但它是一个绝对值，而不是一个相对量，只能用来比较期望报酬率相同的项目的风险程度，无法比较期望报酬率不同的投资项目的风险程度。要对比期望报酬率不同的各个项目的风险程度，应该用标准离差率。标准离差率是标准离差同期望报酬率的比值，反映单位收益所包含的风险大小。其计算公式为：

$$CV = \frac{\delta}{\overline{K}} \times 100\%$$

式中，CV——标准离差率；

δ——标准离差；

$\overline{K}$——期望报酬率。

【例 2－18】中，西京公司的标准离差率为：

$$CV = \frac{12.65\%}{20\%} \times 100\% = 63.25\%$$

东方公司的标准离差率为：

$$CV = \frac{31.62\%}{20\%} \times 100\% = 158.1\%$$

当然，在【例 2－18】中，两个公司的期望报酬率相等，可以直接根据标准离差来比较风险程度，但如果期望报酬率不等，则必须计算标准离差率才能对比风险程度。例如，假设【例 2－18】中西京公司和东方公司股票报酬的标准离差仍为 12.65% 和 31.62%，但西京公司股票的期望报酬率为 15%，东方公司股票的期望报酬率为 40%，那么，究竟哪种股票的风险更大呢？这时就不能用标准离差作为判别标准，而要使用标准离差率。

4. 计算风险报酬率

标准离差率虽然能正确评价投资风险程度的大小，但这还不是风险报酬率。要计算风险报酬率，还必须借助一个系数——风险报酬系数。风险报酬率、风险报酬系数和标准离差率之间的关系，可以用以下公式表示：

$$R_R = b \times CV$$

式中，R_R——风险报酬率；

b——风险报酬系数；

CV——标准离差率。

风险报酬系数是将标准离差率转化为风险报酬的一种系数，假设风险报酬系数为5%，则两个公司股票的风险报酬率分别为：

西京公司：$R_R = b \times CV = 5\% \times 63.25\% = 3.16\%$

东方公司：$R_R = b \times CV = 5\% \times 158.1\% = 7.91\%$

风险报酬系数可以由企业领导，如总经理、财务副总经理、总会计师、财务主任等根据经验加以确定，也可以由企业组织有关专家确定。实际上，风险报酬系数的确定，在很大程度上取决于各公司对风险的态度。比较敢于承担风险的企业，往往把b值定得低些；反之，比较稳健的企业，常常把b值定得高些。

5. 计算投资报酬率

投资的总报酬率可表示为：

$K = R_F + R_R = R_F + b \times CV$

式中，K——投资报酬率；

R_F——无风险报酬率。

无风险报酬率是加上通货膨胀率以后的货币时间价值，一般把投资于国库券的报酬率视为无风险报酬率。

如果无风险报酬率为10%，则【例2－18】中两个公司股票的投资报酬率应分别为：

西京公司：$K = R_F + R_R = 10\% + 3.16\% = 13.16\%$

东方公司：$K = R_F + R_R = 10\% + 7.91\% = 17.91\%$

趣味阅读

让我们做笔交易

假如你是一个参赛者，房东Monty说：在第1扇门或第2扇门后面，不论你发现什么，它都将归你所有。其中一扇门后面有1万美元，另一扇门后面有一文不值的旧轮胎。你选择打开哪扇门？但是在你作出选择前，Monty又说，他可以提供给你一笔钱，结束整个交易。

你认为Monty给你多少钱你能放弃去开门呢？

若选择去开门，则有50%的机会得到1万美元，而有50%的机会什么也得不到，所以选择去开门的期望价值是5 000美元。

若选择放弃去开门，无任何风险，但接受放弃开门的标准因人而异，有些人2 000元，有些人3 000元。风险与报酬同在。

2.2.3 证券组合的风险报酬计量

投资者在进行证券投资时，一般并不把其所有资金投资于一种证券，而是同时持有多种证券。这种同时投资于多种证券的方式，称为证券的投资组合，简称证券组合或投资组合。由于证券组合能够分散风险，因此，绝大多数法人投资者如工商企业、信托投资公司、投资基金等都同时投资于多种证券，即使是个人投资者，一般也持有证券的投资组合而不只是投资于某一个公司的股票或债券。所以，了解证券投资组合的风险与报酬有助于企业财务人员理解证券组合的基本理论，恰当地进行证券组合。

1. 证券组合的风险

虽然证券组合也无法消除全部风险，但如果股票种类较多，则能分散掉大部分风险。证券投资组合的风险可以分为非系统风险和系统风险。

(1) 非系统风险。非系统风险又叫公司特别风险或可分散风险，这种风险可通过证券持有的多样化来抵消，即多买几家公司的股票，其中一些公司的股票报酬上升，另一些公司的股票报酬下降，从而降低了风险。

知识拓展

证券组合的报酬率计算

证券组合的报酬率就是组成证券组合的各种证券的报酬率以各种证券在组合中所占的比重为权数加权平均计算的结果，即：

$$K_p = \sum_{i=1}^{n} \omega_i \times K_i$$

【例 2－19】 假设 W 股票和 M 股票构成一个证券组合，每种股票在证券组合中各占 50%，它们的报酬率和风险的详细情况如表 2－4 所示。

表 2－4　完全负相关（r = －1）的两种股票以及由它们构成的证券组合的报酬率情况

年（t）	W 股票 K_W	M 股票 K_M	WM 股票的组合 K_P
2003	40%	－10%	15%
2004	－10%	40%	15%
2005	35%	－5%	15%
2006	－5%	35%	15%
2007	15%	15%	15%
平均报酬率（K）	15%	15%	15%

根据表 2－4 的资料，可以绘出两种股票及它们构成的证券组合报酬率的示意图（如图 2－8 所示）。

从表 2－4 和图 2－8 可以看出，分别持有两种股票，都有很大风险，但如果把它们组合成一个证券组合，则没有风险。

W 股票和 M 股票之所以能结合起来组成一个无风险的证券组合，是因为它们报

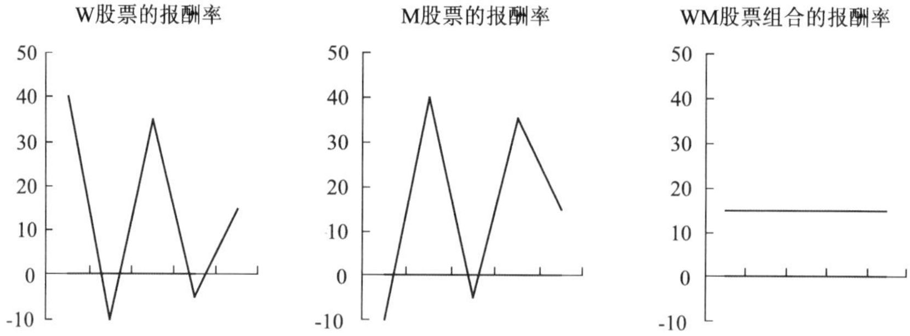

图 2-8 两种完全负相关股票的报酬率

酬率的变化正好呈相反的循环——当 W 股票的报酬率下降时，M 股票的报酬率正好上升（并且上升与下降的幅度相同）；反之亦然。我们把股票 W 和 M 之间的相关关系叫作完全负相关，这里相关系数 r = -1。与完全负相关相反的是完全正相关（r = +1），两个完全正相关股票的报酬率将一起上升或下降（并且上升与下降的幅度相同），这样的股票组成的证券组合不能抵消任何风险。

【例 2-20】 假设 W_1股票和 W_2股票构成一个证券组合，每种股票在证券组合中各占 50%，它们的报酬率和风险的详细情况如表 2-5 所示。

表 2-5　完全正相关（r = +1）的两种股票以及由它们构成的证券组合的报酬率情况

年（t）	W_1股票 K_W	W_2股票 K_W	W_1W_2的组合 K_P
2003	40%	40%	40%
2004	-10%	-10%	-10%
2005	35%	35%	35%
2006	-5%	-5%	-5%
2007	15%	15%	15%
平均报酬率（K）	15%	15%	15%

根据表 2-5 的资料，可以绘制出两种股票以及由它们构成的证券组合的报酬率的示意图（如图 2-9 所示）。

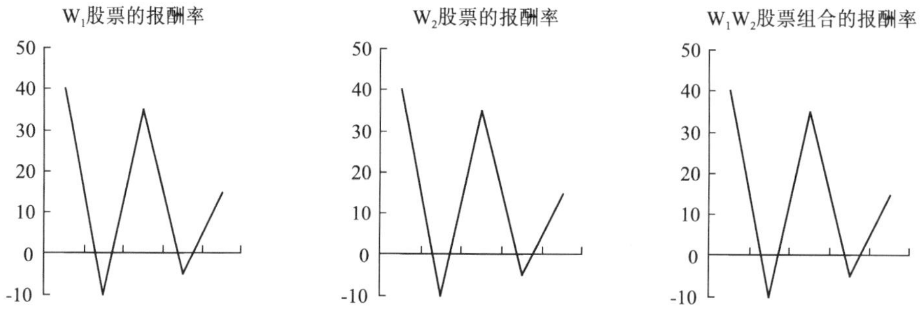

图 2-9 两种完全正相关股票的报酬率

从以上分析可知，当两种股票完全负相关（r = -1）时，所有的风险都可以分散掉；当两种股票完全正相关（r = +1）时，从分散风险的角度看，同时持有两种股票没有好处。实际上，完全负相关从而消除所有风险的股票在现实中是很难实现的，大部分股票都是正相关（但不是完全正相关）。一般来说，随机选取两种股票其相关系数为 +0.6 左右的最多，而对绝大多数两种股票而言，r 介于 +0.5 ~ +0.7 之间。在这种情况下，把两种股票组合成证券组合能降低风险，但不能消除全部风险。

（2）系统风险。系统风险又称不可分散风险或市场风险，这些风险影响到所有的证券，因此，不能通过证券组合分散掉。换句话说，即使投资者持有的是经过适当分散的证券组合，也将遭受这种风险。因此，对投资者来说，这种风险是无法消除的，故称为不可分散风险。但这种风险对不同的企业有着不同的影响。例如，前面我们所说的西京公司和东方公司在经济情况发生变化时，两个公司的风险是不同的，东方公司的风险要大于西京公司的风险。不可分散风险的程度通常用 β 系数来计量。

β 系数是度量一种证券对于市场组合变化的反应程度的指标。β 系数有多种计算方法，实际计算过程十分复杂，但一般不需投资者自己计算，而是由一些投资服务机构定期计算并公布。表 2 -6 列示了美国几家著名公司的 β 系数，表 2 -7 列示了我国几家上市公司的 β 系数。

表 2 -6　　美国几家公司 2003 年度的 β 系数

公司名称	β 系数
通用汽车公司	1.170
微软公司	1.725
沃尔玛公司	0.842
摩托罗拉公司	1.367
IBM 公司	1.484
美国电话电报公司	0.846
杜邦公司	0.858

表 2 -7　　我国几家公司 2002 年度的 β 系数

股票代码	公司名称	β 系数
000037	深南电 A	0.7672
000039	中集集团	0.7868
000045	深纺织 A	1.1112
000060	中金岭南	1.7638
600637	广电信息	0.8510
600641	中远发展	1.4573
600644	乐山电力	0.4839
600650	新锦江	1.1975

作为整体的证券市场的 β 系数为 1。如果某种股票的风险情况与整个证券市场的风险情况一致，则这种股票的 β 系数也等于 1；如果某种股票的 β 系数大于 1，说明其风险大于整个市场的风险；如果某种股票的 β 系数小于 1，说明其风险小于整个市场的风险。

以上说明了单个股票 β 系数的计算方法。证券组合 β 系数怎样计算呢？证券组合的 β 系数是单个证券 β 系数的加权平均，权数为各种股票在证券组合中所占的比重。其计算公式为：

$$\beta_p = \sum_{i=1}^{n} \omega_i \beta_i$$

式中，β_p——证券组合的 β 系数；

ω_i——证券组合中第 i 种股票所占的比重；

β_i——第 i 种股票的 β 系数；

n——证券组合中包含的股票数量。

（3）证券组合风险总结。

①一个股票的风险由两部分组成，它们是可分散风险和不可分散风险，可以用图 2-10 加以说明。

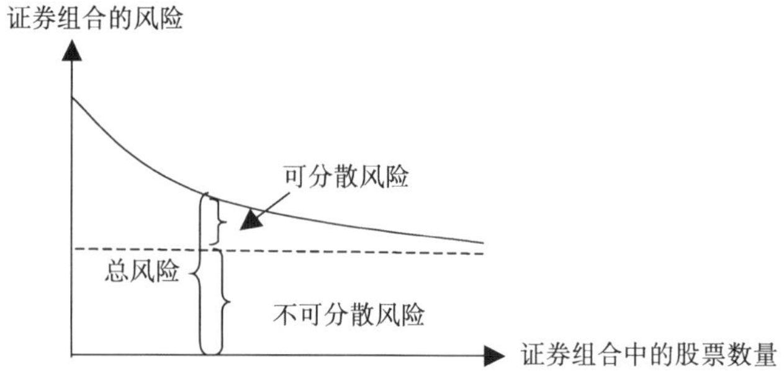

图 2-10 证券组合风险构成图

②可分散风险可通过证券组合来消减，而大部分投资者正是这样做的。从图 2-10 中可以看到，可分散风险随证券组合中股票数量的增加逐渐减少。根据有关统计资料，一种股票组成的证券组合的标准离差大约为 28%，市场证券组合的标准离差大约为 15.1%。一般来讲，一个包含 40 种股票而又比较合理的证券组合的大部分可分散风险都能消除。

③股票的不可分散风险由市场变动产生，它对所有股票都有影响，不能通过证券组合消除。不可分散风险是通过 β 系数来测量的，一些标准的 β 值如下：

β =0.5，说明该股票的风险只有整个市场股票风险的一半；

β =1.0，说明该股票的风险等于整个市场股票的风险；

β =2.0，说明该股票的风险是整个市场股票风险的 2 倍。

特别提示 2－1

投资组合理论认为，若干种证券组成的投资组合，其收益是这些证券收益的加权平均数，但其风险不是这些证券风险的加权平均数，投资组合能降低风险。

2. 证券组合的风险报酬

投资者进行证券组合投资与进行单项投资一样，都要求对承担的风险进行补偿，股票的风险越大，要求的报酬就越高。但是，与单项投资不同，证券组合投资要求补偿的风险只是不可分散风险，而不要求对可分散风险进行补偿。如果可分散风险的补偿存在，善于科学地进行投资组合的投资者将购买这部分股票，并抬高其价格，其最后的报酬率只反映不能分散的风险。因此，证券组合的风险报酬是投资者因承担不可分散风险而要求的，超过时间价值的那部分额外报酬。可用下列公式计算：

$R_p = \beta_p \times (R_M - R_F)$

式中，R_p——证券组合的风险报酬率；

β_p——证券组合的 β 系数；

R_M——所有股票的平均报酬率，也就是由市场上所有股票组成的证券组合的报酬率，简称市场报酬率；

R_F——无风险报酬率，一般用国库券的利息率来衡量。

【例 2－21】特林公司持有由甲、乙、丙三种股票组成的证券组合，它们的 β 系数分别是 2.0、1.0、0.5，它们在证券组合中所占的比重分别为 60%、30%、10%，股票的市场报酬率为 14%，无风险报酬率为 10%，试确定这种证券组合的风险报酬率。

首先，确定证券组合的 β 系数。

$\beta_p = 60\% \times 2.0 + 30\% \times 1.0 + 10\% \times 0.5 = 1.55$

然后，计算证券组合的风险报酬率。

$R_p = \beta_p \times (R_M - R_F) = 1.55 \times (14\% - 10\%) = 6.2\%$

当然，计算出风险报酬率后，便可根据投资额和风险报酬率计算出风险报酬额。

从以上计算可以看出，调整各种证券在证券组合中的比重，可以改变证券组合的风险、风险报酬率和风险报酬额。

从以上计算还可以看出，在其他因素不变的情况下，风险报酬取决于证券组合的 β 系数，β 系数越大，风险收益就越大；反之亦然。或者说，β 系数反映了股票收益对于系统性风险的反应程度。

本章小结

本章主要介绍了公司财务管理的两个基本概念，资金时间价值和风险报酬均衡观念。资金时间价值是公司财务管理的基本观念之一。离开了时间价值的因素，就无法正确计算不同时期的财务收支，也无法正确评价企业的盈亏。资金时间价值的计算包括复利终值与现值计算和年金的终值与现值计算，其中年金又分为后付年金、先付年金、递延年金和永续年金。在公司财务管理中，不论是决定价值，还是选择投资都需要考虑风险。承担风险，就要求得到相应的额外报酬，否则就不值得去冒险。在进行公司财务管理时，必须研究风险，计量风险并设法控制风险，以求最大限度地增加公司价值。

重要概念

资金时间价值　终值　现值　后付年金　先付年金　递延年金　永续年金　名义利率　实际利率　风险　风险报酬　期望报酬率　标准离差　标准离差率　风险报酬率　投资报酬率　β 系数

本章练习

单选题

1. 每期期初等额收付的款项是（　　）。

A. 后付年金　　B. 先付年金

C. 递延年金　　D. 永续年金

2. 后付年金也叫作（　　）。

A. 普通年金　　B. 即付年金

C. 递延年金　　D. 永续年金

3. 复利终值系数的倒数是（　　）。

A. 复利现值系数　　B. 年金终值系数

C. 年金现值系数　　D. 偿债基金系数

4. 当两个方案的期望报酬率不相同时，在比较其风险程度时，应该用（　　）。

A. 标准离差率　　B. 方差

C. 标准离差　　D. 概率

5. 在一定条件下和一定时期内可能发生的各种结果的可能性指的是（　　）。

A. 收益　　B. 风险

C. 概率　　D. 标准离差

6. 下列各项中，代表先付年金现值系数的是（　　）。

A. $[(P/A,i,n+1)+1]$　　B. $[(P/A,i,n+1)-1]$

C. $[(P/A,i,n-1)-1]$　　D. $[(P/A,i,n-1)+1]$

7. 下列各项中，属于非系统风险因素的是（　　）。

A. 战争　　B. 经济衰退

C. 通货膨胀　　D. 公司工人罢工

8. 有甲、乙、丙三种股票组成的证券组合的风险报酬率为10%，股票市场的报酬率为12%，无风险报酬率为8%，则该证券组合的β系数为（　　）。

A. 2　　B. 2.5

C. 1.5　　D. 5

9. 如果甲、乙两方案的期望报酬率相同，甲方案的标准离差是2.11，乙方案的标准离差是2.14，则甲方案的风险（　　）乙方案的风险。

A. 大于　　B. 小于

C. 等于　　D. 无法确定

10. 下列各项中，关于标准离差的表述不正确的是（　　）。

A. 标准离差是指概率分布中各种可能结果对于期望值的离散程度

B. 标准离差以绝对数衡量风险的高低

C. 标准离差以相对数衡量风险的高低

D. 标准离差只适用于期望报酬率相同的方案风险程度的比较

多选题

1. 下列各项中，属于递延年金特点的有（　　）。

A. 年金的第一次支付发生在若干期之后

B. 年金的终值与递延期无关

C. 年金的现值与递延期无关

D. 没有终值

E. 没有现值

2. 下列因素引起的风险中，投资者不能通过证券组合予以分散的是（　　）。

A. 宏观经济状况变化　　B. 世界能源状况变化

C. 发生经济危机　　D. 被投资企业出现经营失误

E. 被投资企业失去重要的销售合同

3. 下列各项中，能够衡量风险额指标主要包括（　　）。

A. 概率　　B. 概率分布

C. 期望值　　D. 标准离差

E. 标准离差率

4. 下列各项中，其数值等于n期先付年金现值系数的有（　　）。

A. $(P/A,i,n)\times(1+i)$　　B. $(P/A,i,n-1)+1$

C. $(F/A,i,n)\times(1+i)$　　D. $(P/A,i,n+1)-1$

E. $(F/A,i,n+1)-1$

5. 下列哪种情况引起的风险属于非系统风险（　　）。

A. 银行调整利率　　B. 公司工人罢工

C. 公司新产品研发失败 D. 通货膨胀

E. 公司诉讼失败

判断题

1. 货币的时间价值原理，正确地揭示了不同时点上资金之间的换算关系，是财务决策的基本依据。 ( )

2. 终值是指现在一定量货币在未来某一时点的价值。 ( )

3. 现值是指未来某一定量货币折算为现在的价值。 ( )

4. 当某种证券的 β 系数为 0 时，该种证券的风险情况与市场的风险一致。( )

5. 风险本身可能带来超出预期的损失，也可能带来超出预期的收益。 ( )

简答题

1. 简述资金时间价值的定义及其表示方式。

2. 简述后付年金与先付年金的概念及两者的区别。

3. 简述风险的分类及各类风险的概念。

计算题

1. 假设利民工厂有一笔 123 600 元的资金，准备存入银行，希望在 7 年后利用这笔款项的本利和购买一套生产设备，当时的银行存款利率为 10%，7 年后预计该设备的价格为 240 000 元。要求：说明 7 年后利民工厂能否用这笔款项的本利和购买设备。

2. 某公司发行一种债券，年利率为 12%，按季计息，1 年后还本付息，每张债券还本付息 1 000 元。要求：计算该债券的现值。

3. 某公司拟购置一台机器，购价为 90 000 元，可使用 8 年，期满无残值。购置该设备后每年可节约人工成本 15 000 元，折现率为 12%。要求：确定应否购置该机器。

4. 某公司需用一台设备，买价为 9 000 元，可用 8 年。如果租用，则每年年初需付租金 1 500 元，假设利率为 8%。要求：试决定企业应租用还是购买该设备。

5. 某公司向银行借入一笔 6 年期借款，银行借款年利率为 12%，银行规定前 3 年不用还本付息，之后每年年末需要向银行偿付本息 50 000 元。要求：计算这笔款项的现值是多少？

6. 某企业全部用银行贷款投资兴建一个工程项目，总投资额为 5 000 万元，假设银行借款利率为 16%。该工程当年建成投产。要求：（1）该工程建成投产后，分 8 年等额归还银行借款，每年年末应还多少？（2）若该工程建成投产后，每年可获利 1 500 万元，全部用来归还借款的本息，需多少年才能还清？

7. 王明将 50 000 元现金进行一项投资。预计在 20 年后这笔款项连本带利达到

250 000元。要求：计算该投资年利率为多少时才能实现目标？

8. 某公司持有由甲、乙、丙三种股票构成的证券组合，三种股票的β系数分别是2.0、1.3和0.7，它们的投资额分别是60万元、30万元和10万元。股票市场平均报酬率为10%，无风险报酬率为5%。

要求：

(1) 确定证券组合的β系数；

(2) 确定证券组合的风险报酬率。

9. 某企业有A、B两个投资项目，两个投资项目的收益率及其概率分布情况如表2-8所示。

表2-8

项目实施情况	该种情况出现的概率		投资报酬率	
	项目A	项目B	项目A	项目B
好	0.2	0.3	15%	20%
一般	0.6	0.4	10%	15%
差	0.2	0.3	0	-10%

要求：

(1) 估算两项目的预期收益率；

(2) 估算两项目的标准离差；

(3) 估算两项目的标准离差率。

第3章

投资管理

内容提要

本章主要讲解投资所引起的财务活动，投资管理包括证券投资管理及项目投资管理两大类。在进行债券和股票投资时，应当掌握其估价方法，了解影响债券和股票价格变动的主要因素，以便正确地进行投资决策。在评价投资项目是否可行时，应以项目的现金流量作为决策基础，根据计算的决策指标进行评价决策。

重点难点

本章重点为资本资产定价模型的应用、债券估价、股票估价、现金流量计算、投资决策指标计算。本章难点为股票估价、投资决策指标的计算。

学习目标

了解证券投资的种类；掌握资本资产定价模型的应用；掌握债券及股票的估价方法；了解现金流量的构成；掌握现金流量的计算；掌握投资决策指标的计算。

知识框架

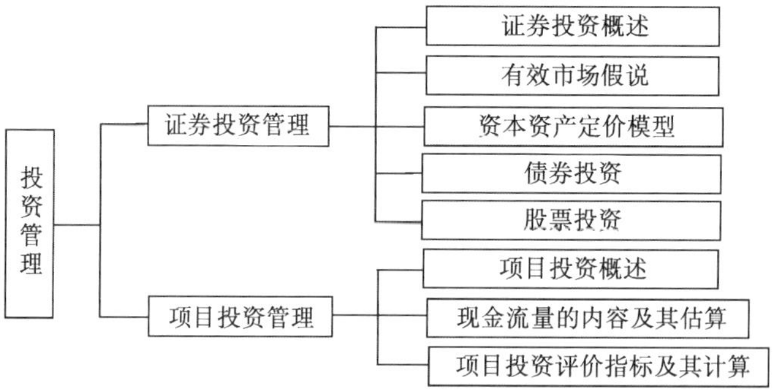

引入案例

“租”与“购”的决策

洋洲旅游服务公司（旅行社性质）自成立以来，在业界的声誉日渐提高。目前开发的旅游产品主要有历史古迹游、民族特色游、风光游等。公司拟增加8辆大型旅游客车。现有两种方案可供选择：

（1）用贷款购买方式从国内生产厂家购入国产客车。每辆预计价格为50万元，采取货到付款方式。全部付款依靠贷款，贷款期限为5年，贷款年利率为8%，年末付息，本金第5年年末归还，预计每辆车的使用年限为5年，每辆车净残值为5万元，按惯例采用直线法计提折旧。购入8辆客车后，每年营业收入（向游客收取的交通费、餐饮费、客房费、文娱费等）增加248万元，每年不包括利息的营业成本（客车成本、客房成本、餐饮成本等）增加120万元。

（2）用经营租赁方式从国内租赁公司租入进口客车。每辆每年租金为25万元，租期4年，租金于每年年初支付，客车于租期结束后归还给租赁公司。进口客车与国产客车相比，发动机性能较好，车型较为美观，车内装潢较为豪华，对游客的吸引力较大，营业收入相对较高。租车与买车相比，许多费用（如随车出租的司机工资、客车发生的日常维修费等）由租赁公司承担，营业成本相对较低。租入8辆客车后，每年营业收入增加300万元，每年不包括租金的营业成本增加64万元。公司要求的投资报酬率为10%，所得税税率为25%。

面对两种选择，企业在作出决策时可以采用的评价标准有哪些？

3.1　证券投资管理

投资是企业生存和发展的必要手段，按投资回收期可分为长期投资和短期投资。长期投资是指一年以上才能收回的投资，主要包括证券投资和厂房、设备等固定资产项目投资。本章主要讨论长期投资，其中第一节阐述证券投资管理，第二节阐述以固定资产为代表的项目投资管理。

3.1.1　证券投资概述

1. 证券投资的概念与种类

证券是指票面载有一定金额，代表财产所有权或债权，可以有偿转让的凭证，如债券、股票、短期融资券、银行承兑汇票等。证券投资是指以国家或外单位公开发行的有价证券为购买对象的投资行为，它是企业对外投资的重要组成部分。科学地进行证券投资管理，能够增加收益、减少风险，从而有利于企业财务管理目标的实现。

企业证券投资的种类直接取决于有价证券的种类。按照证券发行主体不同，证券可分为政府债券、金融债券、企业债券及企业股票四种类型，与此相联系，证券投资可分为政府债券投资、金融债券投资、企业债券投资及企业股票投资。

政府债券投资是指企业投资于政府债券的行为。政府债券是指中央政府或地方政府为集资而发行的证券，包括公债、国库券等。政府债券与其他债券相比，最大的特点是交易费用小、收益固定、利息免交所得税、信誉高、风险小。

金融债券投资是指投资者投资于金融债券的行为。金融债券则是指银行或其他金融机构为筹措资金而向投资者发行的借债凭证。发行金融债券的目的在于筹措中长期贷款的资金来源，利率略高于同期定期储蓄存款利率，一般由金融债券的发行机构经中央银行批准后，在金融机构的营业点以公开出售的方式发行。

企业债券投资是指企业投资于其他企业债券的行为。企业债券是指企业为了筹措资金而向投资者出具的、承诺在一定时期还本付息的债务凭证。企业债券投资属于债权性投资，投资人有权要求发债企业按期偿付本息，否则可通过法律程序要求补偿。

股票投资是指企业通过购买股票或股份的方式对外投资。股票投资属于权益性投资，投资人作为权益所有者，有权参与被投资企业的经营管理和按所占股份分享利润，但当被投资人发生经营亏损或损失，投资人需以出资额为限承担其损失。

从投资风险和收益的角度观察，政府债券的风险很小，金融债券次之，企业债券的风险较大，但其具体风险程度主要视企业的规模、财务状况和其他情况而定；而收益则刚好相反。

2. 证券投资的目的

企业进行证券投资的主要目的有：

（1）暂时存放闲置资金。企业一般都持有一定数量的有价证券，以替代较大数量的现金，并在现金流出超出现金流入时，将有价证券售出，以增加现金。短期证券的投资在多数情况下都是出于预防的动机，因为大多数企业都依赖银行信用来应付短期交易对现金的需要，但银行信用有时是不可靠的或不稳定的，因此，必须持有有价证券以预防银行信用的短缺。

（2）与筹集长期资金相配合。处于成长期或扩张期的公司一般每隔一段时间就会发行长期证券（股票或公司债券）。但发行长期证券所获得的资金一般并不是一次用完，而是逐渐、分次使用。这样，暂时不用的资金可投资于有价证券，以获取一定的收益，而当企业进行投资需要资金时，则可卖出有价证券，以获得现金。

（3）满足未来的财务需求。假如企业在不久的将来有一笔现金需求，如建一座厂房或归还到期债务，则将现有现金投资于有价证券，以便到时售出，满足所需要的现金。

（4）满足季节性经营的公司对现金的需求。从事季节性经营的公司在一年内的某些月份有剩余现金，而在另几个月则会出现现金短缺，这些公司通常在现金有剩余时购入有价证券，而在现金短缺时出售有价证券。

（5）获得对相关企业的控制权。有些企业往往从战略上考虑要控制另外一些企业，这可以通过股票投资实现。例如，一家汽车制造企业欲控制一家钢铁公司以便获得稳定的材料供应，这时便可动用一定资金来购买钢铁企业的股票，直到其拥有的股权能控制这家钢铁企业为止。

3. 证券投资的程序

（1）明确投资目的，选择相应的投资对象

如果证券投资的主要目的是为保持其资产的流动性，则投资对象以低风险、低收益而流动性强的有价证券为主；如果是以追求盈利为目的，则应选择与投资者风险承受能力相适应的证券品种进行投资。经济学把人的冒险心态分为三大类型：冒险型、避险型和一般型。一般来说，冒险型的人以冒险为乐事，在寻找冒险刺激过程中得到更大的收益，这种类型的投资者追求风险大但是潜在收益也高的证券品种进行投资，如成长型公司股票、新兴公司的创业股，处于财务困难之中，但再生希望大、正在进行债务重组的公司股票，使用杠杆收购技术的公司发行的收益债券或垃圾债券，等等。对一般冒险型投资者来说，其投资品种必定是高风险高收益证券、一般风险与一般收益性证券及低风险与低收益证券的某种组合。对避险型投资者而言，低风险低收益证券是其主要的投资对象，如盈利稳定型公司的债券与股票、抵押担保债券、某些公司的优先股、政府公债，等等。

至于那些以证券投资为手段，最终达到控制其他公司业务，甚至达到购并其他公司为目的的投资者，其投资对象必定是那些特定公司的股票、债券。

（2）认真进行证券分析，确定证券内在价值、寻找有利的投资时机

证券分析是检查分析若干种或若干组有可能购买的证券。证券分析的方法分成两大类：基础分析方法和技术分析方法。

基础分析方法认为经过严格的分析，可以选择到某些证券，如果它们的市场价格高于其内在价值，即是卖出的时机；反之，则是买进的时机。

技术分析方法认为经过运用特殊的方法，可以找到证券，特别是股票价格的近期走向趋势和运动规律，从而找到证券的买卖时机，并作出投资选择。这些特殊方法包括利用证券价格历史资料画图、填表格、分析曲线等统计方法。

（3）分析投资效果与反馈

投资对象选定、价格估定并实施投资后，还要不断地对已作出的投资进行效果分析，作出相应的调整。因为证券市场变化无常，原来已实施的投资行为符合风险与收益相匹配的原则，但条件变化后，要进行相应的调整，使证券资产始终处于风险与收益的最佳匹配状况，这就要求不断对证券的风险与收益进行跟踪分析。

3.1.2　有效市场假说

“有效市场假说”起源于20世纪初，这个假说的奠基人是一位名叫路易斯·巴

舍利耶（Louis Bachelier）的法国数学家。1900年，路易斯·巴舍利耶把统计分析方法应用到了股票报酬率的分析，发现股票价格波动的数学期望值总是零。坎德奥（Kendall）与罗伯兹（Roberts）分别于1953年和1959年发现股票价格序列类似于随机漫步，他们对这种现象的解释是：在给足所有已知信息后，这些信息一定已经被反映于股价中了，所以股价只对新信息作出上涨或下跌的反应。由于新信息是不可预测的，那么随新信息变动的股价必然是随机且不可预测的。1964年，奥斯本提出了“随机游走理论”，他认为股票价格的变化类似于化学中的分子“布朗运动”（悬浮在液体或气体的微粒所做的永不休止的、无秩序的运动），具有“随机漫步”的特点，也就是说，它变动的路径是不可预期的。1970年，法玛（Eugene Fama）最终把这些理论形式化为有效市场假说。资本资产定价模型就是建立在有效市场假说的基础上的。

1. 有效市场假说的含义

有效市场假说是由尤金·法玛于1970年首先提出的。他认为，如果一个资本市场是有效的，那么这个市场上的证券价格总是能够快速、准确、完整地反映所有可获得的信息。

“有效市场假说”包含以下两个要点：

第一，市场上的每个人都是理性的投资者，他们能够确定每种证券的真实价值，并据此作出最佳的交易决策。

第二，信息能够在证券价格中快速、完全地得到反映，而这些信息所引起的价格调整也是恰当的，即“信息有效”。同时也说明，只有当事关证券真实价值的新信息出现时才会引起该证券价格的变动。

当然，“有效市场假说”只是一种理论假说，实际上，并非每个人总是理性的，也并非在每一时点上都是信息有效的。

2. 有效市场假说的三种形态

根据有效市场假说中的信息集合包括的不同内容，产生了有效市场可实证检验的三种形态。

（1）弱式效率市场假说。该假说是指证券价格被假设完全反映，包括它本身在内的过去历史的证券价格资料，也包括价格、成交量、变动率等。证券的当前价格与未来价格不相关，证券价格的任何变动都完全独立于其过去价格。在这种市场中，投资者无法利用过去股价波动所包含的信息获得超额利润，也就是对证券历史数据的研究无助于预测未来趋势。

（2）半强式效率市场假说。该假说是指所有公开的可用信息假定都被反映在证券价格中，不仅包括证券价格序列信息，还包括公司财务报告信息、经济状况的通告资料和其他公开可用的有关公司价值的信息、公布的宏观经济形式和政策方面的信息。也就是说，这种市场中的证券价格能迅速反映全部新产生的公共信息，包括市场信息、宏观经济信息和公司财务数据等。在这种市场中，投资者不仅无法从历史信息中获取超额利润，而且也无法通过分析当前的公开信息获得超额利润。也就是说，公司公布消息或有事件突发后，证券价格一步到位，旁观者没有任何机会。

（3）强式效率市场假说。该假说认为所有相关信息（包括内部信息和公开信息）都在证券价格中反映出来。在这种市场中，证券价格中已包含了所有的信息，投资者即使拥有内幕消息也无法获得超额利润。

有效市场假说反映了经济学家和金融学家梦寐以求的理想状态，现实中的不少例外现象对这一假说提出了挑战，理由大多是现实状态对理想状态的偏离。但是，这些挑战并没有从根本上否定有效市场假说。然而，在正确运用市场有效性问题及进行深度研究，并作为决策参考或投资策略选择的依据时，不得不抛弃假说的一些前提假设，以更加客观地面对现实市场。

3.1.3　资本资产定价模型

资本资产定价模型是描述风险与报酬关系的理论模型，它认为证券的风险报酬率等于该证券（或证券组合）的 β 系数与市场风险报酬率的乘积。

1. 资本资产定价模型的假设条件

任何模型的建立都是对复杂的现实情况的一种抽象，找出其中主要的经济关系，用指标加以描述。在构造证券投资组合并计算它们的报酬率之后，资本资产定价模型（capital asset pricing model，简写为 CAPM）可以进一步测算投资组合中的每一种证券的报酬率。

资本资产定价模型建立在一系列严格的假设基础之上。尽管有些假设条件与显示有所偏离，但它们简化了建模的过程。而且后来的研究发现，CAPM 模型的基本观点仍然正确。

（1）完全竞争。该假设类似于微观经济学中的完全竞争假设，是指市场上有大量的投资者，与所有投资者的总财富相比，每个投资者的财富是微不足道的。这样，每个投资者的买与卖都不会在市场上占有显著份额，从而证券价格不会因个别投资者的买或卖而受到影响。换而言之，每个投资者都是价格接受者。

（2）所有投资者都有相同的预期。观察样本的均值和标准差被统计学家称为充分统计量的数据，它们能描述一种资产报酬的概率分布。所有的投资者对于期望报酬率、方差和协方差都有完全相同的估计，这就意味着均值和标准差包含着现存的与该种证券相关的所有信息。

（3）投资者都是通过考察证券的期望报酬率与风险去估价证券，并且每一个投资者都是风险厌恶者，在风险相同时，他将选择期望报酬率大的投资组合，而在期望报酬率相同时，他将选择风险小的投资组合。

（4）资本市场上没有摩擦。所谓摩擦，是指对市场上的资本与信息自由流动的阻碍。具体来说，就是假设资本市场上不存在与买卖证券有关的交易费用；不存在对红利收入、利息收入以及资本利得征税；信息向市场里的每个人自由、及时地传递，投资者不需要任何费用就能获得所有信息。

（5）存在无风险资产，投资者可按无风险利率无限量地自由借贷。

（6）单一的投资期限，即所有投资者都在相同的单一时期中计划他们的投资。所谓单一时期，是指资本市场上投资机会成本未发生变化的一段时间。在单一时期期初，投资者计划并实施投资；在期末，获得红利与资本收益。

上述假设条件说明所设定的资本市场是一个完全市场，投资者在相同经济环境下有相同的投资机会，相同的预期。这样就使我们能将注意力从考察个别投资者如何投资转移到考察证券价格的变化，从而进一步研究每一种证券或证券组合风险与报酬的均衡关系。

2. 资本资产定价模型的一般形式及影响因素

（1）资本资产定价模型的一般形式。资本资产定价模型的一般形式可用下列公式表示：

$$K_i = R_F + \beta_i(R_M - R_F)$$

式中，K_i——第 i 种股票或第 i 种证券组合的必要报酬率；

R_F——无风险报酬率；

β_i——第 i 种股票或第 i 种证券组合的 β 系数；

R_M——所有股票或所有证券的平均报酬率。

【例 3－1】 锐意公司股票的 β 系数为 2.0，无风险利率为 3%，市场上所有股票的平均报酬率为 6%，那么，锐意公司股票的必要报酬率应为：

$$K_i = R_F + \beta_i(R_M - R_F) = 3\% + 2.0 \times (6\% - 3\%) = 9\%$$

也就是说，锐意公司股票的报酬率达到或超过 9% 时，投资者方可进行投资，如果低于 9%，则投资者不会购买锐意公司的股票。

（2）证券市场线。资本资产定价模型通常可以用图形来表示，该图又叫证券市场线（security market line，简称 SML）。它说明必要报酬率 K 与不可分散风险 β 系数之间的关系。现用图 3－1 加以说明。

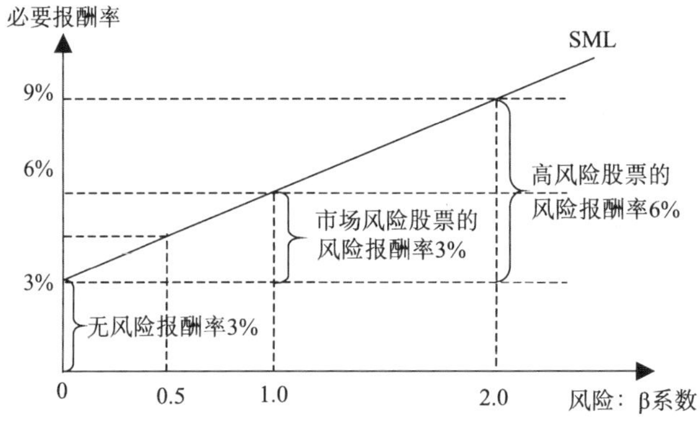

图 3－1 证券报酬与 β 系数之间的关系

从图3－1中可以看到，无风险报酬率为3%，β系数不同的股票有不同的风险报酬率，当β=0.5时，风险报酬率为1.5%；当β=1.0时，风险报酬率为3%；当β=2.0时，风险报酬率为6%。也就是说，β值越高，要求的风险报酬率也就越高，在无风险报酬率不变的情况下，必要报酬率也就越高。

（3）资本资产定价模型的影响因素。

①通货膨胀的影响。从投资者的角度来看，无风险报酬率 R_F 是其投资的报酬率，但从筹资者的角度来看，R_F 是其支出的无风险成本，或称无风险利息率。现在市场上的无风险利率由两方面构成：一方面是无通货膨胀的报酬率 K_0，这是真正的时间价值部分；另一方面是通货膨胀率IP。这样，无风险报酬率 $R_F = K_0 + IP$。在图3－1中，$R_F = 3\%$，假设它包括2%的真实报酬率和1%的通货膨胀贴水，则有 $R_F = K_0 + IP = 2\% + 1\% = 3\%$。

如果预期通货膨胀率上升2%，增加到3%，这将使 R_F 上升到5%，这种变化显示在图3－2中。R_F 的增加也会引起所有股票报酬率的增加，例如，市场上股票的平均报酬率从6%增加到8%。

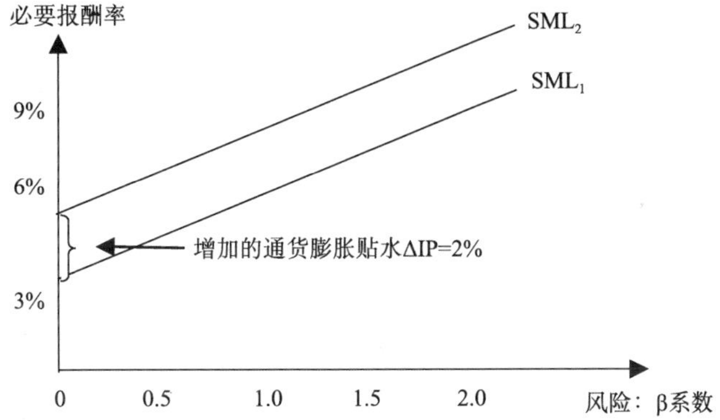

图3－2 通货膨胀对证券报酬的影响

②风险回避程度的变化。证券市场线（SML）反映了投资者回避风险的程度——直线越陡峭，投资者越回避风险，也就是说，在同样的风险水平上，要求的报酬更高，或者在同样的报酬水平上，要求的风险更小。如果投资者不回避风险，当 R_F 为3%时，各种证券的报酬率也是3%，这样，证券市场线将是水平的。当风险回避增加时，风险报酬率也增加，证券市场线的斜率也增加。图3－3说明了风险回避增加的情况，市场风险报酬率从3%上升到5%，必要报酬率也从6%上升到8%。风险回避的程度对风险较大的证券影响更为明显。例如，一个β系数为0.5的股票的必要报酬率只增加了一个百分点，即从4.5%增加到5.5%；而一个β系数为2.0的股票的必要报酬率却增加了4个百分点，即从9%上升到13%。

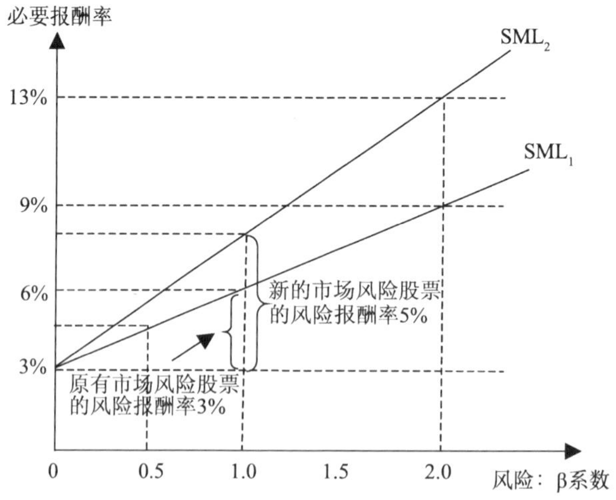

图 3-3 风险回避对证券报酬的影响

③股票 β 系数的变化。随着时间的推移，不仅证券市场线在变化，β 系数也在不断变化。β 系数可能会因一个企业的资产组合、负债结构等因素的变化而改变，也会因为市场竞争的加剧、专利权的期满等情况而改变。β 系数的变化会使公司股票的报酬率发生变化。假设锐意公司股票的 β 系数从 2.0 降为 1.5，那么，其必要报酬率为：

$K_i = R_F + \beta_i(R_M - R_F) = 3\% + 1.5 \times (6\% - 3\%) = 7.5\%$

反之，如果锐意公司股票的 β 系数从 2.0 上升到 2.5，那么其必要报酬率为：

$K_i = R_F + \beta_i(R_M - R_F) = 3\% + 2.5 \times (6\% - 3\%) = 10.5\%$

3. 资本资产定价模型在证券组合中的运用

上面讨论的资本资产定价模型是针对单个证券而言的。实际上，由单个证券形成的证券组合，其必要报酬率与风险仍然满足资本资产定价模型所揭示的关系，即各种证券组合也将落在证券市场线上。

假设证券组合 P 由某 m 个证券组成，各证券的组合权数分别为 ω_1，ω_2，……，ω_m，则在市场均衡状态下，P 的必要报酬率为：

$$K_P = \sum_{i=1}^{m} \omega_i K_i = \sum_{i=1}^{m} \omega_i [R_F + \beta_i(R_M - R_F)] = R_F + \sum_{i=1}^{m} \omega_i \beta_i (R_M - R_F)$$

式中，K_P——证券组合的必要报酬率；

K_i——第 i 个证券的必要报酬率。

按照上一章讲的证券组合的 β 系数的计算公式，有：

$$\beta_p = \sum_{i=1}^{m} \omega_i \beta_i$$

将其代入证券组合的必要报酬率公式中，将得到：

$K_P = R_F + \beta_p(R_M - R_F)$

【例 3－2】 假设 M 公司投资了两种证券 A 和 B，两种证券的投资比例为 1∶1，其中 β_A 为 1.3，β_B 为 0.9，市场组合的平均报酬率为 10%，无风险报酬率为 6%，则 M 公司证券组合的必要报酬率为多少？

首先，确定证券组合的 β 系数。

$$\beta_p = \sum_{i=1}^{m} \omega_i \beta_i = 1.3 \times 0.5 + 0.9 \times 0.5 = 1.1$$

然后，计算证券组合的必要报酬率。

$$K_P = R_F + \beta_p(R_M - R_F) = 6\% + 1.1 \times (10\% - 6\%) = 10.4\%$$

相关思考

若上例中要求 M 公司 A 证券的必要报酬率呢？

$$K_A = R_F + \beta_A \times (R_M - R_F) = 6\% + 1.3 \times (10\% - 6\%) = 11.2\%$$

3.1.4　债券投资

债券是债务人向债权人发行的，在约定时间支付一定比例的利息，并在到期时偿还本金的一种有价证券。

1. 债券的种类

按照不同的划分标准，可以把债券分成不同的类别。

（1）按期限的长短分类。按债券投资的时间长短将债券投资分为短期债券投资和长期债券投资两类。其中，短期债券投资是指在一年以内就能到期或准备在一年之内变现的投资，长期债券投资是指在一年以上才能到期且不准备在一年以内变现的投资。

公司进行短期债券投资的目的主要是为了配合其对短期资金的需求，调节现金余额，使现金余额达到合理水平。当公司现金余额太多时，便投资于债券，使现金余额降低；反之，当现金余额太少时，则出售原来投资的债券，收回现金，使现金余额提高。公司进行长期债券投资的目的主要是为了获得稳定的收益。

（2）按照发行主体不同，可分为以下三类：

①政府债券。政府债券是由中央政府或地方政府发行的债券，分为中央政府债券和地方政府债券。中央政府债券也称国家债券，简称国债，是中央政府为筹集财政资金而发行的债券。地方政府债券也称地方债券，是地方政府为了某一特定目的（如修建地方公共基础设施）而发行的债券。政府债券尤其是国债的信誉很高，风险很低，因此其利率通常低于其他债券。

②金融债券。金融债券是由银行或非银行金融机构为筹集信贷资金而发行的债券。发行金融债券必须经中央银行批准。金融债券的风险高于政府债券、低于企业债

券，因此其利率一般介于二者之间。

③企业债券。企业债券是企业为筹措长期资金而发行的债券。其中，股份有限公司和有限责任公司发行的债券称为公司债券，简称公司债。

2. 债券的基本要素

（1）债券面值。债券面值是债券的票面金额，代表发行人借入并且承诺于未来特定日期偿付债券持有人的金额。

（2）票面利率。债券的票面利率是债券发行者一年内向投资者支付的利息与面值之间的比率。债券的票面利率是债券发行时就已经规定了的，债券发行人将按这个利率与面值的乘积计算应支付给债券持有人的利息。多数债券的票面利率在债券持有期间不会改变。当然，有的债券在发行时不明确规定票面利率，而是规定利率水平按某一标准（如政府债券利率或银行存款利率）的变化而同方向调整。这种债券的利率称为浮动利率。

债券的票面利率往往与市场上的实际利率不相等。有的债券每半年或一年支付一次利息，而有的债券则到期一次偿还本金和利息，并且不按复利计算利息。

（3）债券期限。债券期限指从发行日至到期日之间的时间。债券通常要规定一个到期日，以便偿还本金。债券的到期时间短则 3 个月，长的可能长达 30 年。往往债券期限越长，其风险也越大，因此债券的票面利率也越高。

3. 债券的估价

债券的估价就是对债券的价格进行估计。投资者进行债券投资，都预期在未来一定时期内会收到包括本金和利息在内的现金流入。债券价格应该是投资者为了取得未来的现金流入而愿意投入的资金。

将在债券投资上未来可收取的本金和利息折为现值，即可得到债券的内在价值。债券的内在价值也称为债券的理论价格，只有债券价值大于其购买价格时，该债券才值得投资。影响债券价值的因素主要有债券的面值、期限、票面利率和所采用的贴现率等因素。

因债券的计息方法不同，现介绍几种最常见的债券估价模型。

（1）每年付息、到期还本债券的估价模型。典型的债券是每年计算并支付利息、到期偿还本金的债券，这种债券的估价模型是最基本的债券估价模型，其计算公式为：

$$P = F \times i \times (P/A, k, n) + F \times (P/F, k, n)$$

式中，P——债券价格；

i——债券票面利率；

F——债券面值；

k——投资者要求的必要报酬率或市场利率；

n——付息总期数。

【例 3-3】某债券面值为 1 000 元，票面利率为 10%，期限为 5 年，某公司要对这种债券进行投资，要求必须获得12%的报酬率，问债券价格为多少时才能进行投资？

根据上述公式得：

$P=1\ 000\times10\%\times(P/A,12\%,5)+1\ 000\times(P/F,12\%,5)=927.5$（元）

即这种债券的价格必须低于927.5元时，该公司才能购买。

【例3-4】 甲债券面值2 000元，票面利率为8%，期限为5年，每年付息，到期还本。某企业拟购买这种债券，当前的市场利率为10%，债券目前的市价是1 800元，企业是否可以购买该债券？

甲债券的价值也就是理论价格：

$P=2\ 000\times8\%\times(P/A,10\%,5)+2\ 000\times(P/F,10\%,5)=1\ 848.56$（元）

由于债券的内在价值大于市价，购买此债券是合算的，它可获得大于10%的收益。

根据债券的估价模型，我们发现债券价格与必要报酬率有密切的关系。债券定价的基本原则是：必要报酬率等于债券票面利率时，债券价格就是其面值（债券平价发行）；如果必要报酬率高于债券票面利率，债券的价格就低于其面值（债券折价发行）；如果必要报酬率低于债券票面利率，债券的价格就高于其面值（债券溢价发行）。

（2）一次还本付息且不计复利债券的估价模型。这种债券平时不支付利息，到期一次支付本金和利息且不计复利。我国很多债券属于此种，其计算公式为：

$P=(F+F\times i\times n)\times(P/F,k,n)$

式中符号含义同前式。

【例3-5】 某公司拟购买另一家公司发行的利随本清的公司债券，该债券面值为1 000元，期限5年，票面利率为10%，不计复利。如果当前市场利率为8%，则该债券价格为多少？

根据公式可得：

$P=(1\ 000+1\ 000\times10\%\times5)\times(P/F,8\%,5)=1\ 021.5$（元）

（3）贴现债券的估价模型。有些债券以贴现方式发行，没有票面利率，到期按面值偿还。这些债券的估价模型用计算公式表示为：

$P=F\times(P/F,k,n)$

式中符号含义同前式。

【例3-6】 某债券面值为1 000元，期限为5年，以贴现方式发行，期内不计利息，到期按面值偿还。如果市场利率为8%，则其价格估计为多少？

根据公式可得：

$P=1\ 000\times(P/F,8\%,5)=1\ 000\times0.681=681$（元）

（4）债券到期收益率的计算。债券到期收益率是指购买债券后，一直持有该债券至到期日所获得的报酬率，它是能使未来现金流入现值等于债券买入价格的贴现率，即：

$P = F \times i \times (P/A,r,n) + F \times (P/F,r,n)$

这一公式与前面的公式一样，只不过这里要计算的是公式里的贴现率 r，计算到期收益率的方法是求解含有贴现率的方程。

【例 3-7】 已知华美公司于 2017 年 1 月 1 日以 5 000 元价格购买了 A 公司于 2017 年 1 月 1 日发行的面值为 5 000 元的债券，票面利率为 9%，8 年期。A 公司每年付息一次，到期还本。假定华美公司持有该债券至到期日，计算其到期收益率。

$5\ 000 = 5\ 000 \times 9\% \times (P/A,r,8) + 5\ 000 \times (P/F,r,8)$

解该方程要用“试算法”，用 r = 9% 试算：

$5\ 000 \times 9\% \times (P/A,9\%,8) + 5\ 000 \times (P/F,9\%,8) = 5\ 000$

可见，按面值购买的每年付息一次，到期还本的债券，其到期收益率等于债券的票面利率。

【例 3-8】 假定上例中，华美公司以 5 800 元价格购入 A 公司债券，则其到期收益率的计算如下：

$5\ 800 = 5\ 000 \times 9\% \times (P/A,r,8) + 5\ 000 \times (P/F,r,8)$

通过上例的计算已知，r = 9% 时，等式右边为 5 000 元，小于 5 800 元，就此可判断到期收益率必定低于 9%，现降低贴现率试算。

用 r = 7% 试算：$5\ 000 \times 9\% \times (P/A,7\%,8) + 5\ 000 \times (P/F,7\%,8)$

$= 450 \times 5.971 + 5\ 000 \times 0.582 = 5\ 596.95$（元）

由于结果仍小于 5 800 元，还应继续降低贴现率。

用 r = 5% 试算：$5\ 000 \times 9\% \times (P/A,5\%,8) + 5\ 000 \times (P/F,5\%,8)$

$= 450 \times 6.463 + 5\ 000 \times 0.677 = 6\ 293.35$（元）

结果高于 5 800 元，可以判定，到期收益率介于 5% 与 7% 之间，用差值法计算近似值：

5% —— 6 293.35

r —— 5 800

7% —— 5 596.95

列等式，得 $\frac{r-5\%}{7\%-5\%} = \frac{5\ 800-6\ 293.35}{5\ 596.95-6\ 293.35}$

解得 r = 6.42%。

从此例可以看出，如果买价和面值不等，则收益率和票面利率不同。

到期收益率是指导选购债券的标准，它可以反映债券投资按复利计算的真实收益率。如果到期收益率高于投资者要求的必要报酬率，则应买进该债券，否则就放弃。其结论和计算债券的内在价值相同。如上例，若华美公司要求的必要收益率为 5%，该债券到期收益率高于投资者的要求，因此，可以买入该债券；若华美公司要求的必要报酬率为 8%，则不宜买进。

需要说明的是，在实务中，债券收益率的计算除考虑购买价格外，还要考虑交易费用、通货膨胀和税收等因素，需要对上述计算公式作相应的调整。

4. 债券投资的优缺点

（1）债券投资的优点

①本金安全性高。与股票相比，债券投资风险比较小。其中，政府发行的债券（包括中央政府发行的国库券和地方政府发行的一般金融债券、收入债券等），因有政府财力作后盾，其本金的安全性非常高，通常被视为无风险债券或称为“金边债券”。企业债券（包括抵押债券、无抵押债券、收入债券、可转换债券、无息票债券、浮动利息债券等）的持有者拥有优先索偿权，当发行债券的企业破产时，债券投资者优先于股东分得企业资产，因此，其本金损失的可能性较小。

②收入稳定性强。债券票面一般都标有固定利息率，债券的发行人有按时支付利息的法定义务。因此，在正常情况下，债券投资者都能获得较稳定的收入。

③市场流动性好。许多债券都具有较好的流动性，政府及大企业发行的债券一般都可在金融市场上迅速出售，流动性很好。

（2）债券投资的缺点

①购买力风险较大。由于债券面值和收入的固定性，在通货膨胀时期，债券本金和利息的购买力会不同程度受到侵蚀，投资者名义上虽然有收益，但实际上却有损失。

②没有经营管理权。投资债券主要是为了获得报酬，而无权对债券发行企业施加影响和控制。

3.1.5　股票投资

股票是公司签发的证明股东所持有股份的凭证。

1. 股票概述

（1）股票的相关要素。为了更好地理解股票估价模型，有必要介绍一些关于股票的要素。

①股票价值。股票价值是指其预期的未来现金流入的现值。投资股票通常是为了在未来能够获得一定的现金流入。这种现金流入包括两部分：每期将要获得的股利以及出售股票时得到的价格收入。有时为了把股票价值与价格相区别，把股票的价值也称作“股票的内在价值”。

②股票价格。股票价格是指其在市场上的交易价格，它分为开盘价、收盘价、最高价和最低价等。股票的价格会受到各种因素的影响而出现波动。

③股利。股利是公司从税后利润中分配给股东的一种报酬，是股息和红利的总称，是股东所有权在分配上的体现。仅当公司有利润并且公司管理层愿意将利润分给股东而不是将其进行再投资时，股东才有可能获得股利。

（2）股票种类。股票主要有普通股和优先股两种。优先股有固定的股息，不随公司业绩好坏而波动，并且可以先于普通股股东领取股息；当公司破产进行财产清算时，优先股股东对公司剩余财产有先于普通股股东的要求权。但优先股一般不参加公司的红利分配，持股人亦无表决权，不能借助表决权参加公司的经营管理。因此，企业投资于优先股，可以获得固定的股利收入，价格波动相对较小，风险较低。而企业投资于普通股，股利收入忽高忽低，价格波动较大，风险也较大，但投资于普通股，一般能获得较高收益。

（3）股票投资目的。企业进行股票投资的目的主要有两种：一是获利（分散投资），即作为一般的证券投资，获取股利收入及股票买卖差价；二是控股（集中投资），即通过购买某公司的大量股票以达到控制该公司的目的。

2. 股票估价

与进行债券投资一样，企业进行股票投资，也必须知道股票价格的估算方法。

（1）短期持有、未来准备出售的股票估价模型。在现实生活中，大部分投资者并不准备永久持有某种股票，而是准备在持有一段时间后再转让出售，他们不仅希望得到股利收入，还希望在未来出售股票时从股票价格的上涨中获得好处。于是，投资者获得的未来现金流量就包括两个部分：股利和股票出售收入。这时，股票的估价模型为：

$$V = \sum_{t=1}^{n} D_t \times (P/F,k,t) + V_m \times (P/F,k,n)$$

或 $V = D \times (P/A,k,n) + V_n \times (P/F,k,n)$

式中，V——股票内在价值；

V_n——未来出售时预计的股票价格；

k——投资者要求的必要报酬率；

D_t——第 t 期的预期股利；

D——预期股利；

n——预期持有股票的期数。

【例 3-9】某企业准备购入 A 公司股票，目前市场价格每股为 25 元，预计每年可获得股利 3 元/股，准备 2 年后出售，预计出售价格为 30 元/股，企业要求的必要报酬率为 15%，是否值得投资？

股票价值 $V = 3 \times (P/A,15\%,2) + 30 \times (P/F,15\%,2)$

$= 3 \times 1.626 + 30 \times 0.756 = 27.56$（元）

该股票的内在价值大于目前市场价格，因此值得购买。

（2）长期持有、股利稳定不变的股票估价模型。在投资者长期持有、未来每年股利稳定不变的情况下，投资者未来所获得的股利收入就是一种永续年金。由于优先股是在固定的时间获得固定的股利，并且没有到期日，所以优先股就是这种情况的一个典型例子。其估价模型为：

$$V = \frac{D}{k}$$

式中符号含义同前式。

【例 3－10】某投资者持有 A 股票，每年分配股利为 2 元/股，要求的必要报酬率为 20%，试计算股票的价值。

$$V=\frac{D}{K}=\frac{2}{20\%}=10\text{（元）}$$

这就是说，该股票每年可以带来 2 元的收益，在贴现率为 20% 的条件下，它相当于 10 元资本的收益，所以其价值是 10 元。

（3）长期持有股票，股利固定增长的股票估价模型。如果一个公司的股利不断增长，投资人的投资期限又非常长，则股票的估价就更困难了，只能计算近似数。设上年股利为 D_0，第 1 年的股利为 D_1，每年股利比上年增长率为 g，则：

$$V=\frac{D_0\times(1+g)}{k-g}=\frac{D_1}{k-g}$$

【例 3－11】G 公司准备购买 A 股票，该股票去年每股股利为 3 元，预计以后每年增长率为 5%，该公司要求的报酬率为 15%，当时的股票价格为 30 元，作出是否投资该股票的决策。

$$V=\frac{D_0\times(1+g)}{K-g}=\frac{3\times(1+5\%)}{15\%-5\%}=31.5\text{（元）}$$

股票价格为 30 元，低于其内在价值，所以应投资该股票。

特别提示

D_0是当前的股利，是已经支付的股利；D_1是固定增长第一期的股利，是将要支付的股利。

3. 股票投资的优缺点

（1）股票投资的优点

①投资收益高。普通股票的价格虽然变动频繁，但从长期看，优质股票的价格总是上涨的居多，只要选择得当，都能取得优厚的投资收益。

②购买力风险低。普通股的股利不稳定，在通货膨胀率比较高时，由于物价普遍上涨，股份公司盈利增加，股利的支付也随之增加，因此，与固定收益证券相比，普通股能有效地降低购买力风险。

③拥有经营控制权。普通股股东属股份公司的所有者，有权监督和控制企业的生产经营情况，因此，欲控制一家企业，最好是收购这家企业的股票。

（2）股票投资的缺点

①求偿权居后。普通股对企业资产和盈利的求偿权均居于最后。企业破产时，股东原来的投资可能得不到全额补偿，甚至一无所有。

②价格不稳定。普通股的价格受众多因素影响，很不稳定。政治因素、经济因素、投资人心理因素、企业的盈利情况、风险情况，都会影响股票价格，这也使股票

投资具有较高的风险。

③收入不稳定。普通股股利的多少，视企业经营状况和财务状况而定，其有无、多寡均无法律上的保证，其收入的风险也远远大于固定收益证券。

3.2 项目投资管理

3.2.1 项目投资概述

1. 项目投资的含义和特点

投资是指特定经济主体（包括国家、企业和个人）为了未来可预见时期内获得收益或使资金增值，在一定时机向一定领域的标的物投放足够数额的资金或实物等货币等价物的经济行为。从特定企业角度看，投资就是企业为了获取收益而向一定对象投放资金的经济行为。投资是企业生存、发展与获利的基本前提，也是企业风险控制的重要手段。

项目投资是指对企业内部生产经营所需要的长期资产的投资。项目投资决策是指企业对长期投资项目进行规划、评价和取舍的过程。相对于短期投资而言，项目投资一般具有投资数额大、投资周期长、投资风险大、变现能力差和不可逆转等特征，因而项目投资决策的正确与否对企业的经营发展有重大影响。从以上特点可以看出，项目投资对企业非常重要，轻率的投资对企业有害无益。任何项目投资都需要依照科学的程序和方法进行。

2. 项目投资的种类

（1）按照投资与生产经营关系，分为直接投资和间接投资。直接投资是指把资金投放于生产经营环节中，以期获取利润的投资。在非金融性公司中，直接投资所占的比重较大；间接投资又称证券投资，是指把资金投放于证券等金融性资产，以期获得股利或利息收入的投资。随着我国证券市场的完善和多渠道筹资的形成，公司的间接投资会越来越广泛。

（2）按照投资的方向和范围不同，分为对内投资和对外投资。从公司的角度来看，对内投资就是项目投资，是指公司将资金投放于为取得供本公司生产经营使用的固定资产、无形资产、其他资产和垫支流动资金而形成的一种投资；对外投资是指公司为购买国家及其他公司发行的有价证券或其他金融产品（包括期货与期权、信托、保险），或以货币资金、实物资产、无形资产向其他公司注入资金而发生的投资。

（3）按照投资回收时间的长短，分为短期投资和长期投资。短期投资是指可以在一年内收回的投资，主要指对现金、应收账款、应收票据、存货和短期内到期的有价证券等的投资。短期投资具有时间短、变现能力强、周转快、流动性大等特点。长期投资是指一年以上才能收回的投资，主要是指对厂房、机器设备等固定资产的投资，也包括对无形资产和长期有价证券的投资。一般来说，长期投资具有发生次数少、投资所需金额大、回收时间长、变现能力差、风险大、对企业影响时间长的特点。

（4）按照投资在生产过程中的作用，分为初创项目和后续项目。初创项目是在建立新企业时所进行的各种投资项目。它的特点是投入的资金通过建设形成企业化的原始资产，为企业的生产、经营创造必要的条件。后续项目是指为巩固和发展企业再生产所进行的各项投资，主要包括为维持企业简单再生产所进行的更新性投资项目，为实现扩大再生产所进行的追加性投资项目，为调整生产经营方向所进行的转移性投资项目等。

（5）按照投资项目之间的关系，分为独立项目、互斥项目和相关项目。独立项目是指各项目的决策相互独立，一个项目的接受与否不会对其他项目产生影响。如企业有 A、B、C 三个投资项目，在资金充足的情况下，三个投资项目只要满足投资决策标准，均可接受，其中某个项目的取舍不会影响其他项目的接受与否。互斥项目是指多个投资项目之间是一种竞争的互相排斥的关系，当其中一个项目被选中时，其他项目就要被淘汰。相关项目是指该项目的实施依赖于其他项目的接受，如采用新的技术专利权就必须购买新的设备，则新的技术专利权的投资与新设备的投资就是相关项目投资。

（6）按照投资项目的现金流动模式，分为常规项目和非常规项目。常规项目的现金流量分布呈现出这样一种状态：项目投资初期一般净现金流量表现为流出，以后各年一般表现为流入，项目的净现金流量由负值向正值转换，其正负符号只变换一次。非常规项目的现金流量在项目期内，正、负值交错出现，且正、负符号变换在一次以上。

3. 项目投资程序

投资能为企业带来收益，但投资是一项具体而复杂的系统工程。通过企业长期的实践经验总结，科学的项目投资决策程序一般可按序时的方法分为事前、事中、事后三个阶段。事前阶段也称投资决策阶段，主要包括投资方案的提出、评价与决策；事中阶段的主要工作是实施投资方案并对其进行监督和控制；事后阶段是指在投资项目结束后对投资效果进行的事后审计与评价。

（1）事前阶段：投资项目的决策。投资项目决策阶段是整个投资过程的开始阶段，也是最重要的阶段，此阶段决定了投资项目的性质、资金的流向和投资项目未来的收益能力。

①投资项目的提出。产生新的有价值的创意，进而提出投资方案是非常重要的。新创意可以来自公司的各级部门。企业的各级管理人员可以根据企业发展业务的需要提出意向性投资意见，如购买新的生产设备、扩建厂房等，然后由企业的生产、市场和财务等部门的专业人士讨论，提出初步的投资计划。

②投资项目的评价。投资项目的评价主要包括：一是由生产、市场以及财务等专家分头预计项目的产量、销量、市场占有率、现金流量等关键指标；二是综合运用各项指标，通过一定的方法，对投资项目进行可行性分析，淘汰不可行的投资项目，对可行的投资项目进行下一步的选择。

③投资项目的决策。投资可行性分析后，企业的领导者要根据企业的战略目标，对可行的不同投资项目进行决策选择。在企业的不同阶段，决策选择的依据可能不同，有时依据市场销量，有时依据现金流量，有时依据企业价值。但无论根据何种指标，决策一般分为以下三种情况：接受这个投资项目；拒绝这个投资项目，不进行投资；退还给项目提出部门，重新调查和修改后再作处理。

（2）事中阶段：投资项目的实施与监控。一旦选定某个投资项目后，就要积极付诸实施并进行有效的监督和控制。在实施过程中，具体要做好以下工作：①为投资方案筹集资金。②按照拟定的投资方案有计划分步骤地实施投资项目。③对项目的实施进度、工程质量、施工成本等进行控制和监督，确保投资项目如期完成预算任务。④定期进行投资项目的后续分析，将项目实际的现金流和收益与预算进行比较，找出差异并分析原因，提出不同的处理意见，作出是延迟投资、放弃投资还是扩充或缩减投资的决策。

（3）事后阶段：投资项目的事后审计与评价。投资项目的事后审计主要由公司内部审计机构完成，将投资项目的实际表现与原来的预期进行比较，通过对其差异的分析进一步发现并了解某些关键性问题。

按照审计结果对投资项目进行绩效评价，并据此建立相应的激励制度，以持续提高管理效率。通过对比项目的实际值与预测值，事后审计还可以把责任引进投资预测的过程。需要说明的是，某一项目的实际值和预测值的偏差并不应该作为评价预测者能力的唯一指标，然而，如果持续地产生预测错误，则表明该分析人员的预测技术的确需要改进。

3.2.2　现金流量的内容及其估算

在进行投资决策时，需要用特定的指标对备选的投资方案进行可行性分析，而这些指标的计算是以投资项目的现金流量为基础的。因此，评价投资项目是否可行，必须首先确定投资项目的现金流量。

1. 投资决策中使用现金流量的原因

现金流量是指一个投资项目使企业发生现金流入和现金流出的变化数量。现金流量包括现金流入量、现金流出量和净现金流量三个概念。其中，现金流入量是指投资项目所引起的现金收入的增加额；现金流出量是指投资项目所引起现金支出的增加额；净现金流量是指一定时期内现金流入量减去现金流出量之后的差额。

现金流量是以收付实现制为基础进行估算的，之所以要以现金流量作为评价项目经济效益的基础，而不是以利润，主要基于以下几方面的原因：

(1) 有利于考虑资金的时间价值。由于一个投资项目的现金流量包含了项目各个不同时期的现金流量，这就便于企业选用一定折现率对各个不同时期的现金流量折现，以真实反映投资项目经济效益。

(2) 现金流量比利润更加客观可靠。利润在各年的分布，受折旧、存货计价、间接费用分配、成本计算方法等会计政策选择的影响，人为操纵可能性大，容易给投资者造成错觉；而现金流量的分布相对客观，不受会计政策选择的影响，对投资者评价投资项目而言更为可靠。

(3) 在投资分析中，现金流动性比盈亏状况更重要。一个项目能否维持下去，不取决于一定期间是否盈利，而取决于有没有现金用于各种支付。有些时候，投资项目有利润，但由于利润质量等问题，往往缺乏足够现金支持项目持续运转。

2. 现金流量的构成

项目投资的现金流量可以按其发生的时间来表述，一般可分为初始现金流量、营业现金流量和终结现金流量。

(1) 初始现金流量

①固定资产投资。固定资产投资主要包括设备的购置价款或建造成本、运输安装费用等。购置设备的价款可能是一次性支出，也可能分几次支出。

②流动资金垫支。流动资金垫支主要包括需要因投资该项目而追加的存货、现金、应收账款等流动资金。只有在营业终结时才能收回这些资金。由于该项目投资扩大了企业的生产能力，引起对流动资产需求的增加。

(2) 营业现金流量

营业现金流量是指项目投入使用后在经营期内由于正常的生产经营所带来的现金流入和现金流出的数量。项目投资扩大了企业的生产能力，使企业销售收入增加。销售收入扣除付现成本和所得税后的差额等于营业现金流量。

付现成本是指需要每年支付现金的成本。非付现成本主要是折旧费、无形资产摊销费等。

营业现金流量 = 销售收入 - 付现成本 - 所得税
= 税后利润 + 折旧
= 销售收入 ×(1 - 税率) - 付现成本 ×(1 - 税率) + 折旧 × 税率

(3) 终结现金流量

终结现金流量是指投资项目终结时发生的现金流量，主要包括以下几个方面：

①固定资产出售或报废时的残值收入。

②收回的原垫支的流动资金。

3. 所得税和折旧对现金流量的影响

所得税是企业的一种现金流出，它取决于利润大小和税率高低，而利润大小受折旧方法的影响，因此，讨论所得税问题必然会涉及折旧问题。折旧对投资决策产生影响，实际是由所得税引起的。

（1）税后成本。如果有人问你，你的房租是多少，你一定会很快将你每月付出的租金说出来。如果问一位企业家，他的工厂厂房租金是多少，他的答案会比实际每个月付出的租金要少一些。因为租金是一项可以减免所得税的费用，所以应以税后的基础来观察。凡是可以减免税负的项目，实际支付额并不是真实的成本，而应将因此而减少的所得税考虑进去。税后成本是指扣除了所得税影响以后的费用净额。

税后成本 = 付现成本 ×（1 − 税率）

（2）税后收入。如果有人问你，你每月工资收入是多少，你可能很快回答工资单上的合计数。如果你刚刚出版了一本书，有人问你得到多少稿酬，你的答案比出版社计算的稿酬要少一些。因为通常一本书的稿酬会超过征税的起点，而你的工资可能并不征税。由于所得税的作用，企业销售收入的金额有一部分会流出企业，企业实际得到的现金流入是税后收入。

税后收入 = 销售收入 ×（1 − 税率）

（3）折旧抵税。固定资产折旧对企业来说是一项重要的成本项目，当折旧额增加时，企业的利润会相应减少，从而使企业的所得税减少。“折旧抵税”是指折旧可以起到减少税负的作用。

折旧抵税 = 折旧 × 税率

【例 3 − 12】 假设 A 公司和 B 公司全年销售收入、付现费用均相同，所得税税率为 25%。两者的区别是 B 公司有一项可以计提折旧的资产，每年计提折旧额都是 1 000 元，两家的现金流量如表 3 − 1 所示。

表 3 − 1　　折旧对税负的影响　　单位：元

项目	A 公司	B 公司
销售收入（1）	10 000	10 000
付现营业成本（2）	4 000	4 000
折旧（3）		1 000
成本合计（4）=（2）+（3）	4 000	5 000
税前利润（5）=（1）−（4）	6 000	5 000
所得税（6）=（5）×25%	1 500	1 250
营业现金流量（7）=（1）−（2）−（6）	4 500	4 750
B 公司比 A 公司多出的现金	250	

A 公司税后利润比 B 公司多了 750 元，但现金流却少了 250 元。其原因在于 B 公司有 1 000 元的折旧计入成本，使应税所得减少了 1 000 元，从而少纳税 250（1 000 × 25%）元。这笔现金保留在企业里，不必缴出。从增量分析的观点来看，由于增加了一笔 1 000 元折旧，企业获得 250 元的现金流入。

4. 估计现金流量

计算投资项目的现金流量，需要正确估计该投资方案所需的资本支出，合理预计项目每年能产生的净现金流量。这个过程会涉及很多变量，并且需要企业有关部门的参与和配合。如销售部门负责预测售价和销量；产品开发和技术部门负责估计投资方案的资本支出；生产和成本部门负责估计制造成本等。财务人员的主要任务是为销售、生产等部门的预测建立共同的基本假设条件，协调参与预测工作的各部门人员，防止预测者因个人偏好或部门利益而高估或低估收入和成本。

在确定投资方案相关的现金流量时，应遵循的最基本的原则：只有增量现金流量才是与项目相关的现金流量。所谓增量现金流量，是指接受或拒绝某个投资方案后，企业总结现金流量因此发生的变动。只有那些由于采纳某个项目引起的现金支出增加额，才是该项目的现金流出；只有那些由于采纳某个项目引起的现金流入增加额，才是该项目的现金流入。

为了正确计算投资方案的增量现金流量，需要正确判断哪些支出会引起企业总现金流量的变动，哪些支出不会引起企业总现金流量的变动。在进行这种判断时，要注意以下几个问题：

（1）区分相关成本和非相关成本。相关成本是指与特定决策有关的、在分析评价时必须加以考虑的成本。例如，差额成本、未来成本、重置成本、机会成本等都属于相关成本。与此相反，与特定决策无关的、在分析评价时不必加以考虑的成本是非相关成本。例如，沉没成本、过去成本、账面成本等往往是非相关成本。如果将非相关成本纳入投资方案的总成本，则一个有利的方案可能因此变得不利，一个较好的方案可能变为较差的方案，从而造成决策错误。

（2）不要忽视机会成本。在投资方案的选择中，如果选择了一个投资方案，则必须放弃投资于其他途径的机会。其他投资机会可能取得的收益是实行本方案的一种代价，被称为这项投资方案的机会成本。

机会成本不是通常意义上的“成本”，它不是一种支出或费用，而是失去的收益。这种收益不是实际发生的，而是潜在的。机会成本总是针对具体方案的，离开被放弃的方案就无从计量确定。

机会成本在决策中的意义在于它有助于全面考虑可能采取的各种方案，以便为既定资源寻求最为有利的使用途径。

（3）考虑投资方案对公司其他项目的影响。采纳一个新的项目后，该项目可能对公司的其他项目造成有利或不利的影响。例如，新建车间生产的产品上市后，原有其他产品的销路可能减少，而且整个公司的销售额也许不增加甚至减少。因此，公司在进行投资分析时，不应将新车间的销售收入作为增量收入来处理，而应扣除其他项目因此减少的销售收入。当然，也可能发生相反的情况，新产品上市后将促进其他项目的销售增长。这要看新项目和原有项目是竞争关系还是互补关系。

趣味阅读

免费有毒

位于美国华盛顿的国家美术馆是免费对游人开放的，这么说，是不是国外就有免费的午餐呢？其实不然，华盛顿的国家美术馆一楼是展览大厅，楼下是画廊，有出售画家作品的，还有出售美术期刊、画册、图书、工艺品的。最多的是出售世界名画仿制品和印刷品的，一楼每一幅展出的名画在楼下都能找到其仿制品和印刷品，两者的价格相差悬殊。例如，一楼展出的梵高名画《向日葵》，其标价是几百万美元，而楼下出售的仿制品却只卖20美元。印刷品更是便宜，几美元就能买到。面对如此大的差价，人们对仿制品和印刷品的购买欲望怎能不强烈？

试想，如果国家美术馆收门票，前来参观的人肯定会少很多，楼下买仿制品和工艺品的人也将随之减少，售出的商品也会减少，楼下的铺位对外出租的价格就会降低。如此一来，门票收入的增多可能还不及铺位对外租金的减少。所以，虽然从表面上看，国家美术馆没有收门票，是赔钱的买卖，其实暗地里它们早已通过高额的铺位租金把门票的收入赚到了口袋里。

如此看来，作为一个消费者，一个经济人，不能只片面地追求利益最大化，面对商家免费午餐的诱惑，我们应该提醒自己“天下没有免费的午餐”，精明的商家是不会让你轻易捡便宜的。

下面举例说明现金流量的计算。

【例3－13】某公司准备购入一台设备以扩充生产能力，现有甲、乙两个方案可供选择，假设所得税税率为40%。

甲方案需投资30 000元，使用寿命为5年，采用直线法计提折旧，5年后设备无残值，5年中每年销售收入为15 000元，每年付现成本为5 000元。

乙方案需投资40 000元，使用寿命、折旧方法与甲方案相同，5年后有残值收入5 000元，5年中每年销售收入为18 000元，付现成本第一年为6 000元，以后随着设备陈旧，逐年将增加300元。期初投资时还需垫支流动资金3 000元。

要求：计算两个方案各年的净现金流量。

解：甲方案：

$$\text{每年折旧额}=\frac{30\ 000}{5}=6\ 000\ (\text{元})$$

$$\begin{aligned}\text{每年营业现金流量}&=15\ 000-5\ 000-(15\ 000-5\ 000-6\ 000)\times 40\%\\&=8\ 400\ (\text{元})\end{aligned}$$

甲方案现金流量表

项目	0	1	2	3	4	5
固定资产投资	-30 000					
营业现金流量		8 400	8 400	8 400	8 400	8 400
净现金流量	-30 000	8 400	8 400	8 400	8 400	8 400

乙方案：

$$每年折旧额=\frac{40\ 000-5\ 000}{5}=7\ 000\ （元）$$

$$\begin{aligned}第1年营业现金流量&=18\ 000-6\ 000-(18\ 000-6\ 000-7\ 000)\times 40\%\\&=10\ 000\ （元）\end{aligned}$$

$$\begin{aligned}第2年营业现金流量&=18\ 000-6\ 300-(18\ 000-6\ 300-7\ 000)\times 40\%\\&=9\ 820\ （元）\end{aligned}$$

$$\begin{aligned}第3年营业现金流量&=18\ 000-6\ 600-(18\ 000-6\ 600-7\ 000)\times 40\%\\&=9\ 640\ （元）\end{aligned}$$

$$\begin{aligned}第4年营业现金流量&=18\ 000-6\ 900-(18\ 000-6\ 900-7\ 000)\times 40\%\\&=9\ 460\ （元）\end{aligned}$$

$$\begin{aligned}第5年营业现金流量&=18\ 000-7\ 200-(18\ 000-7\ 200-7\ 000)\times 40\%\\&=9\ 280\ （元）\end{aligned}$$

乙方案现金流量表

项目	0	1	2	3	4	5
固定资产投资	-40 000					
流动资金垫支	-3 000					
营业现金流量		10 000	9 820	9 640	9 460	9 280
固定资产残值						5 000
流动资金收回						3 000
净现金流量	-43 000	10 000	9 820	9 640	9 460	17 280

引例解析

“租”与“购”的决策

无论是项目的可行性分析，还是项目最终的决策，都是以一定的评价标准作为选择依据的，常用的评价标准包括：时间标准、收益标准和风险标准。

（1）时间标准。投资回收时间是投资者首要考虑的问题。在激烈的市场竞争中，市场变化莫测，不确定因素很多。项目的投资回收时间越久，企业承担的风险就会越大，因此投资者都希望能在较短的时间收回投资。

（2）收益标准。企业投资的最终目的就是获得收益。企业使用大额资金进行项目投资，目的就在于获得更丰厚的收益回报。收益是吸引投资者的最直接诱惑，同时也是项目评价最普遍的标准。收益标准具体表现为以下两种：相对数（报酬率、收益率等）标准和绝对数（报酬额、净现值等）标准。

（3）风险标准。根据风险与收益相均衡的原则，不同收益要求伴随着不同的风险。企业进行项目投资时，注入的投资金额大，回收时间长，目的是为了获得高额的报酬，但要求的报酬越高，面临的风险就会越大。因此，企业对项目进行评价时，往往会全面考虑项目的风险程度与报酬水平，合理确定项目的“风险价值”标准，以便项目的风险。

3.2.3 项目投资评价指标及其计算

项目投资决策评价指标，是指用于衡量和比较投资项目可行性，以便据以进行方案决策的定量化标准与尺度。对投资项目评价时使用的指标分为：一类是非贴现现金流量指标，也称为静态评价指标，这类指标没有考虑时间价值因素，主要包括投资回收期、平均收益率等；另一类是贴现现金流量指标，也称为动态评价指标，即考虑了时间价值因素的指标，主要包括净现值、内含报酬率、获利指数、动态投资回收期等。

1. 非贴现现金流量指标

（1）投资回收期（PP）。投资回收期是指以投资项目净现金流量抵偿原始总投资所需要的全部时间，它代表收回投资所需要的年限。回收年限越短，方案越有利。

根据项目投资后每年产生的净现金流量是否相等，投资回收期有两种计算方法：

①每年净现金流量相等时的投资回收期计算方法。

如果投资后每年的净现金流量相等，则投资回收期按下列公式计算：

$$投资回收期(PP)=\frac{初始投资额}{每年净现金流量}$$

知识拓展

项目计算期，是指投资项目从投资建设开始到最终清理结束整个过程的全部时间，包括建设期和经营期。其中，建设期是指项目资金正式投入开始到项目建成投产为止所需要的时间。在实践中，通常应参照项目建设的合理工期或项目的建设进度计划合理确定建设期。经营期是指从投产日到项目最终报废或清理之间的时间间隔。经营期一般应根据项目主要设备的经济使用寿命期确定。

②每年净现金流量不相等时的投资回收期计算方法。

当生产经营期内每年净现金流量不相等时，就不能采用前面介绍的公式进行计算。此种情况下，先计算累计净现金流量，当累计净现金流量为零时，次年限即为投资回收期；当累计净现金流量无法直接找到零时，可利用相邻的正值和负值采用插值法计算投资回收期。

如果投资后每年的净现金流量不相等，则投资回收期按下列公式计算：

$$投资回收期(PP)=尚未收回投资额有余额的最后一年(n)+\frac{第\ n\ 年尚未收回的投资额}{第\ n+1\ 年的净现金流量}$$

投资回收期是一种“盈亏平衡”的计算，因为这意味着如果现金流量按照预期的速度流回，那么到投资回收期的年份，项目就达到盈亏平衡。

【例3－14】以【例3－13】中的资料为例，分别计算甲、乙方案的投资回收期。

$$甲方案的投资回收期=\frac{30\ 000}{8\ 400}=3.57\ （年）$$

乙方案投资回收期计算表

年限	0	1	2	3	4	5
尚未收回投资额	43 000	33 000	23 180	13 540	4 080	/

$$乙方案的投资回收期=4+\frac{4\ 080}{17\ 280}=4.24\ （年）$$

投资回收期方法的决策规则是：对于独立项目，当投资回收期≤基准投资回收期时，项目可行；反之，项目不可行。对于互斥项目，首先将各项目所计算的投资回收期与预先确定的基准投资回收期进行比较，选出各可行项目。然后在各可行项目中，选择投资回收期最短的项目。

投资回收期方法的优点是：方法简单，易于广泛采用；可在一定程度上反映方案的风险程度。一般投资回收期越短，说明投资方案的风险越小，反之，风险越大。

投资回收期方法的缺点是：没有考虑货币时间价值因素；没有考虑回收期满后继续发生的净现金流量的变化情况，忽视了投资方案的获利能力。易促使企业接受短期项目，而放弃有战略意义的长期项目。

（2）平均报酬率（ARR）。平均报酬率是项目投产后平均每年的投资报酬率。平均报酬率越高，说明获利能力越强。平均报酬率的计算公式：

$$平均报酬率(ARR)=\frac{年平均净现金流量}{初始投资额}$$

【例3－15】以【例3－13】中的资料为例，分别计算甲、乙方案的平均报酬率。

$$甲方案的平均报酬率=\frac{8\ 400}{30\ 000}=28\%$$

$$乙方案的平均报酬率=\frac{(10\ 000+9\ 820+9\ 640+9\ 460+17\ 280)\div 5}{43\ 000}=26\%$$

平均报酬率方法的决策规则是：对于独立项目，当平均报酬率≥基准投资报酬率时，项目可行；反之，不可行。对于互斥项目，首先将各项目所计算的平均报酬率与预先确定的基准投资报酬率进行比较，选出各可行项目，然后在各可行项目中，选择平均报酬率最高者。

该方法的优点在于：计算简便，便于操作。但缺点在于：没有考虑资金时间价值，没有反映建设期长短及投资时间不同对项目的不同影响；该指标的分子是时期指标，分母是时点指标，因而可比性较差。

2. 贴现现金流量指标

（1）净现值（NPV）。净现值是指在项目计算期内按特定的折现率计算的各年净现金流量的现值总和。净现值指标的基本计算公式为：

$$净现值(NPV) = \sum_{t=0}^{n} NCF_t \times (P/F,k,t)$$

$$= \sum_{t=1}^{n} NCF_t \times (P/F,k,t) - C$$

式中，k 为投资者要求的必要报酬率或企业的资金成本；NCF_t为第 t 年的净现金流量；C 为初始投资额。

【例 3-16】 以【例 3-13】中的资料为例，若企业的资金成本为 10%，分别计算甲、乙方案的净现值。

$NPV_{甲} = 8\ 400 \times (P/A, 10\%, 5) - 30\ 000 = 8\ 400 \times 3.791 - 30\ 000 = 1\ 844.4$（元）

$NPV_{乙} = 10\ 000 \times (P/F, 10\%, 1) + 9\ 820 \times (P/F, 10\%, 2) + 9\ 640 \times (P/F, 10\%, 3) + 9\ 460 \times (P/F, 10\%, 4) + 17\ 280 \times (P/F, 10\%, 5) - 43\ 000$

$= 10\ 000 \times 0.909 + 9\ 820 \times 0.826 + 9\ 640 \times 0.751 + 9\ 460 \times 0.683 + 17\ 280 \times 0.621 - 43\ 000$

$= -1\ 366.98$（元）

净现值方法的决策规则是：在只有一个备选方案的采纳与否决策中，净现值为正则采纳，意味着该投资项目能够为投资者带来收益；在多个备选方案的互斥选择决策中，应选用净现值是正值且最大者。

净现值指标的优点是：考虑了资金时间价值；利用了项目计算期内的全部现金流量信息，是投资项目财务可行性分析的主要指标。

净现值指标的缺点是：净现值是一个绝对数指标，不能反映投资项目本身所能达到的收益率；当项目投资额不等时，仅用净现值无法确定投资项目的优劣；净现值的计算比较复杂；现金流量的预测和贴现率的选择比较困难。

（2）内含报酬率（IRR）。内含报酬率又称为内部收益率，是指使得投资方案净现值等于零的折现率。内含报酬率是投资项目本身可达到的收益率。

$$令\ NPV = \sum_{t=1}^{n} NCF_t \times (P/F,r,t) - C = 0$$

得出的折现率 r 即为内含报酬率。

内含报酬率指标的具体计算如下：

①如果每年净现金流量相等，可根据计算的年金现值系数，在相同的期数内，找出与上述年金现值系数结果相邻的较大和较小的两个折现率，根据上述两个邻近的折现率和已求得的年金现值系数，采用插值法计算项目的内含报酬率。

②如果每年的净现金流量不相等，内含报酬率的计算，通常需要采用"逐步测试法"。首先估计一个折现率，用它来计算方案的净现值；如果净现值为正数，说明方案本身的报酬率超过估计的折现率，应提高折现率后进一步测试；如果净现值为负数，说明方案本身的报酬率低于估计的折现率，应降低折现率后进一步测试。经过多次测试，找到接近于零的正负两个净现值对应的折现率，用插值法求出项目的内含报酬率。

【例3-17】 以【例3-13】中的资料为例，分别计算甲、乙方案的内含报酬率。

由于甲方案每年的净现金流量相等，因此可以采用普通年金现值系数的方法计算甲方案的内含报酬率：

令 $NPV_{甲}=8\ 400\times(P/A,IRR,5)-30\ 000=0$

$$(P/A,IRR,5)=\frac{30\ 000}{8\ 400}=3.571$$

查年金现值系数表得，$(P/A,12\%,5)=3.605$，$(P/A,13\%,5)=3.517$，所以甲方案的内含报酬率应在12%与13%之间，现用插值法计算如下：

$$\frac{IRR-12\%}{13\%-12\%}=\frac{3.571-3.605}{3.517-3.605}$$

$IRR_{甲}=12.39\%$

乙方案每年的净现金流量都不相同，因此须逐步进行测试。经过反复测试得出：

当 $i=8\%$ 时，

$$\begin{aligned}NPV_{乙}&=10\ 000\times(P/F,8\%,1)+9\ 820\times(P/F,8\%,2)+9\ 640\times(P/F,8\%,3)\\&\quad+9\ 460\times(P/F,8\%,4)+17\ 280\times(P/F,8\%,5)-43\ 000\\&=10\ 000\times0.926+9\ 820\times0.857+9\ 640\times0.794+9\ 460\times0.735+17\ 280\\&\quad\times0.681-43\ 000\\&=1\ 050.68\ (元)\end{aligned}$$

当 $i=9\%$ 时，

$$\begin{aligned}NPV_{乙}&=10\ 000\times(P/F,9\%,1)+9\ 820\times(P/F,9\%,2)+9\ 640\times(P/F,9\%,3)\\&\quad+9\ 460\times(P/F,9\%,4)+17\ 280\times(P/F,9\%,5)-43\ 000\\&=10\ 000\times0.917+9\ 820\times0.842+9\ 640\times0.772+9\ 460\times0.708+17\ 280\\&\quad\times0.650-43\ 000\\&=-189.8\ (元)\end{aligned}$$

所以，乙方案的内含报酬率在8%与9%之间，用插值法计算如下：

$$\frac{IRR-8\%}{9\%-8\%}=\frac{0-1\ 050.68}{-189.8-1\ 050.68}$$

$IRR_{乙}=8.85\%$

内含报酬率法的决策规则是：对于独立项目，内含报酬率≥基准内部收益率，项目可行；反之，不可行。对于互斥项目，首先选择内含报酬率≥基准内部收益率的项目，然后在可行项目中选择内含报酬率最大的项目。

净现值法虽然考虑了时间价值，但没有揭示方案本身可以达到的报酬率是多少，而内含报酬率是根据方案的现金流量计算的，为方案本身的投资报酬率。因此，内含报酬率法的优点在于：考虑货币时间价值；能反映投资项目的实际收益率；可用于投资额不同的项目的比较。然而，内含报酬率也存在缺点：由于内含报酬率隐含了再投资的假设，以内含报酬率作为再投资报酬率，具有较大的主观性，一般与实际情况不符；此外，对于非常规方案，内含报酬率可能出现多个结果，也可能无解。

（3）获利指数（PI）。获利指数又称为现值指数，是项目未来净现金流量的现值与初始投资额现值之比。获利指数的计算公式：

$$获利指数=\frac{未来净现金流量的现值之和}{初始投资额}$$

【例3-18】 以【例3-13】中的资料为例，分别计算甲、乙方案的获利指数。

$$PI_{甲}=\frac{8\,400\times(P/A,10\%,5)}{30\,000}=\frac{8\,400\times3.791}{30\,000}=1.06$$

$$PI_{乙}=\frac{\begin{array}{c}10\,000\times(P/F,10\%,1)+9\,820\times(P/F,10\%,2)+9\,640\times(P/F,10\%,3)\\+9\,460\times(P/F,10\%,4)+17\,280\times(P/F,10\%,4)\end{array}}{43\,000}$$

$$=0.97$$

获利指数法的决策规则是：在独立方案决策中，如果该方案的获利指数大于等于1，则方案可行，否则方案不可行。在多个方案的互斥选择中，采用获利指数超过1最多的项目投资。

获利指数指标的优点是：考虑了资金的时间价值；由于获利指数是相对数指标，能够反映项目的投资效率，有利于在初始投资额不同的投资方案之间进行比较。

获利指数指标的缺点是：无法直接反映投资项目的实际收益率。

3. 项目投资评价指标的比较

（1）非贴现指标与贴现指标的比较。非贴现指标把不同时点上的现金收入和支出当作毫无差别的资金进行对比，忽略了资金的时间价值因素，这是不科学的。而贴现指标则把不同时点收入或支出的现金按照统一的折现率折算到同一时点上，使不同时期的现金具有可比性，这样才能作出正确的投资决策。

投资回收期、平均报酬率等非贴现指标对寿命不同、资金投入的时间和提供收益的时间不同的投资方案缺乏鉴别能力。而贴现指标则可以通过净现值、内含报酬率和获利指数等指标进行综合分析，从而作出正确合理的决策。

非贴现指标中的平均报酬率、投资回收期等，由于没有考虑资金的时间价值，因而，实际上是夸大了项目的盈利水平。

在运用投资回收期这一指标时，基准回收期是方案取舍的依据。但基准回收期一般都是以经验或主观判断为基础来确定的，缺乏客观依据。而贴现指标中的净现值和内含报酬率等指标实际上都是以企业的资金成本为取舍依据的，任何企业的资金成本都可以通过计算得到，因此，这一取舍标准符合客观实际。

（2）贴现指标间的比较。

①净现值与内含报酬率的比较。在多数情况下，运用净现值和内含报酬率这两种方法得出的结论是相同的。但有时会产生差异：初始投资不一致，一个项目的初始投资大于另一个项目的初始投资；现金流入的时间不一致，一个在最初几年流入的较多，另一个在最后几年流入的较多。尽管在这些情况下两者产生了差异，但引起差异的原因是共同的，即假定中期产生的现金流量进行再投资时，会产生不同的报酬率。净现值法假定产生的现金流入量重新投资会产生相当于企业资金成本的利润率，而内含报酬率法却假定现金流入量重新投资产生的利润率与此项目的特定的内含报酬相同。

在无资本限量的情况下，净现值法是一个比较好的方法。

②净现值与获利指数的比较。由于净现值和获利指数使用的是相同的信息，在评价投资项目优劣时，它们常常是一致的，但有时也会产生分歧。

只有当初始投资不同时，净现值和获利指数才会产生差异。由于净现值是用各期净现金流量现值之和减初始投资额，而获利指数是用未来各期净现金流量现值之和比初始投资额，因而评价的结果可能会产生不一致。最高的净现值符合企业的最大利益，也就是说，净现值越高，企业的收益越大。而获利指数只反映投资回收的程度，不反映投资回收的多少。在没有资本限量情况下的互斥选择决策中，应选用净现值较大的投资项目。也就是说，当获利指数与净现值作出不同结论时，应以净现值为准。

因而，从贴现评价指标之间比较来看，净现值法是最好的评价方法。

本章小结

投资管理是企业财务管理的重要内容，对于价值创造而言，投资决策是财务管理三项决策中最重要的决策。财务管理中涉及的投资包括金融证券投资和项目投资。本章主要阐述了有效市场假说、资本资产定价模型、债券投资、股票投资的概念、种类及估价模型，介绍了投资项目现金流量预计的方法，阐述了投资回收期、平均报酬率、净现值、内含报酬率、获利指数等评价指标的计算方法及选择标准。

重要概念

有效市场假说　资本资产定价模型　债券　股票　普通股　优先股　现金流量　初始现金流量　营业现金流量　终结现金流量　净现值　内含报酬率　获利指数　投资回收期　平均报酬率

本章练习

单选题

1. 股票投资的缺点主要是（　　）。

A. 投资收益低　　B. 收入稳定性低

C. 没有经营管理权　　D. 风险大

2. 常被认为是低风险的投资工具的是（　　）。

A. 股票基金　　B. 银行长期存款

C. 政府债券　　D. 货币市场基金

3. 某公司拟购买甲公司发行的股票，预计每年可获现金股利依次为5元、10元、15元、20元、10元，5年后股票出售的预计售价是500元，股东要求的收益率是10%，则该股票的内在价值（　　）。

A. 349.85元　　B. 354.4元

C. 888.2元　　D. 393.4元

4. A公司拟购买股票，预计该股票未来每股现金股利为5元，且打算长期持有，股东要求的收益率为12%，则该股票的内在价值为（　　）。

A. 46.7元　　B. 36.7元

C. 60元　　D. 41.7元

5. 以特定价格购买债券并持有至到期日所能获得的收益率是指（　　）。

A. 票面收益率　　B. 到期收益率

C. 实际收益率　　D. 持有期间收益率

6. 一个项目投资方案所引起的公司现金收入的增加额是指（　　）。

A. 现金净流量　　B. 现金流量

C. 现金流入量　　D. 现金流出量

7. 通过项目的现金净流量来收回初始投资的现金所需要的时间是（　　）。

A. 获利指数　　B. 投资回收期

C. 净现值　　D. 平均报酬率

多选题

1. 公司进行股票投资的目的主要包括（　　）。

A. 买卖　　B. 获利

C. 控股　　D. 收购

E. 出售

2. 股票投资的主要缺点是风险大，其主要原因包括（　　）。

A. 市场流动性差　　B. 求偿权居后

C. 价格不稳定　　　　　　D. 没有经营管理权

E. 股利收入不稳定

3. 按项目投资后现金流量的分布特征，可将项目投资分为（　　）。

A. 常规投资　　　　　　B. 独立投资

C. 互斥投资　　　　　　D. 战略性投资

E. 非常规投资

4. 下列关于获利指数的决策规则，说法正确的有（　　）。

A. 接受获利指数大于 1 的项目

B. 放弃获利指数小于 1 的项目

C. 在有多个互斥方案的选择决策中，选择获利指数最大的项目

D. 在有多个互斥方案的选择决策中，选择获利指数最小的项目

E. 以上说法都正确

5. 下列关于投资回收期的优缺点，表述正确的有（　　）。

A. 计算简单　　　　　　B. 反映直观

C. 没有考虑货币的时间价值　　　　D. 完全忽略了投资回收以后的经济效益

E. 不利于反映项目全部期间的实际状况

判断题

1. 在债券估计模型中，折现率实际上就是必要报酬率，折现率越大，债券价值越低。（　　）

2. 债券价值等于债券未来现金流入的现值，在其他条件相同的情况下，对于溢价发行的债券，期限越长，债券价值越大。（　　）

3. 投资决策中的现金流量，由初始现金流量、营业现金流量和终结现金流量构成。（　　）

4. 投资回收期既考虑了整个回收期内的现金流量，又考虑了货币的时间价值。（　　）

5. 初始现金流量与营业现金流量之和就是终结现金流量。（　　）

简答题

1. 简述债券投资的优缺点。

2. 简述股票投资的优缺点。

3. 简述项目投资的步骤。

计算题

1. 某投资者在 2017 年 1 月 1 日，购买面值为 2 000 元的债券，其票面利率为 10%，期限为 3 年，每年付息一次。当时的市场利率为 12%，债券的市价为 1 500 元。试问：应否投资该债券？

2. 某公司股票，去年股利为3元，每年股利增长率为8%，要求的必要报酬率为15%。计算该股票的投资价值为多少？

3. 某企业需要购入一台设备，有两个备选方案，若企业要求的必要报酬率为10%，有关数据如下：

	0	1	2	3
A方案现金流量	-100 000	43 000	43 000	43 000
B方案现金流量	-60 000	35 000	20 000	18 000

要求根据以上资料计算：

(1) 两个方案的投资回收期；

(2) 两个方案的净现值；

(3) 两个方案的获利指数。

4. 甲有限责任公司准备购入一台设备以扩大生产能力。现有A、B两个方案可供选择：A方案需投资10 000元，使用寿命为5年，采用直线法计提折旧，5年后设备无残值。5年中每年销售收入为6 000元，每年的付现成本为2 000元。B方案需投资12 000元，另外在第一年垫支营运资金3 000元，采用直线法计提折旧，使用寿命为5年，5年后有残值收入2 000元。5年中每年的销售收入为8 000元，付现成本第一年为3 000元，以后随着设备陈旧，逐年将增加修理费400元，假设所得税税率为25%，公司的资金成本为10%。

要求：

(1) 分别计算A方案和B方案各年的净现金流量；

(2) 分别计算A方案和B方案的投资回收期、平均报酬率、净现值、获利指数；

(3) 通过以上分析，你认为应采纳哪个方案？

第 4 章

筹资管理

内容提要

本章主要介绍公司在进行筹资决策时需要考虑的几个问题，包括筹资渠道、筹资方式、筹资数量的预测以及资本成本的计算、筹资风险的估量、最优资本结构的决策，并将企业全部资本按照资本性质分为权益资本、债务资本、混合资本多种筹资方式进行分析。

重点难点

本章重点为销售百分比法的应用、资本成本的计算、杠杆系数的计算、最优资本结构决策。本章难点为加权平均资本成本的计算、每股收益分析法。

学习目标

了解各种筹资方式的种类及其优缺点；掌握销售百分比法的应用；理解资本成本的构成，掌握资本成本的计算方法；理解经营杠杆、财务杠杆和联合杠杆的作用原理，掌握各自的计算方法；理解资本结构的含义，掌握资本结构的决策方法。

知识框架

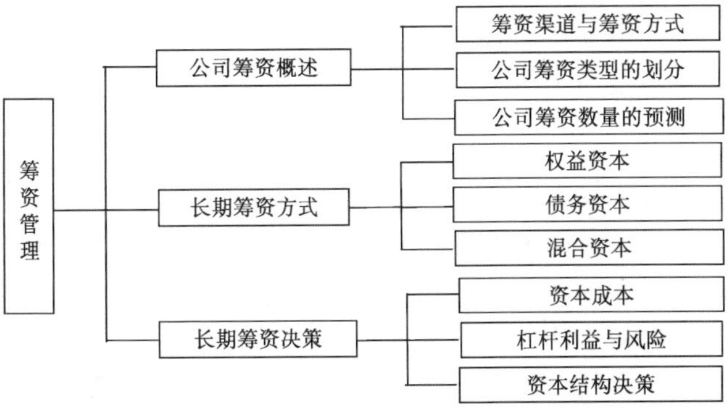

引入案例

青岛啤酒采取捆绑式筹资策略的动机何在

2001 年 2 月 5 日至 20 日，青岛啤酒股份有限公司上网定价增发社会公众公司普通 A 股 1 亿股，筹集资金净额 7.59 亿元。同年 6 月，青岛啤酒公司股东大会又作出了关于授权公司董事会于公司下次年会前最多可购回公司发行在外的境外上市外资股 10% 的特别决议，计划回购 H 股股份的 10%，即 3 468.5 万股。当时 H 股股价接近于每股净资产值，若按每股净资产值 2.36 元计算，需要 8 185.66 万元就可完成回购计划，缩减股本比例 3.46%。回购 H 股和增发 A 股进行捆绑式操作是公司的一种筹资策略组合，这样股本的“一增一缩”，使得公司的股本仅扩大约 3.43%，但募集资金却增加了将近 7 亿元，取得了十分明显的融资效果。青岛啤酒为什么要在一年多的时间内筹得如此多的资金？筹资的动机有哪些呢？

4.1 公司筹资概述

公司筹资，就是公司作为筹资主体根据其生产经营、对外投资和调整资本结构等需要，通过筹资渠道和金融市场，运用筹资方式，经济有效地筹措和集中资本的活动。

提到筹资，最直接的问题就是钱从哪儿来，以什么方式来，所需的筹资数量是多少。

4.1.1 筹资渠道与筹资方式

企业筹资活动需要通过一定的渠道并采用一定的方式来完成。筹资渠道就是指企业筹措资金的来源与通道。筹资方式是指可供企业在筹措资金时选用的具体筹资形式。资金从哪里来和如何取得资金，既有联系，又有区别。同一渠道的资金往往可以采用不同的方式取得，而同一筹资方式又往往可适用于不同的资金渠道。所以，对于筹资渠道和筹资方式应该分别加以研究。

1. 筹资渠道

我国企业目前筹资渠道主要包括以下几种：

（1）国家财政资金。国家对企业的直接投资是国有企业特别是国有独资企业获得资金的主要渠道。现有国有企业的资金来源中，其资本部分大多是由国家财政以直接拨款方式形成的，除此以外，还有些是国家对企业“税前还贷”或减免各种税款而形成的。不管是何种形式的资金来源，从产权关系上看，它们都属于国家投入的资金，产权归国家所有。

（2）银行信贷资金。银行对企业的各种贷款，是我国目前各类企业最为重要的资金来源，我国银行分为商业性银行和政策性银行两种。商业性银行是以盈利为目的、从事信贷资金投放的金融机构，它主要为企业提供各种商业贷款。政策性银行是为特定企业提供政策性贷款，其主要目的不是为了盈利。

（3）其他金融机构资金。其他金融机构主要指信托投资公司、保险公司、租赁公司、证券公司、财务公司等。它们所提供的各种金融服务，既包括信贷资金投放，也包括物资的融通，还包括为企业承销证券等金融服务。

（4）其他企业资金。企业在生产经营过程中，往往形成部分暂时闲置的资金，并为一定的目的而进行相互投资；另外，企业间的购销业务可以通过商业信用方式来完成，从而形成企业间的债权债务关系，形成债务人对债权人的短期信用资金占用。企业间的相互投资和商业信用的存在，使其他企业资金也成为企业资金的重要来源。

（5）居民个人资金。企业职工和居民个人的结余货币，作为“游离”于银行及非银行金融机构等之外的个人资金，可用于对企业进行投资，形成民间资金来源渠道，从而为企业所用。

（6）公司自留资金。它是指公司内部形成的资金，也称公司内部留存，主要包括提取公积金和未分配利润等。这些资金的重要特征之一是，它们无须公司通过一定的方式去筹集，而直接由公司内部自动生成或转移。

2. 筹资方式

筹资方式是指企业在筹措资金时所采用的具体形式。如果说筹资渠道是客观存在的，那么筹资方式则属于公司的主观行为。对于客观存在的各种渠道的资金，公司可以采取不同的方式予以筹集。筹资方式不仅与国家经济管理体制、财务管理体制等直接相关，而且还取决于资金市场的发展和完善状况。我国企业目前筹资方式主要有以下几种：（1）吸收直接投资。（2）发行股票。（3）银行借款。（4）发行债券。（5）融资租赁。（6）商业信用等。

对于公司理财人员而言，选择筹资方式是一件十分重要的工作，直接关系到公司筹措资金的数量、成本和风险。因此，公司理财人员应该十分清楚每种筹资方式的含义及特征等，本章的第二节将对这些筹资方式加以详细说明。

引例解析

青岛啤酒采取捆绑式筹资策略的动机何在

青岛啤酒公司之所以采取上述筹资策略，主要有以下动机：

（1）融通资金，持续发展。从资本运作角度出发，上市公司为了今后的可持续性发展，必须寻找并培植新的利润增长点，这就需要大量的资金保证企业项目的顺利实施。青岛啤酒公司筹得的资金主要用于收购部分异地中外合资啤酒生产企业的外方投资权，以及对公司全资厂和控股子公司实施技术改造等，由此提高公司的盈利能力。而通过配股筹资存在着一定的困境，因此需增发新股。

（2）调整股权结构。当时，中国大多数上市公司股权结构不合理，普遍存在国有股比例过大、社会公众股比例偏小的现象。据统计，在2000年上报的沪深两市A股公司中，国有股、国有法人股在总股本的比例超过50%的公司有498家。增发新股由于全部为社会公众股，相对提高了社会公众股的比重，有利于建立健全完善的公司管理结构。

4.1.2 公司筹资类型的划分

公司从不同渠道、利用不同筹资方式筹集的资金，由于具体的来源、方式、期限、用途等的不同，形成不同的筹资类型。不同类型资本的结合，构成公司具体的筹资组合。

1. 按照资本性质的不同，划分为权益资本与债务资本

权益资本和债务资本的关系构成企业的资本结构，成为公司筹资理财的一个核心问题。

（1）权益资本。权益资本又可以称为股权资本、自有资本，是公司依法筹集（公司投资者投入）并长期拥有、可自主调配运用的资本，包括实收资本、资本公积、盈余公积、未分配利润等。

与债务资本相比，权益资本具有以下几个特点：

①体现了投资者和公司之间的权益关系。权益资本的所有权归属于公司的所有者。公司所有者依法凭其所有权参与企业的经营管理和利润分配，并对公司的债务承担有限或无限责任。

②使用期限不受限制。在公司存续期间，公司有权调配使用权益资本，权益资本的持有者除了依法转让其投资外，不得抽回其投入的资金，因而权益资本可以看作公司的“永久性资本”。

③一般没有固定的回报要求。权益资本的投资者得到的回报主要表现为分红或股利。公司当年的分配计划一般由董事会制定，并由股东大会审核批准，具体的分配数额和比例没有一定限制。如果公司需要将利润留在公司作为进一步发展的资本投入，或者当期没有足够利润，则可以不进行分配。

（2）债务资本。债务资本也称为借入资本，是公司依法筹措并依约使用、按期还本付息的资本来源。债务资本对公司来说属于公司的负债，即公司将在一定条件下以其资产或劳务偿还的负债。

债务资本主要通过银行借款、发行债券、融资租赁等方式来筹集。与权益资本相比，债务资本具有以下几个特点：

①体现了债权人和公司之间的债权债务关系。债权人将资金借贷给企业，形成债权人对公司的债权以及公司对债权人的负债。负债形成时，会通过合同等方式约定债权人和债务人双方的权利、义务，特别是债务人承诺在特定时间内还本付息。

②债务资本需到期偿还。在合同有效期内，公司有权调配使用债务资本。公司通过对债务资本进行经营管理，可以获得债务资本产生的收益，同时要承担对债权人还本付息的义务。

③需要定期付息，有固定的回报要求。债务资本的提供者得到的回报主要表现为利息，不管是向银行借款还是发行公司债券，在规定期限内，公司都需要按照合同约定向资金的提供者支付一定利息，到期之后还需要偿付本金。这可能会给企业带来一定财务风险，但同时由于偿付的利息可以在税前扣除，又具有一定的抵税作用。

2. 按照资本使用期限的长短，划分为长期资本与短期资本

长期资本和短期资本构成公司资本的期限结构。合理安排公司资本的期限结构，有利于实现公司资本的最佳配置和筹资组合。

（1）长期资本。长期资本是指使用期限在一年以上的资本。长期资本具有使用期限长、周转速度慢、筹资成本高等特点。公司的长期资本通常采用吸收直接投资、发行股票、发行债券、长期借款、融资租赁等方式来筹措。

（2）短期资本。短期资本是指使用期限在一年以内的资本。公司生产经营活动中资本流入与流出变动往往并无规律，任何一个公司在任何时候都需要大量的短期资本，以满足公司正常生产经营的需要。公司短期资本一般是通过银行短期借款、发行融资券、商业信用等方式予以筹集，具有使用期限短、周转速度快、筹资成本低等特点。

3. 按照资本的来源，划分为内部筹资与外部筹资

（1）内部筹资。内部筹资是指公司通过留存收益的形式从公司内部筹措资本的融资活动，它是在公司内部通过利润分配形成的，数额大小取决于公司可供分配的利润的规模以及公司的利润分配政策。内部筹资无须支付筹资费用，可降低资金成本。内部筹资是在公司内部“自然而然”形成的，因此被习惯地称为“自动化的资本来源”。

（2）外部筹资。外部筹资是指公司向外部筹措资金的一种融资活动，在公司内部筹资无法满足资金需要的情况下公司应当从外部筹集资金。外部筹资是公司在市场经济条件下筹措资本的一个主要渠道。绝大多数公司在生产经营活动的各个阶段，都必须重视外部筹资工作，都要不失时机地开展大规模的外部筹资活动。公司外部筹资的渠道和方式很多，上面列述的筹资渠道和筹资方式，基本上都适用于外部筹资。

4. 按照公司是否以金融中介开展筹资活动，划分为间接筹资与直接筹资

（1）间接筹资。间接筹资是指公司借助于银行或非银行金融机构所进行的筹资活动。间接筹资是传统的筹资方式，在这种方式下，银行或非银行金融机构发挥着中介作用，将其预先聚集起来的闲散资本提供给需要资金的公司。例如银行借款，就是我国公司经常采用的一种筹资方式，是借入资本的主要来源。间接筹资的优点是筹资成本相对较低，筹资数额、使用时间和还本付息等比较灵活。其缺点是筹资数量有限，且容易受到金融政策的影响。

（2）直接筹资。直接筹资是不需要经过银行或非银行金融机构而直接同资金供应者达成协议，从而筹措资本的方式，如发行股票、发行债券等。直接筹资是现代的、不断发展的筹资形式。在直接筹资过程中，资本供给双方借助于现代金融手段直接实现资本的转移而不需要银行或非银行金融机构作为中介。直接筹资可以将社会闲散资金迅速转化为生产资金，筹资数额大，资金使用时间长，但筹资成本高。

4.1.3 公司筹资数量的预测

资金需要量预测是指公司根据生产经营的需求，对未来所需资金的估计和推测，它是公司制定筹资计划的基础。公司筹资数量的预测可以使用销售百分比法、趋势预测法、线性回归方程法等，其中销售百分比法是预测资金需要量的一种基本方法。

1. 销售百分比法的原理

销售百分比法是根据销售收入与资产负债表和利润表各项目之间的关系，预计各项目的金额，进而预测外部资金需要量的方法。

销售百分比法的原理建立在一定的假设基础之上：在一定期间内，利润表项目以及大多数资产负债表项目的金额与销售收入的比率保持不变，例如，如果销售收入增加 10%，则利润表中大部分项目大约也增加 10%，如销售成本等。我们把这一类项目称为敏感项目，某一敏感项目与销售收入之间的固定比率称为该项目的销售百分比。但有些项目与销售收入之间不存在非常直接的关系，即在短期内不随销售收入的变动而变动的项目，被称为非敏感项目。对于不同的企业而言，敏感项目和非敏感项目不一定相同，具体要根据企业的实际情况进行分析。

因此，可以根据近期实际利润表、资产负债表中各项目金额与销售收入的百分比确定预计利润表、预计资产负债表中各项目与销售收入的百分比，据此编制预计利润表和预计资产负债表，并确定外部资金需要量。

2. 销售百分比法的基本步骤

销售百分比法的基本步骤可分为四步：第一，预计利润表；第二，计算留存收益增加额；第三，预计资产负债表；第四，计算外部资金需要量。

（1）预计利润表。预计利润表可用来预测留存收益，并为预计资产负债表、预测外部资金需要量提供依据。有关人员在了解基期利润表各项目与销售收入的关系之后，需要取得预测年度销售收入预计数，并编制预测年度的预计利润表。

【例 4－1】东兴公司预计 2017 年公司销售收入可达到 6 000 万元，根据 2016 年利润表各项目的销售百分比，可计算并编制 2017 年度预计利润表，如表 4－1 所示。

（2）计算留存收益增加额。留存收益是公司内部的资金来源，它可以满足或部分满足公司的资金需要。只要公司有盈利并且不是全部支付股利，则留存收益会使股

表 4－1　**东兴公司 2017 年预计利润表**　单位：万元

项目	2016 年度金额	销售百分比	2017 年度预计金额
销售收入	4 000		6 000
减：销售成本	2 500	62.5%	3 750
销售费用	20	0.5%	30
销售税金及附加	240	6%	360
销售利润	1 240	31%	1 860
减：管理费用	600	15%	900
财务费用	40	1%	60
利润总额	600	15%	900
减：所得税	180	4.5%	270
净利润	420	10.5%	630

东权益自动增长。表 4－1 中显示，2017 年东兴公司的预计净利润为 630 万元。若预计 2017 年的股利支付率为 40%，则 2017 年的留存收益增加额为：630×（1－40%）＝378（万元）。也就是说，公司内部可以解决 378 万元的资金需要。

（3）预计资产负债表。预计资产负债表的步骤有：

第一，收集基期资产负债表资料，计算敏感项目与销售收入的百分比；

第二，根据预测年度销售收入预计数和敏感项目的销售百分比，计算出该项目在预测年度的预计数，而非敏感项目预测金额则按照基期金额填写。

第三，预计资产负债表中的留存收益为基期留存收益余额和预测年度留存收益增加额之和。

接【例 4－1】，东兴公司 2017 年预计资产负债表如表 4－2 所示。

表 4－2　**东兴公司 2017 年预计资产负债表**　单位：万元

项目	2016 年度金额	销售百分比	2017 年度预计金额
资产：			
货币资金	60	1.5%	90
应收账款	800	20%	1 200
存货	1 000	25%	1 500
预付账款	20	N	20
长期投资	100	N	100
固定资产净值	200	5%	300
资产总额	2 180	—	3 210
负债及所有者权益：			
短期借款	340	N	340
应付账款	440	11%	660
应付费用	100	2.5%	150

续表

项目	2016 年度金额	销售百分比	2017 年度预计金额
长期借款	300	N	300
负债合计	1 180	—	1 450
股本	500	N	500
留存收益	500	N	878 *
所有者权益合计	1 000	—	1 378
负债及所有者权益总额	2 180	—	2 828

* 根据预计利润表计算出来的 2017 年的留存收益增加额为 378 万元，则 2017 年预计资产负债表中的留存收益总额应该为：500 + 378 = 878（万元）。

（4）计算外部资金需要量。以上的计算过程表明，东兴公司 2017 年为了完成 6 000 万元的销售收入，需要增加资金 1 030（3 210 − 2 180）万元，其中，负债的自然增加提供 270（1 450 − 1 180）万元，留存收益提供 378 万元，本年应该在外部筹集资金 382 万元。

相关思考

销售百分比法的简易应用方法

（1）区分资产负债表中资产和负债的敏感项目和非敏感项目。

（2）计算敏感项目占销售收入的百分比。其计算公式为：

$$敏感项目的销售百分比 = \frac{敏感资产(负债)金额}{销售收入}$$

（3）计算需追加的外部资金需要量。其计算公式为：

外部资金需要量 = 资产增加额 − 负债增加额 − 留存收益增加额

其中：资产增加额 = 销售收入增加额 × 敏感资产销售百分比

负债增加额 = 销售收入增加额 × 敏感负债销售百分比

留存收益增加额 = 预计销售收入 × 销售净利率 × (1 − 股利支付率)

4.2　长期筹资方式

4.2.1　权益资本

1. 吸收直接投资

吸收直接投资是指企业以协议等形式吸收国家、其他法人、个人和外商直接投入资本，形成公司资本的一种筹资方式。吸收直接投资不以股票为媒介，适用于非股份制企业，是非股份制企业筹措权益资本的一种基本形式。

（1）吸收直接投资的种类。吸收直接投资的种类很多，公司可以根据自身的需要和有关规定选择采用，以便顺利地筹措所需要的权益资本。

公司吸收的直接投资方式的资金可根据不同标准分为以下几类：

①按筹资来源划分，吸收直接投资可分为四类：

A. 吸收国家直接投资，形成企业的国有资本。

B. 吸收其他企业、事业单位等法人的直接投资，形成企业的法人资本。

C. 吸收企业内部职工和城乡居民的直接投资，形成企业的个人资本。

D. 吸收外国投资者的直接投资，形成企业的外商资本。

②按投资者的出资形式划分，吸收直接投资可分为两类：

A. 吸收现金投资。现金是公司吸收直接投资乐于采用的形式，因为公司吸收了一定的现金投资，就可以根据自身的生产经营规划购置资产、支付费用，运用灵活、支配方便。所以公司一般都力争投资者以现金方式出资。各国的法规也大多对现金出资比例作出了具体规定，或由筹资各方协商确定适当的比例。

B. 吸收非现金投资。非现金投资包括两类：一是吸收实物资产投资，即投资者直接以房屋、建筑物、设备等固定资产和原材料、燃料、产品等流动资产投资；另一种是吸收无形资产投资，即投资者直接以专利权、商标权、商誉、非专利技术、土地使用权等无形资产投资。

（2）吸收直接投资的条件。公司采用吸收直接投资方式筹措权益资本，必须符合一定的条件或要求。这些条件或要求主要有以下几个方面：

①主体要求。采用吸收直接投资方式筹措权益资本的公司，应当是非股份制企业，包括国有企业、集体企业、合资或合作企业等。股份制企业按规定应以发行股票方式取得权益资本。

②需要要求。公司通过吸收直接投资而取得的实物资产或无形资产，必须符合企业生产经营、科研开发的需要，在技术上能够应用。

③评估要求。公司通过吸收直接投资而取得的非现金资产，必须对其价值进行合理的评估。评估时，一般可采用现行市价法、重置成本法和收益现值法等确定资产的价值。

（3）吸收直接投资的程序。

①确定所需投入资本的数量。确定资金需要量是筹资的前提，企业在吸收直接投资之前，必须明确资金的用途，进而合理确定所需资金的数量。

②选择吸收投入资本的来源。企业应根据具体情况选择资金的来源，决定是向国家、法人、个人还是外商吸收直接投资。

③签署合同、协议或决定等文件。企业在与投资者进行磋商之后，应签署投资合同或出资协议等文件。对于国有独资公司，应由国家授权的投资机构签署增资拨款决定。

④取得资金。按照签署的合同、协议或决定，适时适量取得资金。对以实物资产和无形资产形式进行的投资，应进行合理估价，办理合法的产权转移手续。

（4）吸收直接投资的优缺点。吸收直接投资是我国企业筹资中最早采用的一种方式，也曾是我国国有企业、集体企业、合资或联营企业普遍采用的筹资方式。

①吸收直接投资的优点。

A. 公司采用吸收直接投资方式所筹集的资本属于公司的权益资本，与借入资本相比，它更能提高公司的资信和借款能力，对扩大企业经营规模，壮大企业实力具有重要作用。

B. 公司吸收直接投资不仅可以取得现金，而且能够直接获得其所需要的先进设备与技术，这与仅筹集现金的筹资方式相比较，能尽快形成生产经营能力。

C. 公司采用吸收直接投资的筹资方式，其向投资者分配利润可视公司经营情况而定，比较灵活，因而其财务风险较低。

②吸收直接投资的缺点。

A. 筹资成本较高。一般而言，采用吸收直接投资方式所筹集资本的成本较高，特别是企业经营状况较好和盈利较强时，更是如此。因为向投资者支付的报酬是根据其出资的数额和企业实现利润的多寡来计算的。

B. 容易分散企业的控制权。采用吸收直接投资方式筹集资金，投资者一般都要求获得与投资数量相适应的经营管理权，这是接受外来投资的代价之一。如果外部投资者的投资较多，则投资者会有相当大的控制权。

2. 发行股票

股票是公司签发的证明股东所持股份的凭证。股份有限公司的资本划分为股份，每一股的金额相等，这些股份采取股票的形式。股票持有人即为公司的股东。公司股东作为投资人，依法享有资产收益、参与重大决策和选择管理者等权利；同时，股东以其认购的股份为限对公司承担责任。

（1）股票的种类。股份有限公司可以根据公司需要及投资者的投资意愿，发行不同类型的股票，以满足不同筹资者和投资者的需要。

①按照股东享有权利和承担义务的不同，可以将股票分为普通股和优先股。

普通股是股份公司资本结构中最基本的部分。持有普通股票的股东，依据法定条件具有参与公司经营管理权以及剩余收益分配权、股票转让权、优先认股权、剩余财产要求权等权利。目前我国股票市场上绝大部分股票为普通股票。

优先股是一种混合性质的证券，在某些方面类似于普通股，另外一些方面又类似于债券。一般情况下，优先股股东可以优先于普通股股东享受固定股利，而且当公司解散时，优先股股东将优先于普通股股东清偿公司剩余财产。但优先股股东通常不享有公司经营管理的权利，也不具有表决权或表决权的行使受到限制。

②按照股票票面有无记名，可以将股票分为记名股票和无记名股票。

记名股票是在股票票面上记载股东的姓名或名称的股票。对记名股票，公司应当置备股东名册，记载股东姓名或名称、股东住所、各股东所持股份数、各股东所持股票编号以及各股东取得股份的日期。记名股票一律用股东本名，其转让、继承要办理过户手续。

无记名股票是在股票票面上不记载股东的姓名或名称的股票。对无记名股票，公司只需记载股票数量、编号和发行日期。无记名股票的转让、继承不需要办理过户手续。

我国《公司法》规定，公司向发起人、国家授权投资的机构、法人发行的股票，应当为记名股票；向社会公众发行的股票，可以为记名股票，也可以为无记名股票。

③按照股票票面上有无金额，可把股票分为有面值股票和无面值股票。

有面值股票是指在股票的票面上记载每股金额的股票，股票面值的主要功能是确定每股股票在公司中所占有的份额。另外，还表明在有限公司中股东对每股股票所负有限责任的最高限额。我国公司法规定，股票应当标明票面金额。

无面值股票是指在股票票面上不记载每股金额的股票。无面值股票仅表示每一股在公司全部股票中所占有的比例，也就是说，这种股票只在票面上注明每股金额占公司全部资产的比例，其价值随公司财产价值的增减而增减。

④按照投资主体，可以把股票分为国家股、法人股、个人股和外资股。

国家股是有权代表国家投资的部门或机构以国有资产向公司投入而形成的股份。

法人股是企业法人依法以其可支配的资产向公司投入而形成的股份，或具有法人资格的事业单位和社会团体以国家允许用于经营的资产向公司投入而形成的股份。

个人股是公司内部职工或城乡居民以个人合法财产投入公司而形成的股份。

外资股是外国和我国港澳台投资者向公司投资而形成的股份。

⑤按照币种和上市地区的不同，可以分为 A 股、B 股、H 股、N 股和 S 股。

A 股是供境内个人或法人购买的，以人民币标明面值并以人民币认购和交易的股票。

B 股是在境内上市的外资股，它以人民币标明面值但以外币认购和交易。

H 股、N 股和 S 股是在境外上市的外资股，它以外币标明面值并以外币认购和交易。H 股在香港上市，N 股在纽约上市，S 股在新加坡上市。

在以上的分类当中，普通股是最为基本和常见的形式，也是公司重要的资金来源，所以，除本节第三部分中的优先股之外，其他涉及股票的内容如无特别说明均指普通股。

知识拓展

在海外股票市场上，投资者把那些在其所属行业内占有重要支配地位、业绩优良、成交活跃、红利优厚的大公司股票称为蓝筹股。“蓝筹”一词源于西方赌场。在西方赌场中，有三种颜色的筹码，其中蓝色筹码最值钱，红色筹码次之，白色筹码最差。蓝筹股并非一成不变，随着公司经营状况的改变及经济地位的升降，蓝筹股也会变更。

（2）股票的发行。

①股票发行的基本要求。股份有限公司发行股票分为设立发行和增资发行。设立发行是指设立股份有限公司时，为筹集资金而进行的股票发行，它是股份有限公司首次发行股票。增资发行是指股份有限公司成立后因增加资金的需要而进行的股票发行，它是股份有限公司在首次发行股票以后又发行股票的行为。

根据《公司法》、《证券法》等规定，不论是设立发行还是增资发行均应满足以下要求：股票发行必须公开、公平、公正，每股面额相等，同股同权，同权同利；同次发行的股票，每股认购条件和价格相同；股票发行的价格可以等于票面金额，也可以超过票面金额，但不得低于票面金额。也就是说，股票可以平价发行或溢价发行，但不得折价发行。

②股票的发行程序。各国对股票发行程序都有严格的法律规定。根据我国《上市公司证券发行管理办法》的规定，上市公司申请发行股票应当遵循以下程序：

A. 公司董事会依法作出决议，明确本次证券发行的方案、筹集资金使用的可行性报告和前次筹集资金使用的报告等事项，并提请股东大会批准。

B. 公司股东大会就发行股票作出决定，明确本次发行证券的种类和数量、发行方式、发行对象及向原股东配售的安排、定价方法或价格区间、筹集资金用途、决议的有效期、对董事会办理本次发行具体事宜的授权等事项。

C. 公司申请公开或者非公开发行新股，应当由保荐人保荐，并向中国证监会申报。保荐人应按中国证监会的有关规定编制和报送发行申请文件。

D. 中国证监会依照下列程序审核发行证券的申请：收到申请文件后 5 个工作日内决定是否受理；受理后对申请文件进行初审；发行审核委员会审核申请文件；作出核准或不予核准的决定。

E. 自中国证监会核准发行之日起，公司应在 6 个月内发行证券；超过 6 个月未发行的，核准文件失效，须重新经中国证监会核准后方可发行。公司发行证券前发生重大事项的，应暂缓发行，并及时报告中国证监会。该事件对本次发行条件构成重大影响的，发行证券的申请应重新经中国证监会核准。

F. 证券发行申请未获核准的公司，自中国证监会作出不予核准的决定之日起 6 个月后，可再次提出证券发行申请。

③股票的发行方式。股票发行方式指的是公司发行股票的途径，主要有以下两类：

A. 公募发行。公募发行是指公司公开向社会发行股票。我国股份有限公司采用募集方式设立时以及向社会公开募集新股时，即属于公募发行。

B. 私募发行。私募发行是指公司不公开向社会发行股票，只向少数特定的对象直接发行。我国股份有限公司采用发起方式设立时以及不向社会公开募集新股时，即属于私募发行。

④股票的销售方式。股票销售方式指的是公司向社会公募发行股票时所采取的销

售方法，主要有以下两类：

A. 自销。自销是指发行公司自己直接将股票销售给认购者。这种销售方式可由公司直接控制发行过程，并节省发行费用，但是筹资时间较长，并要由公司承担全部发行风险。

B. 承销。承销是指发行公司将股票的销售业务委托给证券经营机构代理。这种销售方式是发行股票普遍采用的方式。我国《公司法》规定，股份有限公司向社会公开发行股票，必须与依法设立的证券经营机构签订承销协议，由证券经营机构承销。承销又分为包销和代销两种具体方式。包销是根据承销协议商定的价格，由证券经营机构一次性购进发行公司公开募集的全部股票，然后以较高的价格出售给社会上的认购者。对发行公司来说，包销的方式可以及时筹足资本，免于承担发行风险（股份未募足的风险由承销商承担），但是股票以较低的价格出售给承销商会损失部分溢价。代销是证券经营机构仅替发行公司代售股票，不承担股份未募足的风险，并由此获取一定的佣金。对发行公司而言，代销方式下股票销售价格较高，但是筹资速度较慢，并且要自己承担发行风险。

⑤股票的发行价格。股票的发行价格是公司将股票出售给投资者的价格，也就是投资者认购股票时所支付的价格。设立发行股票时，发行价格由发起人决定；增资发行新股时，发行价格由股东大会决定。在确定股票价格时要全面考虑股票面额、股市行情和其他相关因素。股票发行价格通常有等价、时价、中间价三种。

A. 等价是以股票票面金额为发行价格。

B. 时价是以公司原发行股票的现行市场价格为基准来确定增发新股的价格。

C. 中间价是以时价和等价的中间值来确定股票的发行价格。

按等价发行的股票又叫平价发行。按时价或中间价发行的股票，发行价格既可能高于面额也可能低于面额。高于面额发行叫溢价发行，低于面额发行叫折价发行。如前所述，我国只允许溢价或平价发行股票，不允许折价发行。

（3）股票筹资的优缺点

①股票筹资的优点：

A. 筹资没有固定的利息负担。若公司盈利较多，并认为适合分配股利，就可以分派股利；若公司盈利较少，或虽有盈利但资金短缺或有更好的投资机会，也可以少支付或不支付股利。这点与债券或借款不同，无论公司是否盈利及盈利多少，债券和借款都必须按期足额支付利息。

B. 股本没有固定的到期日，无需偿还，在公司经营期内可自行安排使用。普通股股本是公司的永久性资本，是公司最稳定的资本来源，除非公司破产清算才予以偿还。这对于保证公司对资本的最低需求，促进公司长期持续稳定经营具有重要意义。

C. 筹资风险较小。由于股票不存在还本付息的风险，可以避免因销售或盈余波动而给公司正常的生产经营秩序带来冲击。

D. 发行股票能增强公司的信誉。股本以及由此产生的资本公积和留存收益，可以成为公司筹措债务资本的基础。较多的权益资本有利于提高公司的信用价值，同时也为利用更多的债务筹资提供强有力的支持。

E. 由于预期收益较高，用股票筹资容易吸收社会资本。尤其是向社会公众发行小面额的股票时，筹资速度快，取得资本的数额较大，从而能为公司筹措到更多的权益资本。

②股票筹资的缺点。

A. 筹资成本高。这是因为投资人投资于股票的风险大，所要求的报酬率也高；并且，股利是以税后利润支付的，无抵税作用。此外，股票的发行成本也较高，这些都决定了股票的筹资成本较高。

B. 增发股票会增加新股东，容易分散公司的控制权。

C. 可能导致股价下跌。新股东对公司已积累的盈余具有分享权，这又会降低每股收益，从而导致普通股市价的下跌。另外，公司过度依赖股票，会被投资者视为消极信号，从而也会导致股价的下跌，进而影响公司使用其他筹资工具。

4.2.2 债务资本

1. 长期借款

长期借款是指公司向银行等金融机构以及其他单位借入的期限在一年以上的各种借款。

（1）长期借款的分类。长期借款根据不同的标准有不同的分类。

①按提供贷款的机构，可分为政策性银行贷款、商业银行贷款和其他非银行金融机构贷款。

政策性银行贷款是指执行国家政策性贷款业务的银行提供的贷款，通常为长期贷款，且一般只贷给国有企业。我国的国家开发银行、进出口银行等，就属于政策性银行。

商业银行贷款是指商业银行出于盈利目的而提供的贷款，主要满足企业建设竞争性项目的需要。

其他非银行金融机构贷款是指除商业银行外的其他可从事贷款业务的金融机构提供的贷款，如信托投资公司、保险公司、企业集团财务公司等机构提供的贷款。其贷款期限很长，所要求的利率也很高，并且对借款公司的信用和担保品的选择也很严格。

②按担保条件划分，可分为信用贷款、担保贷款和抵押贷款。

信用贷款是借款人不提供任何担保品，仅凭借款公司的信誉或其保证人的信用而发放的贷款。此种贷款通常适用于资信良好的公司，而且银行通常要收取较高的利息，并往往附加一定的条件。目前我国各专业银行向国有企业发放的贷款，大多数是信用贷款。

担保贷款是凭借担保人的担保而发放的贷款，不需要抵押品作担保。这类贷款中的担保人一般资信较高。如果贷款到期时借款企业不能或不愿偿还贷款，则由担保人代为偿还。

抵押贷款是指以特定的抵押品作为担保的贷款。其抵押品可以是不动产或其他资产，但要求能在市场上出售。若贷款到期时借款公司无法或不愿偿还，银行或其他金融机构有权取消企业对抵押品的赎回权，并将其变卖，所得款项用于归还贷款。

③按贷款用途划分，可分为基本建设贷款、更新改造贷款、科研开发贷款和新产品试制贷款。

（2）长期借款的信用条件。长期借款往往附加一些信用条件，常见的有以下两种：

①信用额度。信用额度是借款企业与贷款机构之间正式或非正式协议规定的企业借款的最高限额。非正式协议下，贷款机构并不承担按最高限额保证贷款的法律义务。正式协议下，对规定的信用额度内的贷款，贷款机构必须予以保证。其中，有一种通常为大公司提供的正式信用额度，叫作周转信用协定。贷款机构对周转信用协定负有法律义务，并因此向企业收取一定的承诺费用，承诺费用一般按照企业使用的信用额度的一定比率（0.2%左右）计算。

②补偿性余额。补偿性余额是贷款机构要求借款企业将借款的 10% ~20% 的平均余额留存在贷款机构。这种措施主要是为了降低贷款的风险，提高贷款的实际利率，以补偿贷款机构的损失。

相关思考

补偿性余额对实际利率的影响?

在存在补偿性余额的情况下，企业取得的有效借款等于名义借款金额减去补偿性余额，但支付利息时却按名义借款金额计算，因此贷款的实际利率要高于名义利率，具体计算公式如下：

$$实际利率=\frac{名义借款金额\times名义利率}{名义借款金额\times(1-补偿性余额比例)}=\frac{名义利率}{1-补偿性余额比例}$$

（3）长期借款的程序。

①选择贷款机构。企业应在考虑自身条件和贷款机构情况的基础上，选择适合的贷款机构。企业在选择贷款机构时，应当关注贷款机构对贷款风险的政策、贷款机构与借款企业的关系、贷款机构的专业化程度以及贷款机构所提供的咨询等服务。

②提出借款申请。企业提出的借款申请应陈述借款的原因与金额、用款时间与安排、还款的期限与计划。贷款机构根据有关规定和贷款条件，对企业的借款申请进行审查。贷款机构审查的内容主要包括企业的财务状况、信用状况、盈利稳定性、发展前景以及借款用途等。

③签订借款合同。贷款机构审查借款申请后，对符合规定和条件的，与借款企业进一步协商贷款的具体条件，签订借款合同。借款合同是规定借贷双方权利和义务的契约，其内容分为基本条款和限制条款，限制条款又有一般性限制条款、例行性限制条款和特殊性限制条款之分。基本条款是借款合同必须具备的条款；限制条款是为了降低贷款机构的贷款风险而对借款企业提出的限制条件，它不是借款合同的必备条款。限制条款中，一般性限制条款最为常见，例行性限制条款次之，特殊性限制条款比较少见。

借款合同的基本条款包括借款种类、借款用途、借款金额、借款利率、借款期限、还款资金来源及还款方式、保证条款、违约责任等。

借款合同的一般性限制条款通常包括：保持最低的流动资金数量；限制企业支付现金股利；限制企业资本性支出规模；限制企业举借其他长期债务等。

借款合同的例行性限制条款一般包括：企业定期向贷款机构报送财务报表；企业不准在正常情况下出售大量资产；企业要及时偿付到期债务；禁止企业贴现应收票据或转让应收账款；禁止以资产作其他承诺的担保或抵押等。

借款合同的特殊性限制条款可能包括：贷款专款专用；要求企业主要领导购买人身保险；要求企业主要领导在合同有效期内担任领导职务等。

④取得借款。借款合同生效后，贷款机构将款项转入企业的存款结算账户。

（4）长期借款筹资的优缺点。

①长期借款筹资的优点。

A. 长期借款的资金成本较低。利用长期借款筹资，利息可以在税前支付，可以减少公司实际负担的利息费用，因此，比股票筹资的成本要低得多；与债券相比，借款利率通常低于债券利率；此外，由于借款是在公司和银行之间直接商定的，因而可以大大减少交易成本。

B. 长期借款有利于保持股东控制权。由于贷款机构无权参与公司的管理决策，因此不会分散股东对公司的控制权。

C. 长期借款的筹资速度快。与发行股票、债券相比，长期借款筹资不需要证券发行前的准备、印刷等程序，一般所需的时间较短，程序较为简单，可以迅速获得资金。

D. 长期借款的灵活性较大。在借款前，公司根据当时资本的需要与银行直接商定贷款的时间、数量和条件。在借款期间，若公司财务状况发生某些变化，也可以与银行进行再协商，变更借款条件。

②长期借款筹资的缺点。

A. 筹资风险高。借款通常有固定的利息负担和固定的偿付期限，在公司经营不佳时，可能产生不能偿付的风险，甚至引起破产。

B. 限制条款较多。由于借款合同通常会包含一系列限制性条款，这对企业今后的筹资、投资和经营活动都有一定的限制。

C. 长期借款的筹资数量有限。长期借款一般不能像债券、股票那样一次筹集到大笔资金，无法满足公司生产经营活动大规模的范围调整。

2. 发行债券

债券是公司为筹集资本而发行的，承诺在一定期限内按约定利率向债权人还本付息的有价证券。发行长期债券是公司筹集长期资金的一种重要方式。

（1）债券的分类。公司债券的种类极其繁多，在第3章中已经介绍过按期限长短和发行主体进行的分类，这里介绍一些其他的分类方式。

①按有无抵押担保品，分为信用债券和抵押债券。

信用债券又称为无担保债券，它没有特定资产作担保，完全凭借发行公司的信用，因此，只有信用良好的公司才可以发行此类债券，其利率通常高于担保债券。

抵押债券是指公司以某种资产作为担保发行的债券。根据担保品的不同，又可分为不动产抵押债券、抵押信托债券和设备信托债券。不动产抵押债券的担保财产一般是不动产；抵押信托债券一般是以实际资产以外的证券类资产作为担保品；设备信托债券一般是为购买大型设备而发行的，借款人只有在偿还债务之后才能取得设备的所有权。

②按债券是否记名，分为记名债券和无记名债券。

记名债券是指在债券上注明债权人姓名，同时在发行公司的债权人名册上登记的债券。转让记名债券时，除要交付债券外，还要在债券上背书和在公司债权人名册上更换债权人姓名。

无记名债券是指债券票面上未注明债权人姓名，也不用在债权人名册上登记债权人姓名的债券。无记名债券的转让可立即生效，无需背书，因而比较方便。

③按是否可赎回，分为可赎回债券和不可赎回债券。

可赎回债券是指发行公司可以按照发行时规定的条款，依一定的条件和价格在公司认为合适的时间收回的债券。一般来讲，债券的赎回价格要高于债券面值，高出的部分称为“赎回溢价”。

④按利率是否固定，分为固定利率债券和浮动利率债券。

固定利率债券是指债券的利息率在债券期限内是固定的。大多数债券属于固定利率债券。

浮动利率债券的利息率在整个债券期限内是随市场利率的变化而变化的。这种债券在发行前，选择某一具有代表性的利率作为标准利率，债券发行者规定债券利率随标准利率浮动的标准，债券发行者实际支付的利息将随标准利率的变化而变化。

（2）债券的评级。债券的信用等级标志着债券质量的优劣，反映了债券还本付息能力的强弱和债券投资风险的高低。公司公开发行债券通常需要债券评级机构评定等级，债券的信用等级直接影响着公司发行债券的效果和投资者的投资选择。

①债券的信用等级。按照债券的还本付息能力，国际上知名的信用评级机构穆迪公司、标准普尔、惠誉国际将公司债券从优到劣分为三等九级。例如，标准普尔公司

的级别分类及含义如表4－3所示。

表4－3 债券信用等级分类及含义

级别等级	级别分类	符号表示	含义
一等	高质量等级	AAA	具有较高的还本付息能力，投资者没有风险
	高级	AA	还本付息能力很高，投资者的风险很小
	中上级	A	具有一定的还本付息能力，投资者风险较低
二等	中级	BBB	具有一定的还本付息能力，但通常需要一定的保护措施，投资者要承受一定的风险
	中下级	BB	被判断为有投机性质的因素，还本付息能力低，投资者风险较大
	下级	B	不具备理想的投资条件，还本付息能力低，投资风险很大
三等	完全投机级	CCC	还本付息能力很低，有可能违约，投资风险极大
	最大投机级	CC	还本付息能力极低，投资风险最大
	最低等级	C	没有还本付息能力，投资者面临绝对风险

②债券评级的作用。债券评级对投资人和发行债券的公司都有重要意义。

对投资人而言，债券评级的作用主要体现在以下几个方面：

第一，减少投资的不确定性，提高市场的有效性。

第二，拓宽投资者眼界。专业债券评级机构的工作，可以帮助一般投资人对特定债券的性质有更广泛和更深入的了解。

第三，作为投资者选择投资的标准。

第四，作为投资者确定风险报酬的依据。

对债券发行公司而言，债券评级有以下作用：

第一，有利于发行公司更广泛地进入金融市场。通过债券评级可以扩大发行公司的知名度和影响力，能够吸引更多的投资者，大大增加债券投资者的范围。这对发行公司更好地接触资本市场无疑是很有帮助的。

第二，增大了发行者的筹资灵活性。债券评级使债券发行变得相对容易，发行成本也大大降低，这些都使债券发行更经济，也更频繁。

（3）债券的发行。

①债券的发行程序。

A. 作出发行债券的决议或决定。股份有限公司和有限责任公司发行公司债券，由董事会制定方案，股东会作出决议。国有独资公司发行公司债券，由国家授权投资的机构或国家授权的部门作出决定。

B. 提出发行债券的申请。公司应向国务院证券管理部门提出发行公司债券的申请，并提交公司登记证明、公司章程、公司债券募集办法以及资产评估报告和验资报告。

国务院证券管理部门对符合《公司法》规定的，予以批准；否则不予批准。对已作出的批准如果发现不符合《公司法》规定的，应予撤销。债券尚未发行的，停止发行；已经发行的，由发行公司向认购人退还所缴款项并加算银行同期存款利息。

C. 公告债券募集办法。债券募集办法中应载明如下事项：公司名称，拟发行债券的总额、票面金额、利率、还本付息的期限和方式，债券发行的起止日期，公司净资产额，已发行的尚未到期的公司债券总额，公司债券的承销机构。

D. 发售债券，募集款项，登记债券存根簿。

②债券的发行方式。与股票相类似，债券的发行方式也有公募发行和私募发行两类。

公募发行是指发行公司通过承销团向社会发售债券，是世界各国普遍采用的债券发行方式，我国《企业债券管理条例》也要求经批准的公司公开发行债券。由于公募发行涉及众多投资者，其社会责任和影响都很大，为了保护投资人利益，各国对公募发行的条件作了严格的规定，公募发行要求较高的信用等级。

私募发行是指由发行公司直接将债券发售给投资者，这种发行方式因受限制，较少采用。

③债券的发行价格。债券的发行价格是公司将债券出售给投资者的价格，也就是投资者认购债券时所支付的价格。债券发行价格的估算公式为：

债券发行价格 $P = F \times i \times (P/A, k, n) + F \times (P/F, k, n)$

式中，F——债券面值；

i——债券票面利率；

n——债券到期时间；

k——投资者要求的必要报酬率或市场利率。

由上式可见，影响债券发行价格的一个重要因素是票面利率与市场利率的关系。当票面利率与市场利率一致时，债券发行价格等于票面金额，叫作平价发行。当票面利率与债券发行时的市场利率不一致时，就需要调高或调低其发行价格，以调节债券购销双方的利益。票面利率高于市场利率时，债券发行价格高于票面金额，叫作溢价发行；票面利率低于市场利率时，债券发行价格低于票面金额，叫作折价发行。

【例 4－2】 东兴公司发行面值为 1 000 元，票面利率为 10%，期限为 10 年的债券，每年末付息，到期还本。其发行价格的计算可分为以下三种情况：

（1）市场利率为 10% 时，票面利率 = 市场利率→平价发行

债券发行价格 = 1 000（元）

（2）市场利率为 8% 时，票面利率 > 市场利率→溢价发行

债券发行价格 $= 1\,000 \times 10\% \times (P/A, 8\%, 10) + 1\,000 \times (P/F, 8\%, 10)$

$= 1\,134$（元）

（3）市场利率为 12% 时，票面利率 < 市场利率→折价发行

债券发行价格 $= 1\,000 \times 10\% \times (P/A, 12\%, 10) + 1\,000 \times (P/F, 12\%, 10)$

$= 887$（元）

（4）债券筹资的优缺点。

①债券筹资的优点。

A. 发行债券的资金成本较低。与长期借款类似，公司债券的利息可在税前支付，从而可以享受税收屏蔽方面的好处，因而其实际负担的资本成本较低。不过，发行债券的筹资费用高于长期借款，因此其资金成本通常比长期借款要高。

B. 保障股东控制权。债券持有人无权参与公司的经营管理，因此，发行债券筹资不会分散股东对公司的控制权。

C. 便于调整资本结构。在发行可转换债券或可提前赎回债券的情况下，公司可根据需要主动合理地调整资本结构。

②债券筹资的缺点。

A. 财务风险高。债券有固定的到期日，并且定期支付利息，发行公司必须承担还本付息的义务。在公司经营不景气时，也需要向投资者支付利息，这会给公司带来更大的财务风险，有时甚至会导致公司破产。

B. 限制条件较多。发行债券的限制条件往往比长期借款、租赁融资的限制条件要多，且更严格，从而限制了公司对债券筹资方式的使用，有时还会影响到公司以后的筹资能力。

C. 筹资数量有限。利用债券筹资在数量上有一定的限度，当公司的负债比率超过了一定程度后，债券筹资的成本就要上升，有时甚至会发行不出去。

3. 融资租赁

租赁是指资产的所有人以收取租金为条件，在契约或合同规定的期限内，将资产的使用权让渡给使用者的一种经济行为。租赁有多种形式，主要分为经营租赁和融资租赁。经营租赁是由租赁公司向承租公司提供租赁设备，并提供设备维修保养和人员培训等的服务性业务。经营租赁通常为短期租赁，在本章不做重点讨论。

融资租赁，又称资本租赁，它是由出租人按照承租人的要求融资购买设备，并在契约或合同规定的较长期限内提供给承租人使用的信用性业务。在融资租赁方式下，由于由出租人支付设备的全部价款，等于向承租人提供了100%的长期信贷。承租人采用融资租赁的主要目的是为了融资，具有借款性质，因此融资租赁是承租公司筹集长期借入资本的一种特殊形式。

（1）融资租赁的特点。

①融资合约比较稳定，在合约有效期内，租赁双方均无权单方面终止合约，除非租赁设备损坏或被证明已丧失使用功能。

②一般由承租人提出租赁要求，然后由出租人融资购买并出租给承租人使用。

③租赁期限较长，大多为租赁资产使用年限的一半以上。

④在融资租赁业务中，出租人不负责租赁资产的维修和保养，而由承租人负责。

⑤租赁期满，可以按以下方法处理租赁资产：将租赁资产折价转让给承租人，由出租人收回或延长租期续租等。

（2）融资租赁的形式。

融资租赁按业务的不同特点，可细分为三种具体形式：

①直接租赁。这种形式是融资租赁的典型形式。通常所说的融资租赁就是指直接租赁形式。这种形式的效果类似于以分期付款方式购买资产。

②售后租回。公司在出售某项设备的同时，按照特定条款从购买者手中租回该项设备，称为售后租回。售后租回一方面可以使公司取得出售设备的现金收入；另一方面又可以继续使用该项设备，因此它具有融资租赁的基本特征。售后租回的特点表现在：一般融资租赁所租赁的设备是新的，而且出租人要从制造商或供应商那里购买这些设备，而售后租回的设备有时是使用过的，而且是从设备的使用者——承租人手里购买。也就是说，售后租回的使用者、承租人和设备供应商是同一主体。

③杠杆租赁。这种形式涉及承租人、出租人和贷款人三方当事人。从承租人的角度，杠杆租赁与其他融资租赁形式并无区别。对出租人来说就有所不同，出租人只支付购买资产所需资金的一部分，其余部分则以该项资产作担保向贷款人借款支付。在这种形式下，租赁公司既是出租人又是借款人，既要收取租金又要支付利息，但租赁收益一般高于借款成本，由此可获得财务杠杆利益，故称为杠杆租赁。

（3）融资租赁的租金计算。在融资租赁方式下，承租公司必须按合同规定支付租金。租金的数额和支付方式会对承租公司未来的财务状况产生直接影响，因此是租赁筹资的重要依据。公司理财人员应熟悉租金的构成、计算方式以及支付方式，以便为公司的筹资决策提供财务支持。

①决定租金的因素。在确定租金时，一般要考虑以下因素：

A. 租赁设备的购置成本，包括设备的买价、运费和途中保险费。

B. 预计租赁设备的残值。

C. 利息费用，是指租赁公司为承租公司购置设备进行融资而发生的利息费用。

D. 租赁手续费，包括租赁公司承办租赁设备发生的营业费用以及一定的利润。

E. 租赁期限。一般而言，租赁期限的长短不仅影响租金总额，而且也影响每期租金的数额。

F. 租金的支付方式。租金的支付方式主要按以下标准分类：第一，按支付的间隔时间长短分为年付、半年付、季付和月付。第二，按在期初或期末支付，分为先付租金和后付租金。第三，按每次支付的数额是否相等，分为等额支付和不等额支付。在实际中租金支付方式大多为后付等额年金。一般而言，租金支付次数越多，每次支付的数额就越小。

②确定租金的方法。租金的计算方法很多，名称也不统一。目前国际上流行的租金计算方法主要有平均分摊法、等额年金法、附加利率法、浮动利率法。在我国的融资租赁实务中，大多采用平均分摊法和等额年金法。

A. 平均分摊法。平均分摊法是指先以商定的利息率和手续费率计算租赁期间的利息和手续费，然后连同设备成本按支付次数平均分摊的方法。

在这种方法下，每次应该支付的租金按下式计算：

$$R=\frac{(C-S)+I+F}{N}$$

式中，R——每次应该支付的租金；

C——租赁设备的购置成本；

S——租赁设备的预计残值；

I——租赁期间的利息费用；

F——租赁期间的手续费；

N——租赁期限。

【例4-3】 东兴公司于2017年1月1日从租赁公司租入一套设备，价值100万元，租期为5年，预计租赁期满时的残值为3万元，归租赁公司所有。年利率为9%，租赁手续费为设备价值的2%，租金每年末支付一次。则该公司每年应该支付的租金计算如下：

$$R=\frac{(100-3)+[100\times(1+9\%)^5-100]+100\times2\%}{5}=30.58\text{（万元）}$$

通过上面的分析可以看出，平均分摊法比较容易理解，而且计算也很简单，但它没有充分考虑资本的时间价值因素。

B. 等额年金法。等额年金法是运用年金现值原理来计算每期应付租金的方法。在这种方法中，通常将利率和手续费率综合考虑，来确定一个租赁费率，作为计算年金的贴现率。根据后付年金现值的计算公式，可推导出计算后付等额租金方式下每年末支付租金的公式为：

$$R=\frac{PV}{(P/A,i,n)}$$

式中，R——每次支付的租金；

PV——设备的购置成本（若租赁期满设备归承租公司所有）或设备的购置成本减去残值的现值（若租赁期满设备退回给出租人）；

i——租赁费率；

n——支付租金期数。

【例4-4】 东兴公司从租赁公司租入一台设备，设备价款为1 000万元，租赁期限为10年，到期后设备归承租公司所有，租赁费率（贴现率）为12%，租金于每年年末等额支付，则每年应付的租金为：

$$R=\frac{1\ 000}{(P/A,12\%,10)}=\frac{1\ 000}{5.650}=177\text{（万元）}$$

（4）融资租赁筹资的优缺点。

①融资租赁筹资的优点。

A. 能够迅速地获得所需资产。融资租赁是一项融资与融物相结合的筹资方式，往往比借款购买设备更迅速，并且公司在筹集资本的同时，即可获得长期资产的使用权。

B. 增加了筹资的灵活性。租赁可以避免长期借款所附加的多种限制性条件，从而为公司经营活动提供了更大的弹性空间。

C. 可以避免设备陈旧过时的风险。随着现代科学技术的不断进步，设备陈旧过时的风险很高，而多数租赁协议规定此种风险由出租人承担，承租公司可因此而部分避免这种风险。

D. 全部租金通常在整个租赁期内分散支付，不用到期归还大量本金，可适当减低公司不能偿付的风险。

②融资租赁筹资的缺点。

A. 租赁成本高。尽管租赁没有明显的利息成本，但出租人所获得的报酬隐含于租金中。一般而言，许多租赁的租金（包括隐含报酬）要高于债券利息，其租金总额通常要高于设备价值 30% 左右。

B. 难以改良资产。未经出租人同意，承租人不得擅自对租赁资产加以改良。

4.2.3　混合资本

混合资本兼具权益资本和债务资本的特点，主要有优先股、认股权证、可转换证券三种筹资形式。

1. 优先股

(1) 优先股的特征。优先股是一种混合性证券，在某些方面类似于普通股，其他方面则类似于债券。其主要特征是：

①优先分配公司股利和剩余财产。在普通股发放股利之前，必须首先发放优先股股利，而且在公司破产时，优先股股东的索取权优先于普通股股东，但次于公司债权。

②无表决权。优先股股东一般无表决权，因此不能参与公司决策，也就不能控制公司的经营管理。

③股利固定。这一点和债券类似，但其股利支付没有强制性，即使不支付股利，也不会造成违约，从而不会使公司面临破产。

(2) 优先股的种类。优先股按具体权利的不同，可作进一步的分类。

①累积优先股和非累积优先股。累积优先股是指公司当年可供分配股利的利润不足以支付约定的优先股股利的，可以累积到以后年度，由以后年度可供分配股利的利润补足。非累积优先股则不能将当年未能支付的优先股股利累积到以后年度支付。

②参加优先股和不参加优先股。参加优先股是指当公司按规定向优先股股东和普通股股东分派股利后仍有剩余利润时，优先股可与普通股一道参加剩余利润的分配。参加优先股具体又分为全部参加优先股和部分参加优先股。全部参加优先股是与普通股同等参加剩余利润分配的优先股。部分参加优先股是指在参加剩余利润分配时有股利上限的优先股。不参加优先股是只能按约定的固定股利率获取股利，不能参加剩余

利润分配的优先股。

③可赎回优先股和不可赎回优先股。可赎回优先股是指公司为了减轻股利负担或出于其他目的，可以按规定赎回的优先股。不可赎回优先股是指公司不能赎回的优先股。

④可转换优先股和不可转换优先股。可转换优先股是指可以按照规定的条件和比例转换为普通股的优先股。不可转换优先股是指不可以转换为普通股的优先股。

（3）优先股筹资的优缺点。

①优先股筹资的优点。

A. 优先股从法律形式上看属于权益性资金，没有固定的到期日，不用偿付本金，能够提高公司的资信和借款能力。

B. 发行优先股有利于保持普通股股东的控制权。由于优先股股东一般无表决权，不能参与公司的管理决策，因此不会分散普通股股东对公司的控制权。

②优先股筹资的缺点。

A. 优先股的筹资成本较高。优先股股利是以税后利润支付的，因而不能获得税收上的好处，所以其成本一般高于债券的成本。

B. 优先股股利可能会形成一项财务负担。虽然公司可以不支付优先股股利，但公司股东一般希望能支付股利，因此，只要条件允许，公司都会尽量支付股利。当公司经营状况不好时，股利会成为公司一项较重的财务负担，有时会加大公司的财务风险。

2. 认股权证

认股权证是由公司发行的一种凭证，它规定其持有者有权在规定期限内，以特定价格购买发行公司一定数量的股票。从本质上看，认股权证是以股票或其他某种类型证券为标的物的一种长期买入期权，期权的买方为投资者，期权的卖方为发行公司。

（1）认股权证的特征。

①期权性。认股权证实质上是给予持有者的一种期权，持有人既可以在将来实施这种权利，也可以不实施这种权利。

②附赠性。认股权证经常和公司的其他证券，通常是长期债券一起发行，以增加这些证券对投资者的吸引力。如当公司准备发行利率较低的长期债券时，往往伴随着认股权证的发行，目的是刺激投资者购买这些证券。

③可分离性。一般情况下，认股权证同原有的债券或股票是可以分离的，即它发行以后可以与其基础证券脱离，具有独立的价值，可以在证券市场上单独进行交易。

（2）认股权证的作用。

①吸引投资者。在公司发行债券或优先股时，给予投资者购买普通股的选择权，可以有效刺激投资者的投资欲望，使公司较容易筹集到所需资金。

②为公司筹集额外资金。认股权证除吸引投资者关注公司的普通股、债券等筹资工具外，由于其本身具有独立的价值，所以还能够为发行公司筹集一笔额外资金，从

而增强公司的资本实力和运营能力。

3. 可转换证券

可转换证券是指由股份有限公司发行的，可以按照一定条件转换为公司普通股的证券。可转换证券主要有可转换债券和可转换优先股。由于可转换债券和可转换优先股之间有许多相似之处，而且可转换债券在现实生活中的应用更为普遍，所以下面主要介绍可转换债券的有关问题。

（1）可转换债券的基本特征。可转换债券是一种以公司债券为载体，允许持有人在规定时间内按规定的价格转换为公司普通股的金融工具。

可转换债券的特性主要包括：

①期权性。可转换债券的期权性主要体现在它给予投资者的选择权上。在规定的期限内，投资者可以选择将债券转换为普通股票，也可以放弃转换权利。由于可转换债券持有人具有将来买入股票的权利，因此，它实质上是一种买入期权，期权的卖方为发行公司。

②赎回性。可转换债券一般都有赎回条款，它规定发行公司在可转换债券转换前，可以按照一定条件赎回债券。发行公司行使赎回权的目的，是为了迫使投资者将债券转换为股票。

③双重性。可转换债券在转换之前，属于债券性质。若在转换期间，投资人未将其转换为股票，则发行公司到期必须无条件支付本金及利息。而同时，只要投资者愿意，可按约定随时将可转换债券转换为公司股票，成为公司的股权投资者。

（2）可转换债券的转换。

①转换比率和转换价格。转换比率是可转换债券合约最重要的内容，它是指每张可转换债券能转换为普通股的数量。与转换比率相关的是转换价格，即可转换债券在转换为普通股时，投资者应支付的每股价格。通常，转换价格一般高出可转换债券发行时股票市价的 10% ~30% 。在可转换债券出售后，通常都要随着股票的分割和股利分配调整其转换价格，如普通股 1 股分割为 2 股时，其转换价格也将下降 50% 。

转换比率和转换价格是一个问题的两个方面，知道了其中的一个，就可以计算出另外一个。二者的关系可以表示为：

$$转换价格=\frac{债券面值}{可转换为普通股的股数}=\frac{债券面值}{转换比率}$$

$$或转换比率=\frac{债券面值}{转换价格}$$

②转换期限。可转换债券的转换期限是指按发行公司的规定，持有人可将其转换为普通股的期限。可转换债券转换期限的长短通常与可转换债券的期限有关。我国可转换债券的期限最短为 3 年，最长为 5 年。上市公司发行的可转换债券，在发行结束 6 个月后，持有人可以依据约定的条件随时转换股份。

（3）可转换债券筹资的优缺点。

①可转换债券筹资的优点。

A. 发行初期资本成本较低。由于可转换债券给予其持有者在股票价格有利时进行转换的选择权，因此，其实际利率低于同等条件的不可转换债券利率。

B. 有利于调整资本结构。可转换债券在转换前属于发行公司的负债，转换后属于发行公司的所有者权益，因此发行公司可以通过引导持有人的转换行为来调整公司的资本结构。

②可转换债券也存在着缺陷，主要体现在不确定性上。如果发行人发行可转换债券的本意在于变相进行普通股筹资，但普通股价格并未如期上升，债券持有人不愿转股，则发行人将被迫承受偿债压力。如果可转换债券转股时的估价大大高于转换价格，则发行人将承担溢价损失。

趣味阅读

滴滴和优步“烧钱”模式下的融资大战

滴滴和优步作为全球最大的两个移动出行平台，其相互之间的竞争充满了火药味。为了抢占市场，无论滴滴还是优步，两家公司都在大举烧钱。据英国《金融时报》，优步承认在中国市场一年亏损逾 10 亿美元，而滴滴首席执行官程维曾表示，公司 2015 年拨出 40 亿美元用于“市场培育”。在扩张的“烧钱”模式下，它们的融资 PK 也在持续。2016 年 6 月 2 日，优步宣布获得来自沙特公共基金（Public Investment Fund）的 35 亿美元投资。另一端，滴滴也在持续融资。2016 年 5 月中旬，滴滴宣布了其新一轮融资进展，即苹果以投资 10 亿美元成为滴滴战略投资者。随后在 6 月 16 日，滴滴出行宣布其已完成最新一轮股权融资，金额达到 45 亿美元。同时，招商银行还将为滴滴牵头安排达 25 亿美元的银团贷款，中国人寿对滴滴进行了 20 亿人民币（约 3 亿美元）的长期债券投资。这也意味着，滴滴本轮融资的实际总额高达 73 亿美元。

滴滴新的投资方包括苹果、中国人寿及蚂蚁金服等，并且腾讯、阿里巴巴、招商银行及软银等现有投资人也都参与了本轮融资。这是全球未上市企业单轮最大规模股权融资之一。此轮融资之后，滴滴拥有的可调用约 105 亿美元。目前滴滴在国内的出行市场中处于领导地位，其专业业务抢占了 87.2% 的市场份额。

滴滴出行表示，本轮融资资金将用于平台技术升级、大数据研发和运营、提升用户体验、进一步拓展国内外市场和新业务等。可见，资金是企业经济活动的第一推动力和持续推动力。企业能否获得稳定的资金来源、及时足额筹集到生产要素组合所需要的资金，对经营和发展都至关重要。

4.3　长期筹资决策

4.3.1　资本成本

1. 含义与结构

由于资本具有时间价值，即资本在周转使用过程中能带来增值，资本提供者让渡这种增值机会当然就要求相应的报酬。在有风险的情况下，资本提供者还会要求额外的风险报酬。因此，公司要获得资本的使用权，必须付出相应的代价。这种代价可以理解为资本这种特殊商品的市场价格。另外，公司在筹集资本的过程中可能还需要支付一定的费用。综上所述，资本成本是指公司筹措和使用资本而付出的代价，也称为资金成本，一般包括筹资费用和用资费用两部分。

筹资费用是在资本筹集过程中为获取资本而支付的各项费用，如发行股票、债券支付的印刷费用，以及发行手续费用、宣传广告费用、律师费用、资信评估费、公证费、担保费等。这些费用一般是在公司筹资时一次性支付的，在资本使用过程中不再发生，因而可以视为对筹资数额的一项扣除。

用资费用是公司为了占用资本而付出的代价。例如，向债权人支付的利息，向股东分派的股利等。用资费用在资本使用期间会反复发生，并随着使用资本数额的大小和期限的长短而变动。

资本成本可以用绝对数表示，也可以用相对数来表示。但在财务管理中，一般用相对数来表示，即表示为使用费用与实际筹资额的比率。其通用的计算公式为：

$$资本成本=\frac{每年的用资费用}{筹资总额-筹资费用}=\frac{每年的用资费用}{筹资总额\times(1-筹资费用率)}$$

2. 资本成本的类型与作用

资本成本有多种表现形式，根据不同的使用情况，一般有个别资本成本、加权平均资本成本和边际资本成本三种。

（1）个别资本成本。个别资本成本是指公司所筹集的各种长期资本各自的成本。不同的资本形式具有不同的个别资本成本。公司的长期资本由权益资本和债务资本两部分构成，其成本也分别被称为权益资本成本和债务资本成本。

个别资本成本可以用来比较各种筹资方式的优劣。长期资本的筹集有多种方式可以选择，可以把不同筹资方式下的资本成本作为比较的指标之一。

（2）加权平均资本成本。加权平均资本成本即所有资本的成本。它根据各种资本的个别资本成本以个别资本占全部资本的比重为权数进行加权平均计算，也可称为综合资本成本。投资公司通常通过多种渠道、采用多种方式筹措资本，此时，个别资本成本已经无法反映公司的整体资本成本水平，这就需要计算公司各种不同资本的加权平均资本成本。加权平均资本成本在公司的经营决策当中具有非常重要的作用：

①加权平均资本成本是进行筹资组合决策的依据。企业长期资本通常是采用多种方式的筹资组合构成的，通过比较每种筹资组合方案的总体资本成本，可以进行不同筹资组合方案的选择。

②加权平均资本成本是评价投资项目、比较投资方案的标准。一个投资项目，只有投资报酬率高于资本成本，该项投资才是有利可图的。因此，可以将资本成本视为最低报酬率，作为分析投资项目可行性、选择投资项目的取舍标准。

在利用净现值指标进行决策时，常以资本成本作为贴现率。当净现值为正时，投资项目可行；反之，则不可行。因此，采用净现值指标评价投资项目时，离不开资本成本。

在利用内含报酬率指标进行投资决策时，一般以资本成本作为基准率。即只有当投资项目的内含报酬率高于资本成本时，投资项目才可行，反之，则投资项目不可行。因此国际上通常将资本成本作为是否采用投资项目的取舍率，是比较、选择投资方案的主要标准。

③加权平均资本成本是衡量企业经营业绩、制定激励报酬计划的基准。如果企业经营的利润高于资本成本，应当认为经营得好，对相关人员给予适当激励；反之，应当认为经营不善，必须加以改进，并对责任人进行一定惩罚。

（3）边际资本成本。边际资本成本是指资本每增加一个单位而增加的成本。个别资本成本和加权平均资本成本是公司过去筹集的或目前正在使用的资本的成本。然而，随着时间的推移或筹资条件的变化，尤其是随着筹资规模的变化，个别资本成本和加权平均资本成本都要发生变化。因此，公司在未来追加筹资时，还要考虑新筹集资本的成本，这就需要计算边际资本成本。

边际资本成本是企业进行追加筹资决策的依据。企业为扩大经营规模，必然增加筹资数量。当筹资数量增加，资本的边际成本超过了企业的承受能力时，企业就不能再增加筹资数额。

3. 资本成本的计算

（1）个别资本成本。

①长期借款成本。根据资本成本计算的通用公式，长期借款的资本成本可表示为：

$$K_1 = \frac{I(1-T)}{L(1-F_1)} = \frac{LR_1(1-T)}{L(1-F_1)} = \frac{R_1(1-T)}{(1-F_1)}$$

式中，K_1——长期借款成本；

I——长期借款年利息；

T——企业所得税税率；

L——长期借款筹资总额，即借款本金；

F_1——长期借款筹资费用率；

R_l——长期借款年利率。

由于长期借款的筹资费用主要是借款手续费，数额很低时可以忽略不计，因此，上式可以简化为：

$$K_l = R_l(1-T)$$

【例 4-5】 星海公司从银行取得 3 年期长期借款 500 万元，手续费率 0.1%，年利率 8%，每年结息一次，到期一次还本。公司所得税税率 40%。该笔长期借款的资本成本计算如下：

$$K_l = \frac{500 \times 8\% \times (1-40\%)}{500 \times (1-0.1\%)} = \frac{8\% \times (1-40\%)}{(1-0.1\%)} = 4.8\%$$

②债券成本。债券成本与长期借款成本相比较，相同点是利息也在所得税前支付，不同的是债券的筹资费用较高而不可忽略不计，这些筹资费用主要包括申请发行债券的手续费、债券注册费、印刷费、上市费以及推销费用等。而且债券利率通常高于长期借款利率，因此，债券成本一般高于长期借款成本。另外，由于债券发行可以有平价、溢价、折价发行等不同形式，所以在计算债券成本时，筹资额要以实际发行的价格为准。债券成本的计算公式为：

$$K_b = \frac{I_b(1-T)}{B(1-F_b)}$$

式中，K_b——债券成本；

I_b——债券年利息，它等于债券面值与票面利率的乘积；

T——企业所得税税率；

B——债券筹资总额，即债券发行价格；

F_b——债券筹资费用率。

【例 4-6】 星海公司发行面值为 1 000 元，期限为 4 年，票面利率为 10% 的债券 5 000 张，筹资费用为发行价格的 4%，公司所得税税率为 40%。

（1）如果发行价格为 1 100 元，则该债券的资本成本为：

$$K_b = \frac{I_b(1-T)}{B(1-F_b)} = \frac{1\,000 \times 10\% \times (1-40\%)}{1\,100 \times (1-4\%)} = 5.68\%$$

（2）如果发行价格为 1 000 元，则该债券的资本成本为：

$$K_b = \frac{I_b(1-T)}{B(1-F_b)} = \frac{1\,000 \times 10\% \times (1-40\%)}{1\,000 \times (1-4\%)} = 6.25\%$$

（3）如果发行价格为 900 元，则该债券的资本成本为：

$$K_b = \frac{I_b(1-T)}{B(1-F_b)} = \frac{1\,000 \times 10\% \times (1-40\%)}{900 \times (1-4\%)} = 6.94\%$$

③优先股成本。优先股每期的股利通常是固定的，这与债务性资本类似，但是由于优先股股利是以税后利润支付的，没有抵税作用，因此优先股成本的计算不涉及税收调整问题。优先股资本成本的计算公式为：

$$K_p = \frac{D_p}{P_0 \times (1 - F_p)}$$

式中，K_p——优先股成本；

D_p——优先股每年的股利；

P_0——发行优先股的筹资总额，即优先股的发行价格；

F_p——优先股的筹资费用率。

【例4-7】 星海公司发行一批优先股，发行价格为每股6元，筹资费用率为4%，每年股利为0.6元/股，则该优先股的资本成本为：

$$K_p = \frac{D_p}{P_0 \times (1 - F_p)} = \frac{0.6}{6 \times (1 - 4\%)} = 10.42\%$$

④普通股成本。普通股和优先股一样属于权益性资本，股利均不能抵税，但与优先股不同的是，普通股各年的股利不一定相等，而是随着公司经营状况的变动而变动。确定普通股的资本成本，常见的计算思路有三种：

A. 通过普通股估价方法确定其资本成本。根据第3章普通股的估价公式，普通股的现值为：

$$V = \sum_{t=1}^{n} D_t \times (P/F, K_s, t) + V_n \times (P/F, K_s, n)$$

式中，V——股票现在的价格；

V_n——未来出售时预计的股票价格；

K_s——投资者要求的必要报酬率，从另一个角度来看也就是公司要承担的普通股资本成本；

D_t——第t期的预期股利；

n——预计持有股票的期数。

该公式是计算普通股价值的基本模型，同样也是确定普通股成本的基本模型。由于普通股无到期日，也即，当 $n \to \infty$ 时，$V_n \times (P/F, K_s, n) \to 0$，则普通股的价值为：

$$V = \sum_{t=1}^{n} D_t \times (P/F, K_s, t)$$

从上式可以看出，普通股的成本和股利有着极为重要的关系。根据普通股股利支付的不同特点，从上式中可以推导出不同的确定普通股成本的公式。

a. 股利每年固定不变。这时，股利实际上相当于永续年金，计算公式可以简化为：

$$K_s = \frac{D}{V}$$

如果把筹资费用考虑进去，则 $K_s = \dfrac{D}{V \times (1 - F_s)}$

F_s 在这里代表普通股的筹资费用率。

该公式又称为零增长模型，也即每年的普通股股利保持不变，股利增长率为零。

b. 股利固定增长。在现实生活中，随着公司的发展，一些公司的股利是不断增加的。根据第 4 章普通股的估价模型，在这种情况下普通股的价值为：

$$V=\frac{D_0(1+g)}{K_s-g}=\frac{D_1}{K_s-g}$$

式中，g——股利年增长率；

D_1——第一年度股利。

其他符号含义同前。

由该式可得普通股的成本为：

$$K_s=\frac{D_0(1+g)}{V}+g$$

如果将股票发行时的筹资费用考虑进去，修正得出普通股资本成本计算公式为：

$$K_s=\frac{D_0(1+g)}{V(1-F_s)}+g=\frac{D_1}{V(1-F_s)}+g$$

这一模型被称为股利增长模型，又被称为贴现现金流方法，是一种常见的确定普通股成本的方法。

【例 4－8】 星海公司发行一批普通股，发行价格为每股 8 元，筹资费用率 5%，公司有两套股利方案，一是每年分派现金股利 0.8 元/股；二是预计第一年分派股利 0.4 元/股，以后每年增长 6%。试计算两种股利方案下的普通股资本成本。

如果采用第一套方案，则普通股资本成本为：

$$K_s=\frac{D}{V\times(1-F_s)}=\frac{0.8}{8\times(1-5\%)}=10.53\%$$

如果采用第二套方案，则普通股资本成本为：

$$K_s=\frac{D_1}{V(1-F_s)}+g=\frac{0.4}{8\times(1-5\%)}+6\%=11.26\%$$

B. 通过资本资产定价模型确定普通股成本。根据第 4 章的相关内容，资本资产定价模型可以表示为：$K_i=R_F+\beta_i(R_M-R_F)$

式中，K_i——第 i 种股票或第 i 种证券组合的必要报酬率；

R_F——无风险报酬率；

β_i——第 i 种股票或第 i 种证券组合的 β 系数；

R_M——所有股票或所有证券的平均报酬率。

在市场均衡的条件下，投资者要求的必要收益率与筹资者的资本成本相等，即

$$K_s=K_i=R_F+\beta_i(R_M-R_F)$$

上述公式表明，公司普通股的资本成本等于无风险利率加上适当的风险报酬率。

【例 4－9】 星海公司普通股的 β 系数为 1.2，市场报酬率为 10%，无风险报酬率为 4%，则该公司普通股的资本成本为：

$$K_s=R_F+\beta_i(R_M-R_F)=4\%+1.2\times(10\%-4\%)=11.2\%$$

C. 债券收益加风险报酬率法。这种方法是在公司长期债券收益率的基础上加一

定的风险报酬率作为公司普通股的成本。用公式表示为：

普通股成本 = 长期债券收益率 + 风险报酬率

长期债券收益率可从公司取得或通过投资银行得知，风险报酬率可通过对投资者的调查确定，一般为4% ~6%。这种方法的依据是，普通股股东比债权人承担更大的风险，因此，他们要求的报酬率相对较高。

【例4-10】 星海公司已发行债券的收益率为7.5%。现增发一批普通股，经分析，该股票高于债券的额外风险报酬为4%。则该批普通股的资本成本为：

$$K_s = 7.5\% + 4\% = 11.5\%$$

⑤留存收益成本。公司的留存收益是由公司的税后净利形成的，它属于普通股股东的权益。从表面上看，公司使用留存收益似乎不花费什么成本，但实际上，股东之所以愿意将其留存于公司，而不是作为股利分配投资于别的项目，必然要求有相应的报酬作为其补偿，其报酬率至少应该等于投资于公司普通股应获得的报酬，否则，股东会要求将留存收益分配并将其投资于其他的项目。换句话说，公司留存收益作为一种资本来源，也有其成本，只不过是一种机会成本。因此，留存收益成本的确定方法与普通股成本的确定方法基本相同。但由于使用留存收益资本不需要支付发行费用，因而不需要考虑筹资费用。其计算公式为：

$$K_e = \frac{D_0 \times (1 + g)}{V} + g = \frac{D_1}{V} + g$$

当公司的股利固定不变时，其计算公式为：

$$K_e = \frac{D}{V}$$

式中，K_e——留存收益成本。

其余符号含义同前。

【例4-11】 星海公司普通股市场价格为8元/股，预计第一年分派股利0.4元/股，以后每年增长6%。则该公司留存收益的资本成本为：

$$K_e = \frac{D_1}{V} + g = \frac{0.4}{8} + 6\% = 11\%$$

（2）加权平均资本成本（weighted average cost of capital，WACC）。掌握公司各种资本所占的比重和各自的成本之后，就可以据之计算加权平均资本成本，其计算公式可表示为：$K_\omega = \sum_{i=1}^{n} \omega_i K_i$

式中，K_ω——加权平均资本成本；

K_i——第i种资本的成本；

ω_i——第i种资本占全部资本的比重，即权数，$\sum_{i=1}^{n} \omega_i = 1$

n——公司长期资本的种类。

需要特别指出的是，计算加权平均资本成本所用的权数，即ω_i一般有三种确定方法：

①以账面价值作为权数。即以各类资本的账面价值为基础，计算各类资本占总资本的比重。按照账面价值确定权数，易于从资产负债表上直接取得相关资料，且计算结果较为稳定；但当债券和股票的市场价值脱离账面价值太多时，就会使加权平均资本成本产生较大偏差，不利于决策。

②以市场价值作为权数。即以各类资本的市场价值为基础，计算各类资本的市场价值占总资本市场价值的比重。按照市场价值确定权数可以反映公司目前实际的资本成本水平，有利于决策；但当证券市场价格波动频繁、剧烈时，市场价值不容易获得。

③以目标市场价值为权数。即以各类资本未来预计的目标市场价值为基础，计算各类资本未来目标价值占总资本目标价值的比重。按照债券、股票的目标市场价值确定权数，能够体现期望的资本结构。但实际上，要客观、合理地确定目标价值权数，是一件颇为困难的事情。

【例 4－12】 星海公司共有长期资本 1 000 万元，其中长期借款 100 万元，债券 250 万元，优先股 100 万元，普通股 350 万元，留存收益 200 万元，其个别资本成本分别为 5.39%、7.05%、10.64%、14.53%、12%。试计算该公司加权平均资本成本。

$$K_{\omega}=\frac{100}{1\ 000}\times 5.39\%+\frac{250}{1\ 000}\times 7.05\%+\frac{100}{1\ 000}\times 10.64\%+\frac{350}{1\ 000}\times 14.53\%+\frac{200}{1\ 000}\times 12\%=10.85\%$$

4.3.2　杠杆利益与风险

杠杆本是物理学用语，意思是指在力的作用下能绕固定支点转动的杆。杠杆作用就是改变支点和力点间的距离，可以产生大小不同的力矩。

财务管理中的杠杆通常指的是杠杆作用，反映的是不同经济变量的相互关系，即指由于固定费用（包括生产经营方面的固定费用和财务方面的固定费用）的存在，当业务量发生较小变化时，利润等变量会随之发生较大变化的现象。杠杆作用是现代企业资本结构决策的一个重要因素，资本结构决策需要在杠杆作用与其相关风险之间进行合理的权衡。财务管理中的杠杆有经营杠杆、财务杠杆和联合杠杆。

1. 经营杠杆和经营风险

（1）经营杠杆原理。经营杠杆反映的是业务量和息税前利润这两个变量之间的相关关系。公司的经营成本可以分为固定成本和变动成本两大类。在其他条件既定的情况下产销业务量的增加会降低单位固定成本，提高单位利润，从而使息税前利润变动率大于产销量变动率的现象，通常称为经营杠杆。

（2）经营杠杆系数的计算。一般来说，只要企业存在固定生产性成本或费用，就存在经营杠杆。为了反映经营杠杆的作用程度，估计杠杆效应大小，通常需要估算经营杠杆系数。

经营杠杆系数（Degree of Operating Leverage，DOL），也称为经营杠杆程度，是指息税前利润变动率相当于产销量变动率的倍数。其计算公式如下：

$$DOL=\frac{息税前利润变动率}{产销量变动率}=\frac{\Delta EBIT/EBIT}{\Delta Q/Q}$$

式中，EBIT——息税前利润；

Q——产销量。

【例4－13】 已知某公司在2015年和2016年的销售量分别为10 000件和20 000件，每年固定成本均为300 000元，单位边际贡献均为40元。计算该公司2016年的经营杠杆系数。

$$息税前利润变动率=\frac{(20\ 000\times40-300\ 000)-(10\ 000\times40-300\ 000)}{10\ 000\times40-300\ 000}\times100\%$$

$$=400\%$$

$$销售量变动率=\frac{20\ 000-10\ 000}{10\ 000}\times100\%=100\%$$

$$DOL=\frac{400\%}{100\%}=4$$

杠杆效应是一把“双刃剑”，既能够产生杠杆利益，也能够带来杠杆风险。在运用经营杠杆、财务杠杆和联合杠杆中应注意这种双重性，科学的决策应是在杠杆利益和杠杆风险之间进行权衡的最优结果。

2. 财务杠杆与财务风险

（1）财务杠杆的原理。财务杠杆反映的是息税前利润和每股收益这两个变量之间的相互关系。在公司资本结构一定的情况下，负债利息和优先股股息是相对固定的。当企业息税前利润增长时，每一元利润所负担的固定资本成本就会减少，这种由于在融资中存在固定资本成本而引起的每股收益变动率大于息税前利润变动率的现象，通常称为财务杠杆。

（2）财务杠杆系数的计算。一般来说，只要在公司的融资结构中存在负债和优先股，就存在财务杠杆效应。为了反映财务杠杆的作用程度，估计杠杆效应大小，通常需要估算财务杠杆系数。

财务杠杆系数（Degree of Financial Leverage，DFL），也称为财务杠杆程度，它是指每股收益变动率相当于息税前利润变动率的倍数。其计算公式如下：

$$DFL=\frac{每股收益变动率}{息税前利润变动率}=\frac{\Delta EPS/EPS}{\Delta EBIT/EBIT}=\frac{EBIT}{EBIT-I-\frac{PD}{1-T}}$$

式中，EPS——每股收益；

I——固定利息费用；

PD——固定优先股股利；

T——所得税税率。

【例 4 – 14】 昌盛公司全部长期资本为 5 000 万元，债务资本占 40%，债务年利率为 10%，企业所得税税率为 25%，息税前利润为 500 万元，计算财务杠杆系数。

$$DFL = \frac{500}{500 - 5\,000 \times 40\% \times 10\%} = 1.67$$

案例讨论

创业筹资的难题

面对就业难的现象，小赵和小张大学毕业后想合伙创业，它们在筹集资金时遇到了难题。小赵在大学里记住了财务管理老师说的 一句话“借鸡下蛋”，于是，他主张尽可能地多借钱，用借来的钱去赚钱。小张知道无论是借钱还是找投资者进行投资，公司最终都要付出一定的代价，而且“借鸡下蛋”是有一定条件的，弄不好可能会鸡飞蛋打。但是到底该选择什么样的方式进行资金的筹集？付出的代价应该如何计算？各种资金所占的比例，也就是资本结构应该如何确定？是多借一些钱好还是少借一些钱好？负债经营为什么会给公司带来好处？

3. 联合杠杆与企业风险

（1）联合杠杆原理。联合杠杆亦称总杠杆，描述了经营杠杆和财务杠杆对公司的综合影响。在公司的生产成本结构中，由于固定生产成本的存在，产生了经营杠杆的效应，通过销售量的扩大，使得公司息税前利润得到更大幅度的增加；同样，在公司的资本结构中，由于固定资本成本的存在，产生了财务杠杆作用，通过息税前利润的增大，使得公司每股收益得到更大幅度的增加。如果公司同时利用经营杠杆和财务杠杆，销售量的扩大将引起每股收益发生更大幅度的变动。

（2）联合杠杆系数的计算。对经营杠杆和财务杠杆的综合利用程度通常用联合杠杆系数（Degree of Combined Leverage，DCL）来衡量。联合杠杆的程度表明每股收益的变动率相当于业务量变动率的倍数。其计算公式为：

$$DCL = \frac{\text{每股收益变动率}}{\text{业务量变动率}} = \frac{\Delta EPS/EPS}{\Delta Q/Q}$$

$$DCL = DOL \times DFL$$

显然，联合杠杆的效应大于经营杠杆和财务杠杆的单独效应。而这两种杠杆又可以有多种组合。因此，企业为达到某种联合杠杆程度可以通过经营杠杆和财务杠杆的组合来实现，以期得到一个理想的联合杠杆系数和较适宜的风险水平。

4.3.3　资本结构决策

资本结构是指公司各种资本构成及其比例关系。在财务管理实践中，资本结构有广义和狭义之分。广义的资本结构是指公司全部资本（包括长期资本和短期资本）的构成及其比例关系。而狭义的资本结构是指各种长期资本（长期负债与股东权益）的构成及其比例关系。一般情况下，公司财务管理中的资本结构多指狭义的资本结构，即研究长期负债与股东权益之间的比例关系。

1. 影响资本结构的主要因素

（1）销售收入的稳定性。同销售收入不稳定的公司相比，销售收入相对比较稳定的公司，其债务资本比重可以适当增大，公司可以负担较多的固定财务费用。

（2）公司的资产结构。具有可以用来作为抵押物的资产的公司，倾向于高负债。一般来讲，一般用途的资产能被许多公司用来作为抵押物，而特定用途的资产则不行。因此，不动产公司的负债率通常都非常高，而技术开发公司的负债率都较低。

（3）公司的风险状况。增加负债将增大公司的财务风险，进而增大公司的总风险。在决定资本结构时，必须考虑公司的风险承受能力。一般来讲，当其他条件都相同时，经营风险较低的公司能更多地利用财务杠杆，承担较高的财务风险，因而有较高的负债率；而经营风险较高的公司的负债率较低。

（4）公司的成长率。公司的发展速度越快，成长率越高，对外部资本的依赖性就越强。同时，由于信息不对称的缘故，这类公司的股票价值容易被低估，因此，它们可能更多地利用债务。但同时，由于这类公司面临的不确定性较大，使他们在利用债务上也十分谨慎。

（5）公司的盈利能力。在实践中，一些回报率很高的公司一般都很少负债。它们的高回报率使其内部积累在很大程度上能满足公司的资本需求。

（6）政府的税收政策。由于负债可以产生税收屏蔽效应，因此，公司所得税率高的公司的负债权益比可能相应较高，以充分利用债务产生的税收屏蔽效应。

（7）管理人员的态度。由于没有人能证明哪种资本结构会导致更高的股票价格，所以管理人员对待风险的态度也是影响资本结构的重要因素。比较稳健的管理人员，可能会采用比同行业企业更低的负债率；而一些喜欢冒险的管理人员可能使用比较高的负债率。

（8）贷款人和信用评级机构的影响。公司能否以借债的方式筹集资本以及筹集资本的数量，不仅取决于公司管理人员对负债的态度，还取决于公司的信用等级评定和贷款人的态度。如果公司的信用等级不高，贷款人将不愿意借债给公司，从而使公司无法达到它所希望的负债水平。

（9）公司的财务灵活性。公司的财务灵活性是指在公司需要资本时，从不同筹资渠道获取资本的能力。由于公司从每一渠道筹集资本的数量是有限的，而且是相互影响的，所以公司当前的筹资决策和资本结构的确定必然会对未来的筹资方式和筹资数量产生影响。例如，公司当前的负债率很高，可能会使公司在今后一段时间内不能利用债务筹资，或者只能以较高的成本筹资。因此，公司在筹集资本时，不仅需要考虑筹资方式问题，而且需要考虑不同筹资方式的筹集时机问题。

(10) 市场状况。股票市场和债券市场的波动会影响公司的目标资本结构。例如，在“垃圾债券”市场不景气时期，对于信用等级在BBB之下的公司来说，发行长期债券就十分困难，除非其利率相当高。这迫使需要资本的低信用等级公司转向股票市场或短期债券市场筹集资本，而暂且不考虑其最优资本结构。等市场条件好转，这些公司再发行长期债券，进而将其资本结构调整为目标资本结构。

2. 资本结构的决策方法

所谓最优资本结构，是指在一定条件下使公司加权平均资本成本最低、公司价值最高的资本结构。从理论上讲，最优资本结构是存在的，但由于公司内部条件和外部环境经常发生变化，寻找最优资本结构十分困难。一般来说，在确定最优资本结构时可以有三种不同的考虑：第一种情况是只考虑资本成本，即以加权平均资本成本最低作为资本结构决策的依据，这就是比较资本成本法；第二种情况是只考虑公司价值，即以公司价值最大作为资本结构决策的依据，这就是每股收益分析法；第三种情况是同时考虑资本成本和公司价值，即以资本成本最低和公司价值最大作为资本结构的决策依据，这就是公司价值分析法。

(1) 比较资本成本法。比较资本成本法是指在一定财务风险条件下，测算可供选择的不同长期筹资组合方案的加权平均资本成本，并以此为依据确定最优资本结构。应用比较资本成本法，可分为初始资本结构决策和追加资本结构决策两种情况。

①初始资本结构决策。这种情况是对企业拟定的初始筹资总额，先设计出若干个资本结构不同的筹资方案，分别计算各方案的加权平均资本成本，并根据加权平均资本成本的高低来选择筹资方案。

【例4-15】星海公司初创时，设计了3个筹资方案，其资料见表4-4试用比较资本成本法来确定该公司的筹资方案选择。

表4-4　　不同筹资方案的具体情况　　单位：万元

筹资方式	筹资方案Ⅰ		筹资方案Ⅱ		筹资方案Ⅲ	
	筹资额	资本成本	筹资额	资本成本	筹资额	资本成本
长期借款	200	7%	50	6%	300	8%
债券	100	7.5%	150	8%	250	9%
优先股	100	10%	300	11%	50	10%
普通股	600	13%	500	13%	400	13%
合计	1 000	—	1 000	—	1 000	—

对三个筹资方案，分别计算加权平均资本成本，选择成本最低者作为最佳筹资方案。

方案Ⅰ：$K_\omega=\frac{200}{1\ 000}\times 7\%+\frac{100}{1\ 000}\times 7.5\%+\frac{100}{1\ 000}\times 10\%+\frac{600}{1\ 000}\times 13\%=10.95\%$

方案Ⅱ：$K_\omega=\frac{50}{1\ 000}\times 6\%+\frac{150}{1\ 000}\times 8\%+\frac{300}{1\ 000}\times 11\%+\frac{500}{1\ 000}\times 13\%=11.3\%$

方案Ⅲ：$K_{\omega} = \frac{300}{1\ 000} \times 8\% + \frac{250}{1\ 000} \times 9\% + \frac{50}{1\ 000} \times 10\% + \frac{400}{1\ 000} \times 13\% = 10.35\%$

由以上计算可以看出，方案Ⅲ的加权平均资本成本最低，所以应选用方案Ⅲ。

②追加资本结构决策。公司在生产经营中，会不断产生新的资金需求，这就要求公司追加筹资，其结果就是原有的资本结构可能发生变化。按照最佳资本结构的要求，选择追加筹资方案可用两种方法。一种方法是计算追加筹资方案的边际资本成本，并进行比较；另一种方法是将备选追加筹资方案与原有资本结构汇总，计算比较各追加筹资方案下汇总资本结构的加权平均资本成本。

【例 4－16】 星海公司原有资本结构为【例 4－15】中的第三种，现有两个追加筹资方案可供选择，有关资料如表 4－5 所示。

表 4－5　　原有资本结构与追加筹资方案资料　　单位：万元

筹资方式	原有资本结构		追加筹资方案Ⅰ		追加筹资方案Ⅱ	
	金额	资本成本	金额	资本成本	金额	资本成本
长期借款	300	8%	50	6%	200	8%
债券	250	9%	0	0	0	0
优先股	50	10%	30	11%	0	0
普通股	400	13%	420	13%	300	13%
合计	1 000	—	500	—	500	—

第一种方法：计算两个追加筹资方案的边际资本成本。

方案Ⅰ：$K_{\omega} = \frac{50}{500} \times 6\% + \frac{30}{500} \times 11\% + \frac{420}{500} \times 13\% = 12.18\%$

方案Ⅱ：$K_{\omega} = \frac{200}{500} \times 8\% + \frac{300}{500} \times 13\% = 11\%$

相比之下，方案Ⅱ的边际资本成本较低，应按方案Ⅱ追加筹资。

第二种方法：按照汇总资本的加权平均资本成本进行决策。汇总计算结果为：

$$\text{方案Ⅰ：} K_{\omega} = \frac{300+50}{1\ 500} \times \left(\frac{300}{300+50} \times 8\% + \frac{50}{300+50} \times 6\%\right) + \frac{250}{1\ 500} \times 9\% + \frac{50+30}{1\ 500} \times \left(\frac{50}{50+30} \times 10\% + \frac{30}{50+30} \times 11\%\right) + \frac{400+420}{1\ 500} \times 13\%$$

$$= \frac{350}{1\ 500} \times 7.71\% + \frac{250}{1\ 500} \times 9\% + \frac{80}{1\ 500} \times 10.38\% + \frac{820}{1\ 500} \times 13\%$$

$$= 10.96\%$$

$$\text{方案Ⅱ：} K_{\omega} = \frac{300+200}{1\ 500} \times 8\% + \frac{250}{1\ 500} \times 9\% + \frac{50}{1\ 500} \times 10\% + \frac{400+300}{1\ 500} \times 13\%$$

$$= 10.57\%$$

比较起来，方案Ⅱ汇总资本的加权平均资本成本较低，应按方案Ⅱ追加筹资。可以看到，这种方法所得到的结论与第一种方法的结论相同。

比较资本成本法通俗易懂，计算过程也不是十分复杂，是确定资本结构的一种常用方法。但由于可供比较的筹资方案有限，所确定的最佳筹资方案只是备选方案中的最佳，真正的最佳方案可能并未列入备选方案。

（2）每股收益分析法。

一方面，负债的偿还能力建立在未来盈利能力的基础之上，研究资本结构不能脱离企业的盈利能力。企业的盈利能力一般用息税前利润表示。另一方面，负债筹资通过它的杠杆作用来增加股东财富。确定资本结构不能不考虑它对股东财富的影响。股东财富用每股收益来表示。将以上两方面联系起来，分析资本结构与每股收益之间的关系，找到每股收益无差别点，进而确定合理的资本结构的方法，就是每股收益分析法，或者息税前利润—每股收益分析法。

每股收益分析法是利用每股收益无差别点进行资本结构决策的方法。所谓每股收益无差别点，是指两种或两种以上筹资方案下普通股每股收益相等时的息税前利润点。在每股收益无差别点时，两种筹资方案的每股收益是相等的，计算公式如下：

$$\frac{(\overline{EBIT}-I_1)(1-T)-PD_1}{N_1}=\frac{(\overline{EBIT}-I_2)(1-T)-PD_2}{N_2}$$

式中，$\overline{EBIT}$——每股收益无差别点；

I_1，I_2——两种筹资方案下的债务利息；

PD_1，PD_2——两种筹资方案下的优先股股利；

N_1，N_2——两种筹资方案下的普通股股数；

T——所得税税率。

【例4－17】 星海公司目前资本结构为：总资本500万元，其中长期借款200万元，年利率8%；普通股资本300万元（300万股，面值1元）。公司所得税税率为33%。现公司准备扩大生产规模，需要追加筹资500万元，有三种备选筹资方案：

方案一：增加长期借款500万元，年利息54万元；

方案二：增发优先股500万元，年股利额50万元；

方案三：增发普通股100万股，每股发行价格5元。

根据财务人员分析，追加筹资后公司的预计息税前利润为500万元。根据上述数据，可计算如下：

①发行普通股与增加长期借款两种方案的每股收益无差别点为：

$$\frac{(\overline{EBIT}-16)(1-33\%)}{300+100}=\frac{(\overline{EBIT}-16-54)(1-33\%)}{300}$$

解得$\overline{EBIT}=232$（万元）

所以，在息税前利润为232万元时，发行普通股和增加长期借款对公司来说没有区别，两种方案的每股收益相等。

②发行普通股与发行优先股两种方案的每股收益无差别点为：

$$\frac{(\overline{EBIT}-16)(1-33\%)}{300+100}=\frac{(\overline{EBIT}-16)(1-33\%)-50}{300}$$

解得$\overline{EBIT}=314.51$（万元）

所以，在息税前利润为314.51万元时，发行普通股和发行优先股对公司来说没有区别，两种方案的每股收益相等。

每股收益受到经营利润水平、债务资本成本水平等因素的影响，用每股收益的变化来判断资本结构是否合理，即能够提高普通股每股收益的资本结构，就是合理的资本结构。在每股收益无差别点上，无论是采用债务性或权益性筹资方案，每股收益都是相等的。当预计息税前利润大于每股收益无差别点时，应当选择债务性筹资方案，反之应选择权益性筹资方案。例4－17中两组筹资方案的对比情况可以用图4－1表示。

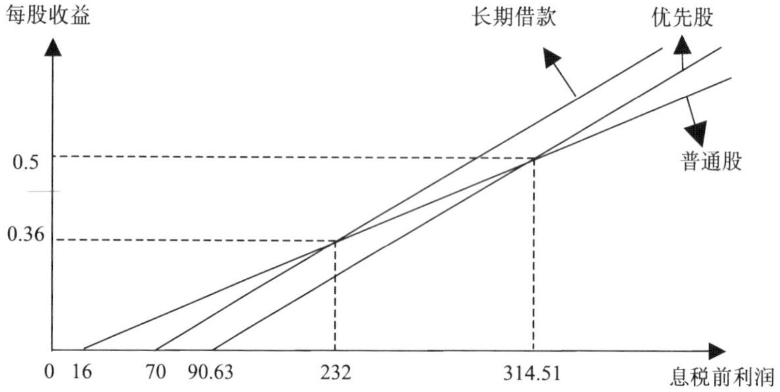

图4－1 每股收益无差别点分析图

从图4－1中可以看出，当发行普通股与增加长期借款对比时，如果息税前利润大于232万元，应该使用增加长期借款筹资方式，而如果息税前利润小于232万元，应该采用发行普通股的筹资方式；当发行普通股与发行优先股对比时，如果息税前利润大于314.51万元，应该采用发行优先股的筹资方式，而如果息税前利润小于314.51万元，应该采用发行普通股的筹资方式。这些判断的依据就是哪种筹资方式能够带来更多的普通股每股收益。当公司预计息税前利润为500万元时，也就是大于232万元也大于314.51万元时，增加长期借款带来的每股收益大于发行优先股带来的每股收益，进而两者的每股收益又都大于发行普通股带来的每股收益，所以在三种备选方案中，增加长期借款应是最佳方案。

每股收益分析法是以每股收益的增加幅度作为标准来判断何种筹资方式是有利于资本结构优化的方法。这种方法的不足之处在于没有考虑风险因素。

（3）公司价值分析法。公司价值分析法是在考虑财务风险的基础上，根据资本结构、资本成本和公司价值之间的关系，确定最佳资本结构的一种方法。公司价值分析法与比较资本成本法和每股收益分析法相比，充分考虑了公司的财务风险和资本成本等因素的影响，进行资本结构决策以公司价值最大化为目标，更符合公司价值最大化的财务目标。不过这种方法的测算原理和测算过程比较复杂，通常用于资本规模较大的上市公司。这种方法的基本步骤为：

①测算公司价值。公司价值等于长期债务（包括长期借款和长期债券）价值与股票价值之和，即

$$V = B + S$$

式中，V 为公司价值；B 为长期债务价值；S 为公司股票价值。

为简便起见，设长期债务价值等于其面值或本金，而股票价值等于未来股利收益的现值之和，假设未来公司每年净利润相等，且全部用于股利发放，公司将持续经营下去，借用永续年金的概念，得到

$$S = \frac{(EBIT - I)(1 - T)}{K_s}$$

式中，K_s 为普通股资本成本。

②测算公司资本成本。公司的综合资本成本等于长期债务和股票的加权平均资本成本，即

$$K_\omega = K_b \times \frac{B}{V} + K_s \times \frac{S}{V}$$

式中，K_b 为长期债务资本成本；K_ω 为综合资本成本。

③测算最佳资本结构。使得公司价值最大、综合资本成本最低的资本结构就是公司的最佳资本结构。

【例 4－18】 星海公司息税前利润为 500 万元，目前公司的全部资本由普通股构成，股票账面价值为 2 000 万元，公司的所得税税率为 40%，公司认为目前的资本结构不太合理，希望通过举借债务的方式予以调整。经咨询测算，目前的长期债务年利率和普通股资本成本率情况如表 4－6 所示。

表 4－6　　不同债务水平对公司债务资本成本和股票资本成本的影响

B（万元）	K_d	β	R_F	R_M	K_s
0	—	1.20	10%	14%	14.80%
200	8%	1.25	10%	14%	15.00%
400	10%	1.30	10%	14%	15.20%
600	12%	1.50	10%	14%	16.00%
800	14%	1.80	10%	14%	17.20%
1 000	16%	2.10	10%	14%	18.40%

根据表 4－6 的资料，运用公司价值法的有关公式，即可计算出筹资不同金额的债务资本时，公司总价值和资本成本的数据。计算结果如表 4－7 所示。

表 4-7 公司市场价值和资本成本

B（万元）	S（万元）	V（万元）	K_d	K_s	K_ω
0	2 027.03	2 027.03	0	14.80%	14.80%
200	1 936	2 136	8%	15.00%	14.04%
400	1 815.79	2 215.79	10%	15.20%	13.54%
600	1 605	2 205	12%	16.00%	13.61%
800	1 353.49	2 153.49	14%	17.20%	13.93%
1 000	1 108.70	2 108.70	16%	18.40%	14.23%

在表 4-7 中，以债务资本 200 万元为例，此时税前债务资本成本为 8%，股权资本成本为 15%，则普通股市场价值为：

$$S=\frac{(500-200\times 8\%)(1-40\%)}{15\%}=1\ 936\ （万元）$$

$$V=200+1\ 936=2\ 136\ （万元）$$

$$K_\omega=8\%\times(1-40\%)\times\frac{200}{2\ 136}+15\%\times\frac{1\ 936}{2\ 136}=14.04\%$$

从表 4-7 中可以看到，在没有长期债务时，星海公司的总价值就是普通股的市场价值，为 2 027.03 万元。当长期债务开始增加时，公司的价值也开始上升，当长期债务为 400 万元，公司价值达到最大，为 2 215.79 万元，同时公司的加权平均资本成本最低，为 13.54%。当长期债务超过 400 万元时，公司价值开始下降，加权平均资本成本开始上升。所以当公司长期债务为 400 万元时，资本结构达到了最佳，此时长期债务占公司总价值的 18.05%（400/2 215.79），普通股资本占公司总价值的 81.95%（1 815.79/2 215.79）。

本章小结

本章主要介绍了筹资的概念、筹资渠道和筹资方式；筹资数量预测的销售百分比法；吸收直接投资与发行股票两种权益资本筹资方式；长期借款、发行债券、融资租赁三种债务资本筹资方式；优先股、认股权证、可转换证券三种混合资本筹资方式；资本成本的计算；经营杠杆、财务杠杆、联合杠杆的概念和计算；影响资本结构的因素和最优资本结构的决策方法。

重要概念

筹资渠道　筹资方式　销售百分比法　吸收直接投资　发行股票　长期借款　发行债券　融资租赁　优先股　认股权证　可转换证券　资本成本　经营杠杆　财务杠杆　联合杠杆　最优资本结构　每股收益无差别点

本章练习

单选题

1. 按照筹集资本使用期限的长短，可以把公司筹集的资本分为短期资本与（　　）。

A. 长期资本　　B. 债务资本

C. 权益资本　　D. 资本成本

2. 下列选项中不属于债务资本筹资的是（　　）。

A. 银行借款　　B. 发行股票

C. 融资租赁　　D. 发行债券

3. 吸收直接投资中的出资者是公司的所有者，对公司具有（　　）。

A. 决策建议权　　B. 经营管理权

C. 领导权　　D. 清算权

4. 优先分配公司的利润和剩余财产，但参与公司决策管理等权利受到限制的是（　　）。

A. 普通股股东　　B. 优先股股东

C. 公司债券持有人　　D. 公司债权人

5. 长期借款的使用期限一般超过（　　）。

A. 三个月　　B. 一年

C. 三年　　D. 五年

6. 承租人直接从出租人那里租入所需要的资产，并支付租金的租赁方式是（　　）。

A. 售后租回　　B. 杠杆租赁

C. 融资租赁　　D. 经营租赁

7. 长期债券的筹资费用不包括（　　）。

A. 债券申请手续费　　B. 债券利息

C. 债券印刷费　　D. 债券推销费

8. 用来进行资本结构决策的资本成本是（　　）。

A. 个别资本成本　　B. 平均资本成本

C. 加权平均资本成本　　D. 边际资本成本

9. 引起公司经营风险的主要原因是（　　）。

A. 联合杠杆　　B. 财务杠杆

C. 经营杠杆　　D. 市场需求和成本的不确定性

10. 同时考虑资本成本和公司价值的是（　　）。

A. 比较资本成本法　　B. 公司价值分析法

C. 每股收益分析法　　D. 比较资本费用法

多选题

1. 下列投资属于实物投资的是（　　）。

A. 专有技术　　B. 现金

C. 房屋　　D. 建筑物

E. 商品

2. 利用优先股筹资的缺点有（　　）。

A. 股利可以税前扣除　　B. 筹资成本高

C. 容易分散公司的控制权　　D. 财务负担重

E. 资本成本较低

3. 财务管理中的杠杆效应有（　　）。

A. 经营杠杆　　B. 综合杠杆

C. 财务杠杆　　D. 单一杠杆

E. 联合杠杆

4. 某公司的经营杠杆系数是3，表明（　　）。

A. 息税前利润的增长是销售量增长的3倍

B. 销售量的降低是息税前利润降低的3倍

C. 息税前利润的降低是销售量降低的3倍

D. 销售量的增长是息税前利润增长的3倍

E. 销售量的降低是息税前利润降低的1/3

5. 在资本总额、息税前利润不变的情况下，负债比率越高（　　）。

A. 财务杠杆系数越大　　B. 财务杠杆系数越小

C. 财务风险也越大　　D. 财务风险也越小

E. 公司预期的每股收益也会越高

判断题

1. 对公司而言，发行债券的风险高，对投资者而言，购买股票的风险高。（　　）

2. 优先股和可转换债券既有债务筹资性质，又有权益筹资性质。（　　）

3. 我国企业均可以发行公司债券。（　　）

4. 在所有的资金来源中，一般来说，普通股的资本成本最高。（　　）

5. 根据企业所得税税法的规定，企业债务的利息不允许从税前利润中扣除。（　　）

简答题

1. 简述权益资本和债务资本的特点。

2. 简述销售百分比法的基本思路。

3. 简述影响资本结构的主要因素。

计算题

1. 某企业长期借款 500 万元，年利率 10%，期限为 5 年，企业所得税税率 25%，筹资费用率 5%。每年付息一次，到期一次还本。计算这笔长期借款的成本。

2. 某企业溢价发行总面值为 1 000 万元的 10 年期债券，发行价格为 1 100 万元，票面利率为 10%，发行费用率 2%，公司所得税率 25%。计算该债券资本成本。

3. 某企业长期资金总额为 10 000 万元，其中长期借款 2 000 万元，公司债券 1 000 万元，优先股 2 000 万元，普通股 3 500 万元，留存收益 1 500 万元，它们各自的资金成本分别为 5%、7%、12%、13%、12.5%。计算该企业的加权平均资金成本。

4. 某公司原有资本 700 万元，其中债务资本 200 万元（每年负担利息 20 万元），普通股资本 500 万元（发行普通股 20 万股，每股面值 25 元）。由于扩大业务，需追加筹资 300 万元，假设没有筹资费用。其筹资方式有两个：

方案一：全部按面值发行普通股：增发 10 万股，每股发行价 30 元；

方案二：全部增加长期借款：借款利率仍为 10%，利息 30 万元；

公司预计可实现息税前利润 100 万元，所得税税率为 25%。

要求：使用每股收益分析法计算确定公司应当采用哪种筹资方式。

第 5 章

营运资金管理

内容提要

本章介绍营运资金的定义、特点及营运资金的管理原则，并重点介绍现金、应收账款及存货的管理方法。

重点难点

本章重点为最佳现金持有量的计算、信用政策的制定、存货经济订货批量的计算、商业信用折扣的计算。本章难点为最佳现金持有量的计算、存货经济订货批量的计算。

学习目标

了解营运资本的概念与特征，理解营运资本投资决策的内容；理解现金管理的概念，掌握现金的持有动机，掌握最佳现金持有量确定的方法；理解应收账款的功能、成本及管理目标，掌握信用政策；掌握存货的功能、成本及管理目标，掌握经济批量的计算；了解短期借款筹资的优缺点，理解商业信用筹资的优缺点。

知识框架

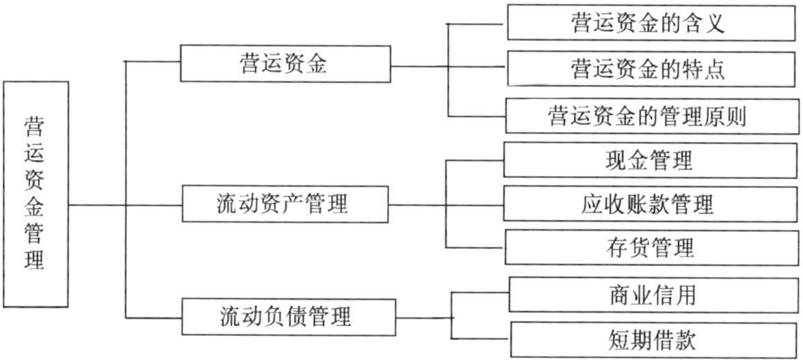

引入案例

如何用好应收账款这把“双刃剑”

康迪公司是从事机电产品制造和兼营家电销售的中型企业，2016年资产总额4 000万元，其中，应收账款1 020万元，占总资产额的25.5%，占流动资产的45%。近年来，企业应收账款居高不下，营运指数连连下滑，已到了现金枯竭、直接影响生产经营的地步。大华会计师事务所2017年3月对D公司2007年度会计报表进行了审计，在审计过程中根据获取的不同审计证据将该公司的应收账款作了如下分类：(1) 商业被骗损失尚未作账务处理的应收账款60万元。(2) 账龄长且原销售经办人员已调离，其工作未交接，债权催收难以落实，可收回金额无法判定的应收账款300万元。(3) 账龄较长回收有一定难度的应收账款440万元。(4) 未发现重大异常，但期后能否收回，还要待时再定的应收账款220万元。针对上述各类应收账款管理存在的重大缺陷，会计师事务所向康迪公司管理层出具了管理建议书，提出了改进建议，以促进管理层当局加强应收账款内部会计控制制度的建设，改善经营管理，避免或减少坏账损失以及资金被客户长期无偿占用，同时也为企业提高会计信息质量打下良好的基础。董事会要求财务部门根据会计师事务所的建议分析企业在应收账款管理方面存在的问题并提出优化应收账款管理的具体措施。

5.1 营运资金

5.1.1 营运资金的含义

营运资金也叫营运资本，是指一个企业投放在流动资产上的资金，具体包括现金、有价证券、应收账款、存货等占用的资金，是企业从购买原材料进行生产直至销售产品收回货款这一生产和营销过程中所必需的资产。

营运资金，从会计的角度看，是指流动资产与流动负债的净额。如果流动资产等于流动负债，则占用在流动资产上的资金是由流动负债融资；如果流动资产大于流动负债，则与此相对应的“净流动资产”要以长期负债或所有者权益的一定份额为其资金来源。会计上不强调流动资产与流动负债的关系，而只是用它们的差额来反映一个企业的偿债能力。在这种情况下，不利于财务人员对营运资金的管理和认识；从财务角度看营运资金应该是流动资产与流动负债关系的总和，这里的“总和”不是数额的加总，而是关系的反映，这有利于财务人员意识到，对营运资金的管理要注意流动资产与流动负债这两方面的问题。

流动资产是指可以在一年以内或者超过一年的一个营业周期内实现变现或运用的资产，流动资产具有占用时间短、周转快、易变现等特点。企业拥有较多的流动资产，可在一定程度上降低财务风险。流动资产在资产负债表上主要包括以下项目：货币资金、短期投资、应收票据、应收账款和存货。

流动负债是指需要在一年或者超过一年的一个营业周期内偿还的债务。流动负债又称短期融资，具有成本低、偿还期短的特点，必须认真进行管理，否则，将使企业承受较大的风险。流动负债主要包括以下项目：短期借款、应付票据、应付账款、应付工资、应付税金及未交利润等。

5.1.2 营运资金的特点

为了有效地管理企业的营运资金，必须研究营运资金的特点，以便有针对性地进行管理。营运资金一般具有以下特点：

（1）营运资金的周转时间短，通常会在一年以内或者一个营运周期内收回。根据这一特点，企业可以通过商业信用、银行短期借款等短期筹资方式加以解决。

（2）营运资金的变现能力强。如存货、应收账款、短期有价证券容易变现。因此，当企业出现现金周转不灵或者现金短缺时，可以将这些资产迅速变现。

（3）营运资金的数量具有波动性。流动资产或流动负债容易受内外条件的影响，数量的波动往往很大。

（4）营运资金的来源具有多样性。营运资金的需求问题既可通过长期筹资方式解决，也可通过短期筹资方式解决。仅短期筹资就有银行短期借款、短期融资、商业信用、应付应缴款项、票据贴现等多种方式。

5.1.3 营运资金的管理原则

概括地说，加强营运资金管理就是加强对流动资产和流动负债的管理；就是加快现金、存货和应收账款的周转速度，尽量减少资金的过分占用，降低资金占用成本；就是利用商业信用，解决资金短期周转困难，同时在适当的时候向银行借款，利用财务杠杆，提高权益资本报酬率。

1. 规避风险

许多企业为了实现利润、销售更多产品，经常采用赊销形式。片面追求销售业绩，可能会忽视对应收账款的管理造成管理效率低下。例如，对赊销的现金流动情况及信用状况缺乏控制，未能及时催收货款，容易出现货款被拖欠从而造成的账面利润高于实际资金的现象。对此，财务部门应加强对赊销和预购业务的控制，制定相应的应收账款、预付货款控制制度，加强对应收账款的管理，及时收回应收账款，减少风险，从而提高企业资金使用效率。

2. 保证合理的资金需求

企业应该认真分析生产经营状况，合理确定营运资金的需要数量。营运资金的管理必须把满足正常合理的资金需求作为首要任务。

3. 提高资金使用效率

加速资金周转是提高资金使用效率的主要手段，提高营运资金使用效率的关键就是采取得力措施，缩短营业周期，加速变现过程，加快营运资金周转。

4. 节约资金使用成本

要在保证生产经营需要的前提下，遵守勤俭节约的原则，尽力降低资金使用成本。一方面，要挖掘资金潜力，盘活全部资金，精打细算地使用资金；另一方面，积极拓展融资渠道，合理配置资源，筹措低成本资金，服务于生产经营。

5. 保持足够的短期偿债能力

合理安排流动资产与流动负债的比例关系，保持流动资产结构与流动负债结构的适配性，保证企业有足够的短期偿债能力是营运资金管理的重要原则之一。

5.2　流动资产管理

5.2.1　现金管理

现金有广义和狭义之分。广义现金是指生产过程中暂时停留在货币形态的资金，包括库存现金、银行存款、银行本票、银行汇票等。狭义现金仅指库存现金。在财务管理中，现金主要是指广义现金。现金是变现能力最强、盈利性最弱的资产，现金管理的过程就是在现金的流动性与收益性之间进行权衡选择的过程，其目的是在保证企业经营活动现金需要的同时，降低企业闲置的现金数量，提高资金收益率。

1. 持有现金的动机

企业持有现金的原因，主要是满足交易性动机、预防性动机和投机性动机。

(1) 交易性动机。交易性动机是指企业为了应付日常支付而持有现金的动机。如用于购买原材料、支付工资、交纳税款、支付股利等。企业每天的现金收入和现金支出很少等额发生，保留一定的现金余额可使企业在现金支出大于现金收入时不至于中断交易。企业满足交易动机所持有的现金余额主要取决于企业的销售水平，企业销售扩大，所需现金余额也随之增加。

(2) 预防性动机。预防性动机是指企业为了应付紧急情况支付而持有现金的动机。如用于政策变化、自然灾害、生产事故等突发事件的应急。由于市场行情的瞬息万变和其他各种不确定因素的存在，企业通常难以对未来现金流入量和流出量作出准确的估计和预期。因此，在正常业务活动现金需要量的基础上，追加一定数量的现金余额以应付未来现金流入和流出的随机波动，是企业在确定必要现金持有量时应当考虑的因素。企业为应付紧急情况所持有的现金余额主要取决于以下三个方面：一是企业愿意承担风险的程度；二是企业临时举债能力的强弱；三是企业对现金流量预测的可靠程度。

(3) 投机性动机。投机性动机是指企业为了抓住各种瞬息即逝的市场机会，获取较大的利益而持有现金的动机。如当证券价格剧烈波动时，从事投资活动；当原材料价格大幅度下降时，企业可以及时大量采购。投机动机只是企业确定现金余额时所需考虑的次要因素之一，其持有量的大小往往与企业在金融市场的投资机会及企业对待风险的态度有关。

2. 现金管理的目标和内容

(1) 现金管理的目标。现金管理的目标是确定最佳现金持有量，既保证正常需要，又不会出现现金的闲置。即在保证企业生产经营所需现金的同时，节约使用资金，并从暂时闲置的现金中获得最多的利息收入。也可以说，现金的管理就是要在资产的流动性和收益性之间作出选择协调，以获取最大的长期利润。另外，货币资金具有普遍可接受性的特点，使得货币资金极容易被盗窃、挪用，发生短缺或其他舞弊行为。因此，现金管理的另一目的是要保持货币资金的安全完整。

(2) 现金管理的内容。现金管理的内容主要包括以下几个方面：

①编制现金收支计划，以便合理地估计未来的现金需求。

②对日常的现金收支进行控制，力求加速收款，延缓付款。

③用特定的方法确定最佳现金余额。

3. 现金最佳持有量决策

(1) 现金最佳持有量决策中的相关成本概念。

①持有成本。现金持有成本是指企业因保留一定现金余额而增加的管理费以及丧失再投资收益所产生的机会成本。其中，管理费用具有固定成本的性质，放弃的再投资收益所产生的机会成本属于变动成本，它与现金持有量呈正比例关系。

②转换成本。转换成本是企业用现金购入有价证券以及转让有价证券换取现金时付出的交易费用，即现金同有价证券之间相互转换的成本，如委托买卖佣金、委托手续费、证券过户费、实物交割手续费等。

③短缺成本。现金短缺成本是指因现金持有量不足而又无法及时通过有价证券变现加以补充而给企业造成的损失，包括直接损失与间接损失。现金的短缺成本与现金持有量呈反方向变动关系。

(2) 最佳现金持有量决策。确定最佳现金持有量的模式主要有成本分析模式、存货模式以及随机模式。

①成本分析模式。成本分析模式是根据现金有关成本，分析预测其总成本最低时现金持有量的一种方法。运用成本分析模式确定现金最佳持有量，只考虑因持有一定量的现金而产生的机会成本及短缺成本，而不考虑管理费用和转换成本。机会成本可用下列公式计算：

机会成本 = 现金持有量 × 有价证券利率（机会成本率）

运用成本分析模式确定最佳现金持有量的步骤是：

A. 根据不同现金持有量测算并确定有关成本数值。

B. 按照不同现金持有量及其有关成本资料编制最佳现金持有量测算表。

C. 在测算表中找出总成本最低时的现金持有量，即最佳现金持有量。

在这种模式下，最佳现金持有量，就是持有现金而产生的机会成本与短缺成本之和最小时的现金持有量。

【例 5－1】某公司现有甲乙丙三种现金持有方案，相关资料如表 5－1 所示。

表 5－1　**现金持有量备选方案**　单位：元

项目	甲方案	乙方案	丙方案
现金持有量	50 000	60 000	70 000
机会成本率（%）	9	9	9
管理费用	2 200	2 200	2 200
短缺成本	3 400	2 400	900

根据表 5－1 编制公司最佳现金持有量测算表 5－2。

表 5－2　**公司最佳现金持有量测算**　单位：元

方案	现金持有量	机会成本	短缺成本	总成本
甲	50 000	4 500	3 400	7 900
乙	60 000	5 400	2 400	7 800
丙	70 000	6 300	900	7 200

通过比较可知，丙方案的总成本最低，因此，70 000 元即为最佳现金持有量。

相关思考 5－1

为什么成本分析模式只需考虑因持有一定量的现金而产生的机会成本及短缺成本，而不予考虑管理费用和转换成本？

因为管理费用和转换成本具有固定性成本的性质，对每个方案的影响都是相同的。

②存货模式。存货模式是将存货经济订货批量模型的原理用于确定目标现金持有量，其着眼点也是现金相关成本之和最低。

运用存货模式确定最佳现金持有量时，是以下列假设为前提的：企业所需要的现金可通过证券变现取得，且证券变现的不确定性很小；企业预算期内现金需要总量可以预测；现金的支出过程比较稳定、波动较小，而且每当现金余额降至零时，均通过部分证券变现得以补足；证券的利率或报酬率以及每次固定性交易费用可以获悉。

利用存货模式计算现金最佳持有量时，对短缺成本不予考虑，只对机会成本和固定性转换成本予以考虑。机会成本和固定性转换成本随着现金持有量的变动而呈现出相反的变动趋势，因而能够使现金管理的机会成本与固定性转换成本之和保持最低的现金持有量，即为最佳现金持有量。

现金管理相关总成本 = 机会成本 + 固定性转换成本

即：$TC = \frac{Q}{2} \times K + \frac{T}{Q} \times F$

其中，T 为一个周期内现金总需求量；F 为有价证券的单位转换成本；Q 为最佳现金持有量（每次证券的转换数量）；K 为有价证券利率（机会成本率）；TC 为现金管理相关总成本。

现金管理相关总成本与机会成本、固定性转换成本的关系如图 5－1 所示。

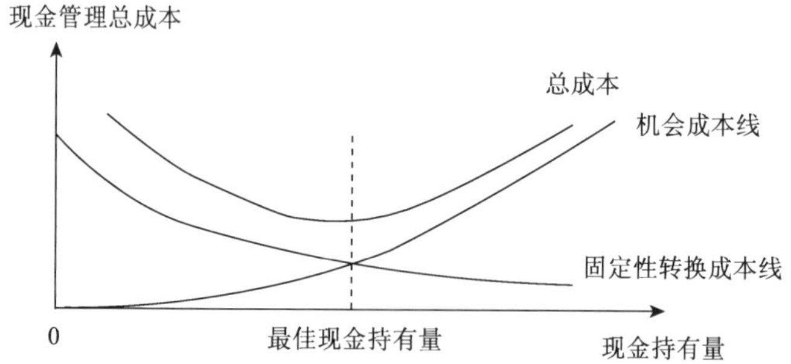

图 5－1 存货模式

从图 5－1 可以看出，现金管理的相关总成本与现金持有量呈凹形曲线关系。持有现金的机会成本与证券变现的转换成本相等时，现金管理的相关总成本最低，此时的现金持有量为最佳现金持有量，即：

$$Q = \sqrt{\frac{2TF}{K}}$$

最低现金管理相关总成本 $TC = \sqrt{2TFK}$

最佳现金转换次数 $= \frac{T}{Q}$

【例 5－2】某企业现金收支状况比较稳定，预计全年（按 360 天计算）需要现金 400 万元，现金与有价证券的转换成本为每次 400 元，有价证券的年利率为 8%，则：

最佳现金持有量 $Q = \sqrt{\frac{2 \times 4\ 000\ 000 \times 400}{8\%}} = 200\ 000$（元）

最低现金管理相关总成本 $TC = \sqrt{2 \times 4\ 000\ 000 \times 400 \times 8\%} = 800$（元）

最佳现金转换次数 $= \frac{4\ 000\ 000}{200\ 000} = 20$（次）

③随机模式。随机模式是在现金需求量难以预知的情况下进行现金持有量控制的方法。对企业来说，现金需求量往往波动大且难以预知，但企业可以根据历史经验和现实需要，测算出一个现金持有量的控制范围，即制定出现金持有量的上限和下限，

将现金量控制在上下限之内。随机模式如图 5－2 所示。

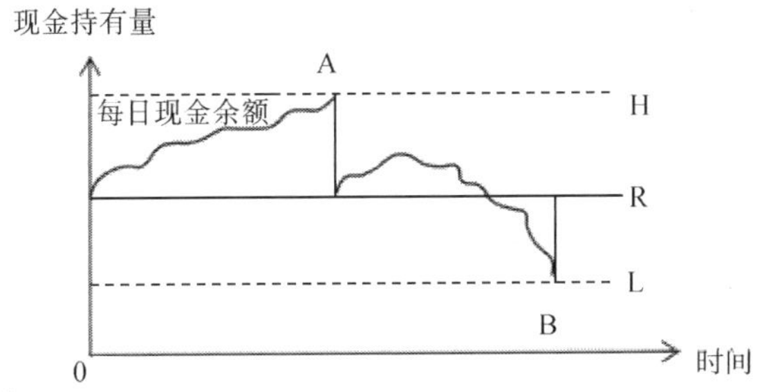

图 5－2　随机模式

图 5－2 中，虚线 H 为现金存量的上限，虚线 L 为现金存量的下限，实线 R 为最优现金回归线。从图中可以看出，企业的现金存量（表现为现金每日余额）是随机波动的，当其达到 A 点时，即达到了现金控制量的上限，企业应当应用现金购买有价证券，使现金持有量回落到现金目标控制线（R 线）的水平；当现金存量降低至 B 点时，即达到了现金控制的下限，企业则应转让有价证券换回现金，使其存量回升至现金返回线水平。现金存量在上下限之间的波动属于控制范围内的变化，是合理的，不予理会。以下关系中上限 H、目标控制线 R 可按下列公式计算：

$$R=\sqrt{3b\delta^2/4i}+L$$

$$H=3R-2L$$

式中，b 为每次有价证券的转换成本；i 为有价证券的日利息率；δ 为预期每日现金余额变化的标准差（可根据历史资料测算）。下限 L 的确定，则要受到企业每日的最低现金需要、管理人员的风险承受倾向等因素的影响。

【例 5－3】假定百安公司有价证券的年利率为 10%，每次有价证券的转换成本为 40 元，公司的现金最低持有量为 3 000 元，根据历史资料分析出现余额波动的标准差为 600 元，假设公司现有现金 20 000 元。现金目标控制线 R、现金控制上限 H 的计算如下：

$$R=\sqrt{(3\times 40\times 600^2)\ /4\times \frac{10\%}{360}}+3\ 000=6\ 388\text{（元）}$$

$$H=3R-2L=3\times 6\ 388-2\times 3\ 000=13\ 164\text{（元）}$$

这样，当公司的现金余额达到 13 164 元时，即应以 6 836 元（13 164－6 388）投资于有价证券，使现金持有量回落到 6 388 元；当公司的现金余额降至 3 000 元时，则应转让 3 388 元的有价证券，使现金持有量回升至 6 388 元。

随机模式建立在企业的现金未来需求总量和收支不可预测的前提下，因此，计算出来的现金持有量比较保守。

企业在确定最佳现金持有量的基础上，可以调剂现金余缺。现金余缺是指计划期现金期末余额与最佳现金余额相比后的差额。如果期末现金余额大于最佳现金余额，说明现金有多余，应设法进行投资或偿还债务；如果期末现金余额小于最佳现金余额，则说明现金短缺，应进行筹资予以补充。

5.2.2 应收账款管理

应收账款是企业因对外销售商品、提供劳务而应向客户单位收取的款项。应收账款的存在，一方面可增加销售收入，另一方面又因形成应收账款而增加经营风险。应收账款管理的基本目标是：在发挥应收账款强化竞争、扩大销售功能的同时，尽可能降低投资的机会成本、坏账损失与管理成本，最大限度地发挥应收账款投资的效益。

知识拓展

道德风险

获2001年度诺贝尔经济学奖的斯蒂格利茨在研究保险市场时，发现了一个经典的例子：美国一所大学学生自行车被盗比率约为10%。几个有经营头脑的学生发起了一个对自行车的保险，保费为保险标的的15%。按常理，这几个有经营头脑的学生应获得5%左右的利润。但该保险运作一段时间后，这几个学生发现自行车被盗比率迅速提高到15%以上。何以如此？这是因为自行车投保后学生们对自行车安全防范措施明显减少。在这个例子中，投保的学生由于不完全承担自行车被盗的风险后果，因而采取了对自行车安全防范的不作为行为。而这种不作为行为，就是道德风险。

1. 应收账款的功能和成本

（1）应收账款的功能。应收账款的功能是指应收账款在企业的生产经营活动中的作用，主要表现在以下几个方面：

①促进销售。在激烈竞争的市场经济中，采用赊销方式，为客户提供商业信用，可以扩大产品销售，提高产品的市场占有率。通常为客户提供的商业信用是不收取利息的，所以，对于接受商业信用的企业来说，实际上等于得到一笔无息贷款，这对客户具有很大的吸引力。与现销方式相比，客户更愿意购买采用赊销方式企业的产品。因此，应收账款具有促销的功能。

②减少存货。赊销促销的同时，企业库存的商品数量自然会有所减少，加快了企业存货的周转速度。一般来讲，企业的应收账款所发生的相关费用与存货的仓储、保管费用相比相对较少。因此，企业通过赊销的方式，将产品销售出去，资产由存货形态转化为应收账款形态，这样可以节约企业的支出费用。

（2）应收账款的成本。

①机会成本。机会成本是指资金由于投放在应收账款上而不能用于其他投资时所丧失的收益。其结果可按下列步骤计算：

A. 计算应收账款平均余额。

$$应收账款平均余额=\frac{年赊销额}{360}\times平均收账天数=日赊销额\times平均收账天数$$

B. 计算维持赊销业务所需要的资金。

维持赊销业务所需要的资金 = 应收账款平均余额 × 变动成本率

C. 计算应收账款的机会成本。

应收账款机会成本 = 维持赊销业务所需要的资金 × 机会成本率

【例 5－4】 宏达公司预测年度赊销额为 9 000 000 元，应收账款平均收账天数为 40 天，变动成本率为 70%，机会成本率为 10%，则：

$$应收账款平均余额=\frac{9\ 000\ 000}{360}\times40=1\ 000\ 000（元）$$

维持赊销业务所需要的资金 = 1 000 000 × 70% = 700 000（元）

应收账款机会成本 = 700 000 × 10% = 70 000（元）

②管理成本。管理成本是指企业对应收账款进行管理而耗费的开支，是应收账款成本的重要组成部分，主要包括对客户的资信调查费用、应收账款账簿记录费用、收账费用以及其他费用。

③坏账成本。坏账成本是指应收账款因某些原因无法收回而给应收账款持有企业带来的损失。

2. 应收账款的信用政策

应收账款赊销的效果好坏，依赖于企业的应收账款管理的信用政策。信用政策的内容主要包括信用标准、信用条件和收账政策三个方面。

（1）信用标准。信用标准是指顾客获得企业的商业信用所应具备的最低条件，通常以预期的坏账损失率来表示。它表明企业可接受的信用风险水平。因此，企业在确定信用标准之前，必须对客户进行全面的资信调查与分析。对客户的资信调查，目前比较常见的方法是利用“5C”系统来评估和分析。

①信用品质（character）。信用品质是指客户的信誉，即履行偿债义务的可能性。企业必须设法了解客户过去的付款记录，看其是否有按期如数付款的一贯性作风，以及与其供货企业的关系是否良好。这一点经常被视为评价客户信用的首要因素。

②能力（capacity）。能力是指客户的偿债能力，即其流动资产的数量和质量以及与流动负债的比例。客户的流动资产越多，其转换为现金的能力越强。同时，还应该注意客户流动资产的质量，看是否有存货过多、过少或质量下降，影响其变现能力和支付能力。

③资本（capital）。资本是指客户的财务实力和财务状况，表明客户可能还债的背景。

④抵押（collateral）。抵押是指客户拒绝付款或无力支付款项时被用作抵押的资产。这对于不知底细或信用状况存有争议的客户尤其重要。一旦收不到这些客户的款项，便以抵押品抵补。如果这些顾客提供足够的抵押品，就可以考虑向他们提供相应

的信用。

⑤经济状况（conditions）。经济状况是指可能影响顾客付款能力的经济环境。如万一出现经济不景气，会对顾客的付款产生什么影响，顾客会如何做等，这需要了解顾客在过去困难时期的付款历史。

当然，除了对客户的资信调查以外，企业在确定信用标准时，也受企业自身条件的限制。一般而言，如果企业信用标准过高，将使许多客户因信用品质达不到设定的标准被拒之门外，其结果尽管有利于降低违约风险及收账费用，但是会影响企业市场竞争能力的提高和销售收入的扩大。相反，如果企业采用较低的信用标准，虽然有利于企业扩大销售，提高市场竞争能力和市场占有率，但同时也会导致坏账损失风险加大和收账费用的增加。为此，企业应在成本与收益比较原则的基础上，确定适宜的信用标准。

（2）信用条件。所谓信用条件是指公司接受客户信用订单时所提出的付款要求，主要包括信用期限、折扣期限及现金折扣等。信用标准是公司评价客户等级，决定给予或拒绝客户信用的依据，一旦公司决定给予客户信用优惠时，就需要考虑具体的信用条件。信用条件的基本表现方式如“2/10，1/20，n/30”等。一般来说，公司的信用条件是遵循本行业的管理给出的，它是基于一定的外部经济环境，在充分考虑到公司自身资金实力的情况下，在提高最终效益和增强竞争力前提下确定的。给客户的信用条件如何，直接决定着公司应收账款的持有水平和规模。

①信用期限。信用期限是指企业允许客户从购货到支付货款的时间间隔。企业产品销售量与信用期限之间存在着一定的依存关系。通常，延长信用期限，可以在一定程度上扩大销售量，从而增加毛利。但不适当地延长信用期限，会给企业带来不良后果：一是使平均收账期延长，引起机会成本增加；二是引起坏账损失和收账费用的增加。因此，企业是否给客户延长信用期限，应视延长信用期限增加的边际收入是否大于增加的边际成本而定。

②折扣期限和现金折扣。延长信用期限会增加应收账款占用的时间和金额。许多企业为了加速资金周转，及时收回货款，减少坏账损失，往往在延长信用期限的同时，采用一定的优惠措施。即在规定的时间内提前偿付货款的客户可按销售收入的一定比例享受折扣。

企业究竟应该核定多长的现金折扣期限，以及给予客户多大程度的现金折扣优惠，必须将信用期限及加速收款所得到的收益与付出的现金折扣成本结合起来考察。另外，企业还可以根据需要，采取阶段性的现金折扣期与不同的现金折扣率。

（3）收账政策。收账政策是指企业针对客户违反信用条件，拖欠甚至拒付账款所采取的收账策略与措施。

在企业向客户提供商业信用时，必须考虑三个问题：一是客户是否会拖欠或拒付账款，程度如何；二是怎样最大限度地防止客户拖欠账款；三是一旦账款遭到拖欠甚至拒付，企业应采取怎样的对策。前两个问题主要靠信用调查和严格信用审批制度，第三个问题则必须通过制定完善的收账方针，采取有效的收账措施予以解决。

当账款被客户拖欠或拒付时，企业应当首先分析现有的信用标准及信用审批制度是否存在纰漏，然后重新对违约客户的资信等级进行调查、评价。将信用品质恶劣的客户从信用名单中删除，对其所拖欠的款项可以先通过信函、电信或者派员前往等方式进行催收，态度可以渐加强硬，并提出警告。当这些措施无效时，可考虑通过法院裁决。为了提高诉讼效果，可以与其他经常被该客户拖欠或拒付账款的企业联合向法院起诉，以增强该客户信用品质不佳的证据力度。对于信用记录一向正常的客户，在去电、去函的基础上，不妨派人与客户直接进行协商和沟通，既可密切相互间的关系，又有助于较为理想地解决账款拖欠的问题，并且一旦将来彼此关系置换时，也有一个缓冲的余地。当然，如果双方无法取得谅解，也只能付诸法律进行最后裁决。

一般而言，企业加强收账管理，及早收回货款，可以减少坏账损失，减少应收账款上的资金占用，但会增加收账费用。因此，制订收账政策就是要在增加收账费用与减少坏账损失、减少应收账款机会成本之间进行权衡，若前者小于后者，则说明制订的收账政策是可取的。

【例 5 – 5】假设某企业的应收账款原有的收账政策和拟改变的收账政策如表 5 – 3 所示，假设资金成本率为 20%，试作出决策。

表 5 – 3　　收账政策备选方案资料

项目	现行收账政策	拟改变的收账政策
年收账费用（万元）	6	10
平均收账天数（天）	60	30
坏账损失占赊销额的百分比	3%	2%
赊销额（万元）	480	480
变动成本率%	60	60

表 5 – 4　　收账政策分析评价表　　单位：万元

项目	现行收账政策	拟改变的收账政策
赊销额	480	480
应收账款平均收账天数	60	30
应收账款平均余额	$\frac{480}{360}\times 60=80$	$\frac{480}{360}\times 30=80$
应收账款占用的资金	80 × 60% = 48	40 × 60% = 24
收账成本：		
机会成本	48 × 20% = 9.6	24 × 20% = 4.8
坏账损失	480 × 3% = 14.4	480 × 2% = 9.6
年收账费用	6	10
收账总成本	30	24.4

可见，改变收账政策的方案是可以接受的。

引例解析

如何用好应收账款这把“双刃剑”

引例中，康迪公司销售与收款环节存在以下几个问题：

（1）企业未制定详细的信用政策，根据调查核实的客户情况，明确规定具体的信用额度、信用期间、信用标准并经授权审批后执行赊销，而是盲目放宽赊销范围，在源头上造成大量的坏账损失。

（2）企业没有树立正确的应收账款管理目标，片面追求利润最大化，而忽视了企业的现金流量，加大了坏账风险。

（3）企业没有明确规定应收账款管理的责任部门，没有建立起相应的管理办法，缺少必要的合同、发运凭证等原始凭证的档案管理制度，导致对应收账款损失或长期难以收回的情况无法追究相应责任。

针对上述问题，企业应贯彻不相容职务相互分离的原则，建立健全岗位责任制，完善企业应收账款内部控制制度。在此基础上，对应收账款管理抓好以下几个环节：

（1）加强对赊销业务的管理，制定企业切实可行的销售政策和信用制度管理政策，对符合赊销条件的客户方可按照内控管理制度规定的程序办理赊销业务。

（2）加强对客户信息的管理，企业应充分了解客户的资信和财务状况，对长期、大宗业务的客户应建立包括信用额度使用情况在内的客户资料，并实行动态管理、及时更新。

（3）加强对应收账款的财务监督管理，建立应收账款账龄分析制度和逾期督促催收制度，定期以函证方式核对往来款项，如发现异常现象及时反馈给销售部门并报告管理层。

5.2.3 存货管理

存货是公司生产经营过程中为销售或者耗用而储备的物资。它包括商品、材料、燃料、低值易耗品、在产品、半成品、产成品等，是公司资产的重要组成部分，对公司生产经营活动的正常进行有着举足轻重的作用。它是联系供应、生产与销售的重要环节，是促进公司生产工序和生产阶段相衔接，保证生产经营连续不断进行的必要条件。存货在公司流动资产中占据很大比重。我国公司存货一般占公司流动资产的50%，国外公司比重较低，一般只占30%～40%，甚至更低，存货资金占用越低，存货资金的周转就越快。

1. 存货管理的目标

一般来说，公司由于存货投资，可以避免生产脱节和产品脱销的损失，不仅有利于生产过程的顺利进行，节约采购费用和生产时间，而且能够迅速满足客户各种订货需要，为公司的生产与销售提供较大的机动性，避免了因存货短缺带来的损失，实际上是为公司增加了利润。然而由于存货投资的存在，不仅增加了资金的占用，而且相应引起了一系列管理费用的发生。因此，仅从使用价值的角度管理存货是不够的，还需要从价值的角度管理存货，既保证适量的存货储备，满足生产经营活动的需要，避免存货过多而积压资金，同时又储备足够的存货，避免存货不足而严重耽误生产和影响销售，影响公司的声誉。由此可见，存货管理是指公司利用价值形式对存货资产的计划和控制，以保证公司生产经营活动的正常进行，同时又减少存货资金占用，加速资金周转。与此相对应，怎样在存货的成本与收益之间进行利弊权衡，实现两者的最佳结合，就成了存货管理的基本目标。

2. 存货的成本

公司储备存货必须为之付出一定的代价，这一代价限制了公司的存货量，它就是存货的成本。存货的成本一般包括以下几个方面。

（1）采购成本。采购成本是指存货的买价、运输费以及其他为把存货送交公司而花费的成本开支。采购成本的高低主要取决于采购数量与采购的单价，由于从公司生产需求的角度来讲，在一定时间内采购数量是一个固定数，在这一时间内这一数量必须要满足，否则就会影响生产与销售。因此，实际上采购成本主要受采购单价的影响。而影响采购单价的因素除了不同的供应商，可能会产生价格竞争外，采购批量的大小也可能会成为一项影响的因素，一般来说，采购量大，就可能享受到价格折扣，从而使单价降低，但采购批量由于受储存成本的影响，也必定有一个限额。所以公司要全面均衡考虑，力争采购质量好、价格低的存货。

（2）订货成本。订货成本是指为订购存货而发生的成本。当存货是从外部购入时，订货成本是指订购费用，如采购材料时的出差费等；如果存货购自公司内部，则是指安排生产各种存货的费用。订货成本有一部分与订货次数有关，如差旅费、邮寄费等，这类变动性订货成本属于决策的相关成本；另一部分与订货次数无关，如常设采购机构的基本开支等，这类固定性订货成本则属于决策的无关成本。

（3）储存成本。储存成本是指存货在储备过程中发生的仓库保管费、保险费、存货资金占用所支付的利息等。储存成本可以按照与储存数额的关系分为变动性储存成本和固定性储存成本两类。其中，固定性储存成本与存货储存数额的多少没有直接联系，如仓库折旧费、仓库职工的固定月工资等，这类成本属于决策的无关成本；而变动性储存成本则与存货储存数量成正比例变动关系，如存货资金的应计利息、存货的破损和变质损失、存货的保险费等，这类成本属于决策的相关成本。

（4）短缺成本。短缺成本是指由于存货短缺，导致生产经营中断而给公司带来的损失。从公司内部来看，如果由于某种原材料短缺而使其整个生产线停工，将会导致生产损失与完工日期的延误；从公司外部来看，如果客户不能如期得到它的全部订货，将会导致延期交货成本，不仅使公司丧失当前的销售收益，而且还可能使公司的商誉受损，给公司未来的经营成果造成损失。因此，尽管短缺成本通常很难准确地估量，但对于存货管理决策的影响却是很大的。

从对存货成本的分析研究可以看出，各项成本之间既相互联系，又相互制约，某项成本的降低，往往又造成另一项成本的增大。因此，公司不可能使所有的成本都达到最低。对存货成本研究的目的是在于保证公司正常生产经营所需存货量的前提下，使各项成本总和即总成本达到最低。

3. 存货管理方法

在公司的存货管理中，主要是对存货数量的控制，根据生产经营计划，对各种存货的使用和周转状况进行组织、调节，将存货数量保持在一个合理水平上。

（1）经济订货批量

经济订货批量是指能够使一定时期存货的相关总成本达到最低时的进货数量。

①经济订货批量基本模型。经济订货批量基本模型以如下假设为前提：

A. 企业一定时期的存货总需求量可以较为准确地予以预测；

B. 存货的耗用或者销售比较均衡；

C. 存货的价格稳定，且不存在数量折扣，进货日期完全由企业自行决定，并且每当存货量降为零时，下批存货均能马上一次到位；

D. 不允许出现缺货情形；

E. 所需存货市场供应充足，不会因买不到所需存货而影响其他方面。

由于企业不允许缺货，即每当存货数量降至零时，下一批订货便会随即全部购入，故不存在缺货成本，此时与存货订购数量直接相关就只有变动性订货成本和变动性储存成本两项。则有：

存货相关总成本 = 变动性订货成本 + 变动性储存成本

$$TC = F \times \frac{A}{Q} + C \times \frac{Q}{2}$$

其中，TC 表示存货相关总成本，A 表示存货全年总需求量，F 表示单位订货成本，Q 表示每次订货数量，C 表示单位储存成本。

要使存货相关总成本最低，则有下列公式：

$$\text{经济订货批量 } Q^* = \sqrt{\frac{2AF}{C}}$$

$$\text{存货最低相关总成本 } TC = \sqrt{2AFC}$$

$$\text{最佳订货次数 } N^* = \frac{A}{Q^*}$$

【例 5 -6】 某企业每年需耗用甲材料 3 000 千克，单位储存成本 2 元，平均每次进货费用 120 元，则

$$\text{经济订货批量 } Q^* = \sqrt{\frac{2AF}{C}} = \sqrt{\frac{2 \times 3\ 000 \times 120}{2}} = 600 \text{（千克）}$$

存货最低相关总成本 $TC=\sqrt{2AFC}=\sqrt{2\times 3\ 000\times 120\times 2}=1\ 200$（元）

最佳订货次数 $N^*=\frac{A}{Q^*}=\frac{3\ 000}{600}=5$（次）

②有数量折扣的经济订货批量。许多供应商为了鼓励更多的订货而提供数量折扣。此时，企业必须在提高订货数量得到的折扣收益与增加的储存成本之间进行权衡。如果增加订货得到的折扣大于增加的储存成本，则应该增加订货量，反之，则应该放弃折扣。此时，需要分别计算取得数量折扣和放弃数量折扣两种情况下的成本，其成本低者为最优订货批量。

【例 5－7】安达家具公司每年需要某种木材 1 000 立方米，每次订货成本为 2 000 元，每立方米木材年储存成本为 100 元。A. 计算安达公司的经济订货批量；B. 安达公司所购木材每立方米价格为 1 500 元，如果一次订购 400 立方米可以取得 2% 的数量折扣，则公司应以多大批量订货？

A. $Q=\sqrt{\frac{2AF}{C}}=\sqrt{\frac{2\times 1\ 000\times 2\ 000}{100}}=200$（立方米）

B. 按照经济订货批量采购，放弃数量折扣，则总成本为：

总成本＝采购成本＋订货成本＋储存成本

$=1\ 000\times 1\ 500+\frac{1\ 000}{200}\times 2\ 000+\frac{200}{2}\times 100$

$=1\ 520\ 000$（元）

不按经济订货批量采购，取得数量折扣，则总成本为：

总成本＝采购成本＋订货成本＋储存成本

$=1\ 000\times 1\ 500\times(1-2\%)+\frac{1\ 000}{400}\times 2\ 000+\frac{400}{2}\times 100$

$=1\ 495\ 000$（元）

（2）再订货点和保险储备

①再订货点。一般情况下，企业的存货不能做到随时补充，因此不能等存货用光再去订货，而需要在没有用完时提前订货。再订货点是指发出订货指令时尚存的存货数量。再订货点的数量（R）是交货时间（L）和每日平均需要量（d）的乘积。

$R=L\times d$

【例 5－8】假设企业订货日至到货日的时间差为 10 天，每日存货的耗用量为 75 千克，那么：

$R=L\times d=10\times 75=750$（千克）

即企业在尚有存货 750 千克时，就应该发出订单订货，等到下批订货送到企业时，原有存货刚好用完。此时有关存货的每次订货批量、订货次数、订货时间间隔等并无变化，与瞬时补充相同。

②保险储备。保险储备是指为防止耗用量突然增加或交货延期等意外情况而进行的储备。保险储备的存在不会影响经济订货批量的计算，但会影响再订货点的确定。

考虑保险储备的再订货点 = 存货在途时间 × 日消耗量 + 保险储备

保险储备量加大会使储存成本升高。

【例 5-9】 假设某企业的原材料的保险储备量为 100 件，交货期为 10 天，每天原材料的耗用量为 5 件，则企业的再订货点是多少？

再订货点 = 5 × 10 + 100 = 150（件）

（3）存货的日常控制

存货的日常控制是指在日常生产经营过程中，按照存货计划的要求，对存货的使用和周转情况进行的组织、调节和监督。存货控制的方法主要有以下几种：

①ABC 分类管理法。ABC 分类管理就是按照一定的标准，将企业的存货划分成 A、B、C 三类，分别实行品种重点管理、分类别一般控制和按总额灵活掌握的存货管理方法。

企业存货品种繁多，尤其是大中型企业的存货往往多达上万种甚至数十万种。实际上，不同的存货对企业财务目标的实现具有不同的作用。有的存货尽管品种数量很少，但金额巨大，如果管理不善，将给企业造成极大的损失。相反，有的存货虽然品种数量繁多，但金额微小，即使管理中出现一些问题，也不至于对企业产生较大的影响。因此，无论是从能力还是经济角度，企业均不可能也没有必要对所有存货不分巨细地严加管理。ABC 分类管理正是基于这一考虑而提出的，其目的在于使企业分清主次，突出重点，以提高存货资金管理的整体效果。

A. 存货 ABC 分类的标准。ABC 分类的标准主要有两个：一是金额标准；二是品种数量标准。其中，金额标准是最基本的标准，品种数量标准仅作为参考。A 类存货的特点是金额巨大，但品种数量较少；B 类存货金额一般，品种数量相对较多；C 类存货品种数量繁多，但价值金额却很小。

B. ABC 存货的具体划分。具体过程可以分三个步骤：

a. 列示企业全部存货的明细表，并计算出每种存货的价值总额及占全部存货金额的百分比；

b. 按照金额标准由大到小进行排序并累加金额百分比；

c. 当金额百分比累加到 70% 左右时，以上存货视为 A 类存货，百分比介于 70% ~ 90% 之间的存货视为 B 类存货，其余则为 C 类存货。

把存货划分成 A、B、C 三大类，目的是对存货占用资金进行有效的管理。A 类存货种类虽少，但占用的资金多，应集中主要力量管理，对其经济批量要进行认真规划，对收入、发出要进行严格控制；C 类存货虽然种类繁多，但占用的资金不多，不必耗费大量人力、物力、财力去管，这类存货的经济批量可凭经验确定，不必花费大量时间和精力去进行规划和控制；B 类存货介于 A 类和 C 类之间，也应给予相当的重视，但不必像 A 类那样进行非常严格的控制。

②适时生产系统。适时生产系统（just - in - time system，JIT），是指通过合理规划企业的产供销过程，使从原材料采购到产成品销售每个环节都能紧密衔接，减少制

造过程中不增加价值的作业，减少库存，消除消费，从而降低成本，提高产品质量，最终实现企业效益最大化。

及时生产的存货系统的基本原理是：只有在使用之前才从供应商处进货，从而将原材料或配件的库存数量减少到最小；只有在出现需求或接到订单时才开始生产，从而避免产成品的库存。及时生产的存货系统要求企业在生产经营的需要与材料物资的供应之间实现同步，使物资传送与作业加工速度处于同一节拍，最终将存货降到最小程度，甚至零库存。

及时生产的存货系统的优点是：降低库存成本；减少从订货到交货的加工等待时间，提高生产效率；降低废品率、再加工和担保成本。但及时生产的存货系统要求企业内外部全面协调与配合，一旦供应链破坏，或企业不能在很短的时间内根据客户要求调整生产，企业生产经营的稳定性将会受到影响，经营风险加大。此外，为了保证能够按合同约定频繁小量配送，供应商可能要求额外加价，企业因此丧失了从其他供应商那里获得更低价格的机会收益。

5.3 流动负债管理

公司在生产经营过程中，有许多因素都会使公司出现临时资本短缺的问题，运用流动负债筹资是公司处理这类问题最适宜的方法，主要包括商业信用和短期借款。

5.3.1 商业信用

商业信用是自发性流动负债的主要组成部分，是指在商品交易中延期付款或延期交货所形成的借贷关系，是由于商品交易中货与钱在时间上的分离而产生的自发性流动负债。

1. 商业信用的形式

利用商业信用筹资，主要有以下两种形式：

（1）赊购商品。这是一种最典型、最常见的商业信用形式。买卖双方发生商品交易，买方收到商品后不立即支付现金，可以延期付款，从而形成应付账款。

（2）预收账款。这也是一种典型的商业信用形式。卖方要先向买方收取货款，但要延迟一段时间再交货，这实际上等于卖方向买方先借了一笔钱。

2. 商业信用条件

商业信用条件是指销货公司要求赊购客户支付货款的条件，包括信用期限、折扣期限和现金折扣。信用期限是指公司为顾客规定的最长付款时间；折扣期限是公司为顾客规定的可享受现金折扣的付款时间；现金折扣是在顾客提前付款时公司给予的优惠。商业信用条件主要有以下几种形式。

（1）延期付款，但不提供现金折扣。按照这种商业信用条件，卖方允许买方在交易发生后一定时期内按发票面额支付货款，如“net45”，是指在45天内按发票金额付款。在这种情况下，买方可能因延期付款而获得资本来源。

（2）延期付款，但提前付款能享受现金折扣。按照这种商业信用条件，买方若提前付款，能享受一定的现金折扣；买方若不享受现金折扣，则必须在信用期限内付清账款。如“2/10，n/30”，是指在10天之内付款，可享受2%的现金折扣；若不享受现金折扣，货款应在30天内付清。在这种情况下，买方如果在折扣期内付款，可在获得短期资本来源的同时，还能得到现金折扣优惠；若放弃现金折扣，则可以在稍长的时间内占用卖方的资本。

若买方放弃折扣，产生的机会成本按如下公式计算：

$$放弃现金折扣的机会成本=\frac{现金折扣率}{1-现金折扣率}\times\frac{360}{信用期-折扣期}$$

【例5－10】 R公司购进材料一批，货款总计100 000元，信用条件为“3/10，n/30”，该公司在第30天付款，则：

$$放弃现金折扣的机会成本=\frac{3\%}{1-3\%}\times\frac{360}{30-10}=55.67\%$$

可见，买方放弃现金折扣的机会成本是较高的，如果不能在放弃现金折扣的信用期间内获得高于这一成本的收益率，那么放弃折扣是不理性的选择。

如果买方面对两家或两家以上提供不同信用条件的卖方，则应当比较放弃现金折扣的机会成本，选择机会成本最小的卖方。

【例5－11】 承例5－10，R公司除了上述“3/10，n/30”的信用条件外，还有另一家供应商提供“2/20，n/50”的信用条件。试确定应当选择的供应商。

$$放弃现金折扣的机会成本=\frac{2\%}{1-2\%}\times\frac{360}{50-20}=24.49\%$$

这一成本低于信用条件为“3/10，n/30”的机会成本，因此应当选择信用条件为“2/20，n/50”的供应商。

3. 商业筹资的优缺点

（1）商业信用筹资的优点。

①使用方便。商业信用筹资是一种自发性筹资，伴随商品交易而自然产生，不需为此特别办理手续。

②成本低。如果没有现金折扣或公司不放弃现金折扣，则使用商业信用筹资没有筹资成本。

③限制少。与借款相比，商业信用筹资限制条件较少，选择余地较大。

（2）商业信用筹资的缺点。商业信用筹资的缺点主要表现在：商业信用筹资的期限较短，特别是应付账款，不利于公司对资本的统筹运用，如果拖欠则有可能导致公司信用地位和信用等级下降。另外，如果公司享受现金折扣，则付款时间会更短；如果放弃现金折扣，会负担较高的机会成本。

5.3.2　短期借款

短期借款是公司为解决短期资本需求而向银行申请借入、期限在一年以内的款项。公司举借短期借款，首先应向银行提出申请，经审查同意后借贷双方签订借款合同，办理借款手续，然后取得借款。

1. 短期借款的种类

（1）按照目的和用途分类。短期借款按照目的和用途不同，分为生产周转借款和商品周转借款、临时借款、结算借款等。

①生产周转借款和商品周转借款。生产周转借款是指制造业企业生产经营过程中因所需经常占用的资本不足而向银行申请的借款。商品周转借款是指商业企业因经营商品购销业务所需的经常占用的资本不足而向银行申请的借款。这两种周转借款都属于调节公司资本平均需要量以内的资本需求的借款，期限最长为一年。

②临时借款。临时借款是指公司由于季节性储备或集中到货、节假日供应等临时原因需要向银行申请的借款。临时借款公司要在借款前 3 ~5 天向银行提出申请，银行逐笔核贷，贷款期限根据实际需要确定，最长不超过半年。

③结算借款。结算借款是指公司向外地销售商品采用托收承付结算方式时，为抵补在途资本占用而向银行申请的贷款。结算借款的借款额度以商品销售成本和代垫运杂费为限，贷款期限为预定托收货款收回的期限。

（2）按银行发放贷款的具体形式分类。短期借款按银行发放贷款的具体形式，可以分为信用借款、经济担保借款、抵押借款等。

①信用借款。信用借款是指完全凭借款人信用，不需借款人提供经济担保或财产抵押的借款方式。规定借款限额或周转额度的银行借款均属信用借款。信用借款主要适用于经营时间长、经济实力强、借贷往来时间长、信誉好的公司。

②经济担保借款。经济担保借款是要求借款人以第三方经济信誉或财产作为还款保证的借款方式。经济担保借款要求借款公司、担保人、银行三方签订合法、完整的借贷合同和担保合同，明确三方的权利和责任。

③抵押借款。抵押借款是指公司以某种资产作为担保，抵押给银行，以此获得一定数额短期资本的借款方式。有价证券、应收账款和存货是常用的抵押品。

（3）按利息支付方法分类。短期借款按借款利息支付方法的不同，分为收款法借款、贴现法借款和加息法借款。

①收款法借款。收款法借款是指公司在借款到期时向银行支付利息的借款方式。银行向公司发放的贷款大多采用此法收取利息。

②贴现法借款。贴现法借款是指银行向公司发放贷款时，先从本金中扣除利息部分，到期时借款公司要偿还贷款本金的借款方式。采用这种方法，公司可利用的贷款额只有本金减去利息后的差额，因此贷款的实际利率高于名义利率。

③加息法借款。加息法借款是指公司需要分期等额偿还贷款本金及其利息的借款

方式。在分期等额偿还贷款的情况下，公司所负担的资本的实际利率远远高于名义利率。

2. 短期借款筹资的优缺点

短期借款筹资的优点主要表现在：

（1）与长期借款相比，筹资效率较高。

（2）筹资弹性较大，公司可以根据需要随时借款，而当公司资本充足时可及早偿还。

短期借款的缺点主要表现在：筹资风险和筹资成本较高，特别是存在补偿性余额时。

本章小结

本章主要介绍了营运资金的含义、特点、管理原则，其管理主要体现在流动资产和流动负债两方面，流动资产管理主要包括现金的管理、应收账款的管理及存货的管理，流动负债主要包括商业信用及短期借款。

重要概念

营运资金　流动资产　流动负债　现金　应收账款　存货　商业信用　短期借款

本章练习

单选题

1. 营运资金是（　　）。

A. 流动资产和流动负债的总和

B. 流动资产和流动负债的差额

C. 流动资产和固定资产的总和

D. 流动资产和固定资产的差额

2. 以下不属于现金范畴的是（　　）。

A. 库存现金　　B. 银行存款

C. 其他货币资金　　D. 应收账款

3. 现金管理的目标是（　　）。

A. 在现金的流动性和收益性之间进行合理选择

B. 提高现金占有量，以获得最大投资收益

C. 降低资产负债率

D. 维持公司正常运营

4. 公司为应对地震、水灾、火灾等自然灾害而持有一定数量的现金，这是为了满足（　　）。

A. 交易性需求　　B. 投机性需求
C. 预防性需求　　D. 以上都不正确

5. 公司持有现金的代价是（　　）。
A. 造成投资收益上的损失　　B. 发生销售费用
C. 造成停工停料的损失　　D. 丧失现金折扣的损失

6. 现金管理的核心环节和方法是（　　）。
A. 现金持有量决策　　B. 现金日常管理
C. 现金流动性分析　　D. 现金预算管理

7. 以下不属于信用条件的是（　　）。
A. 信用期限　　B. 折扣期限
C. 现金折扣　　D. 商业折扣

8. 以下不属于订货成本的是（　　）。
A. 办公费　　B. 邮资
C. 仓储费　　D. 电报电话费

9. 公司用来衡量客户获得公司商业信用所应具备的基本条件是（　　）。
A. 信用条件　　B. 信用标准
C. 收账政策　　D. 机会成本

10. 信用条件被违反时，公司采取的收账策略是（　　）。
A. 信用标准　　B. 违约政策
C. 收账政策　　D. 综合信用政策

多选题

1. 管好、用好流动资产，必须满足的要求是（　　）。
A. 保证流动资产的需要量　　B. 尽量控制流动资产的占用量
C. 减少流动资产的周转率　　D. 增加流动资产周转期
E. 加速流动资产的周转

2. 现金短缺损失具体包括（　　）。
A. 公司没有足够的现金而造成投资收益上的损失
B. 公司没有足够的现金购买原材料而造成停工待料的损失
C. 公司没有足够的现金而发生的管理费用
D. 公司没有足够的现金购买商品物资而丧失购买机会的损失
E. 公司没有足够的现金未能按期支付货款而丧失现金折扣的损失

3. 公司采取赊销、分期收款等销售方式的优缺点包括（　　）。
A. 扩大销售　　B. 增加利润
C. 造成资本成本增加　　D. 节约资本成本
E. 造成坏账损失增加

4. 应收账款的管理成本包括（　　）。

A. 调查顾客信用情况的费用　　B. 收集各种信息的费用

C. 账簿的记录费用　　D. 收账费用

E. 数据处理成本

5. 下列属于存货的有（　　）。

A. 原材料　　B. 低值易耗品

C. 在产品　　D. 外购商品

E. 自制半成品

判断题

1. 预防性需要是指置存现金以防发生意外的支付，它与企业现金流量的确定性及企业间的借款能力有关。（　　）

2. 企业的信用标准严格，给予客户的信用期很短，使得应收账款周转率很高，将有利于增加企业的利润。（　　）

3. 企业现金持有量过多会降低企业的收益水平。（　　）

4. 商业信用筹资的优点是使用方便、成本低、限制少，缺点是时间短。（　　）

5. 由于丧失现金折扣的机会成本较高，所以购买单位应尽量争取获得此项折扣。（　　）

简答题

1. 简述营运资金的概念。

2. 简述信用政策的内容。

3. 简述商业信用筹资的优缺点。

计算题

1. 某公司现金收支平衡，预计全年现金需要量为 400 000 元，现金与有价证券转换成本为每次 200 元，有价证券利率为 10%。要求：计算最佳现金持有量。

2. 宏远公司需要某种钢材，年度需要总量为 5 000 吨，一次的订货成本为 3 000 元，每吨材料的储存成本为 120 元。要求：分别计算经济订货量、最佳订货次数、最低存货总成本。

3. 某公司向银行借入短期借款 10 万元，支付银行贷款利息的方式同银行协商后有以下四种方案可供选择：

方案一：采用收款法付息，利息率为 7%；

方案二：采用贴现法付息，利息率为 6%；

方案三：利息率为 5%，银行要求的补偿性余额比例为 10%；

方案四：采用加息法付息，利息率为 4%。

要求：如果你是该公司财务经理，你选择哪种借款方式，并说明理由。

4. 丙公司是一家汽车配件制造企业，近期的售量迅速增加。为满足生产和销售的需求，丙公司需要筹集资金 495 000 元用于增加存货，占用期限为 30 天。现有三个可满足资金需求的筹资方案：

方案一：利用供应商提供的商业信用，选择放弃现金折扣，信用条件为“2/10，N/40”。

方案二：向银行贷款，借款期限为 30 天，年利率为 8%。银行要求的补偿性金额为借款额的 20%。

方案三：以贴现法向银行借款，借款期限为 30 天，月利率为 1%。

要求：

(1) 如果丙公司选择方案一，计算其放弃现金折扣的机会成本。

(2) 如果丙公司选择方案二，为获得 495 000 元的实际用款额，计算该公司应借款总额和该笔借款的实际年利率。

(3) 如果丙公司选择方案三，为获得 495 000 元的实际用款额，计算该公司应借款总额和该笔借款的实际年利率。

(4) 根据以上各方案的计算结果，为丙公司选择最优筹资方案。

第 6 章

利润分配管理

内容提要

本章主要讲解利润分配的基础理论知识、利润分配方案的确定以及主要股利支付形式，并分为三节课进行讲解。

重点难点

本章重点为利润分配的顺序、股利支付形式和利润分配政策的优缺点；难点为股票股利、股票分割以及股票回购对股东和公司的意义。

学习目标

通过本章学习，学生应掌握利润分配的顺序、利润分配政策、股利支付形式、股票股利的含义、股票分割的含义以及股票回购的含义；明确利润分配的基本原则、制定股利政策应考虑的因素以及股票股利、股票分割和股票回购对股东和公司的意义；了解股利的发放日期。

知识框架

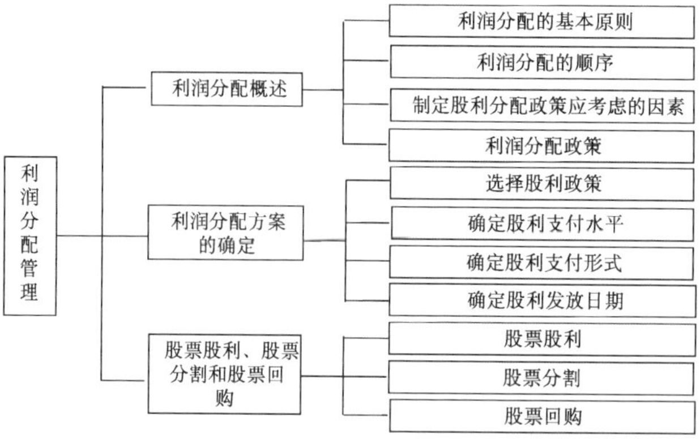

引入案例

分红还是不分红?

微软自从 1986 年在纳斯达克上市后，一直到 2003 年连续 17 年没有一分钱的分红。但股价从 1986 年上市时的 0.07 美元到 2003 年分红前的 28 美元，足足涨了 400 倍。而从第一次分红开始微软就成了“大软”，但到 2014 年才涨到 41 美元。难怪投资人说“不分红的微软是黄金，分红的微软是狗屎”。

有意思的是，乔布斯 1997 年重掌苹果之后，也奉行一毛不拔政策，他认为对股东更加负责的做法是用好钱，而不是将钱用于分红。结果苹果股价从 1997 年最低时的 3.14 美元到 2014 年 645 美元，涨了 205 倍。

在市值 1 000 亿美元以上的美国公司中，扛着不分红的还有谷歌和亚马逊。对高科技公司，投资人的普通看法是：不再向投资者伸手要钱表明缺乏投资渠道，而分红则是业务增长已至顶的信号。一句话：不会花钱只会分红了。

乔布斯 2011 年去世，苹果 2014 年宣布回购、拆股。

股票回购可能对上市公司经营造成哪些负面影响?

6.1　利润分配概述

6.1.1　利润分配的基本原则

利润分配有广义和狭义之分，广义的利润分配是指对企业收入和利润进行分配的过程，狭义的利润分配是指对企业净利润的分配。本章是针对狭义的利润分配来分析的。

企业在进行利润分配时，应遵循以下基本原则。

1. 依法分配原则

为规范企业的利润分配行为，国家制定和颁布了若干法规，这些法规规定了企业利润分配的基本要求、一般程序和重大比例。企业的利润分配必须依法进行，这是正确处理企业各项财务关系的关键。

2. 资本保全原则

企业的利润分配必须以资本的保全为前提。企业的利润分配是对投资者投入资本的增值部分所进行的分配，不是投资者资本金的返还。以企业的资本金进行的分配，属于一种清算行为，而不是收益分配。

3. 兼顾各方面利益原则

在保障投资者应分配利润的前提下，如何确保经营者和职工的利益，则应通过利润分配时确定的激励政策，以提高职工的主人翁意识，调动职工的积极性。

4. 分配与积累并重原则

企业的利润分配，要正确处理长期利益和近期利益这两者之间的关系，坚持分配与积累并重。企业除按规定提取法定盈余公积金以外，可适当留存一部分利润作为积累，这部分未分配利润仍归企业所有者所有。这部分积累的净利润不仅可以为企业扩大生产筹措资金，增强企业发展能力和抵抗风险的能力，同时，还可以供未来年度进行分配，起到以丰补歉、平抑利润分配数额波动、稳定投资报酬率的作用。

5. 投资与收益对等原则

企业在利润分配中应遵守公平、公正、公开的原则，企业的投资者在企业中只能以其股权比例享有合法权益，不得在企业中谋取私利，企业的获利情况应当向所有的投资人及时公开，利润的分配方案应交股东会讨论，并充分考虑小股东的意见，利润分配的方式应当在所有股东中一视同仁。

6.1.2 利润分配顺序

利润分配的顺序根据《公司法》等有关法规的规定，企业当年实现的净利润，一般应按照下列内容、顺序和金额进行分配：

（1）计算可供分配的利润

将本年净利润（或亏损）与年初未分配利润（或亏损）合并，计算出可供分配的利润。如果可供分配的利润为负数（即亏损），则不能进行后续分配；如果可供分配利润为正数（即本年累计盈利），则进行后续分配。

（2）提取法定盈余公积金

在不存在年初累计亏损的前提下，法定盈余公积金按照税后净利润的10%提取。法定盈余公积金已达注册资本的50%时可不再提取。提取的法定盈余公积金用于弥补以前年度亏损或转增资本金。但转增资本金后留存的法定盈余公积金不得低于注册资本的25%。

（3）提取任意盈余公积金

任意盈余公积金计提标准由股东大会确定，如确因需要，经股东大会同意后，也可用于分配。

（4）向股东（投资者）支付股利（分配利润）

企业以前年度未分配的利润，可以并入本年度分配。

公司股东会或董事会违反上述利润分配顺序，在抵补亏损和提取法定公积金之前向股东分配利润的，必须将违反规定发放的利润退还公司。

6.1.3 制定利润分配政策应考虑的因素

在现实生活中，企业的股利分配是在种种制约因素下进行的，采取何种股利政策虽然是由管理层决定的，但是实际上在其决策过程中会受到诸多主观与客观因素的影响。

1. 法律限制

为了保护债权人和股东的利益，有关法规对公司的股利分配经常作以下限制：

（1）资本保全的限制。规定公司不能用资本（包括股本和资本公积）发放股利。股利的支付不能减少法定资本，如果一个公司的资本已经减少或因支付股利而引起资本减少，则不能支付股利。

（2）企业积累的限制。为了制约公司支付股利的任意性，按照法律规定，公司税后利润必须先提取法定公积金。此外，还鼓励公司提取任意公积金，只有当提取的法定公积金达到注册资本的50%时，才可以不再提取。提取法定公积金后的利润净额才可以用于支付股利。

（3）净利润的限制。规定公司年度累计净利润必须为正数时才可发放股利，以前年度亏损必须足额弥补。

（4）超额累积利润的限制。由于股东接受股利缴纳的所得税高于其进行股票交易的资本利得税，于是许多国家规定公司不得超额累积利润，一旦公司的保留盈余超过法律认可的水平，将被加征额外税额。

（5）无力偿付的限制。基于对债权人的利益保护，如果一个公司已经无力偿付负债，或股利支付会导致公司失去偿债能力，则不能支付股利。

2. 股东因素

公司的股利政策最终由代表股东利益的董事会决定，因此，股东的要求不可忽视。股东从自身经济利益需要出发，对公司的股利分配往往产生这样一些影响：

（1）稳定的收入和避税。一些股东的主要收入来源是股利，他们往往要求公司支付稳定的股利。他们认为通过保留盈余引起股价上涨而获得资本利得是有风险的。若公司留存较多的利润，将受到这部分股东的反对。另外，一些股利收入较多的股东出于避税的考虑，往往反对公司发放较多的股利。

（2）控制权的稀释。公司支付较高的股利，就会导致留存盈余减少，这又意味着将来发行新股的可能性加大，而发行新股必然稀释公司的控制权，这是公司拥有控制权的股东们所不愿看到的局面。因此，若他们拿不出更多的资金购买新股，宁肯不分配股利。

3. 公司因素

公司的经营情况和经营能力，影响其股利政策。

（1）盈余的稳定性。公司是否能获得长期稳定的盈余，是其股利决策的重要基础。盈余相对稳定的公司相对于盈余不稳定的公司而言具有较高的股利支付能力，因为盈余稳定的公司对保持较高股利支付率更有信心。收益稳定的公司面临的经营风险和财务风险较小，筹资能力较强，这些都是其股利支付能力的保证。

（2）公司的流动性。较多地支付现金股利会减少公司的现金持有量，使公司的流动性降低。这里公司流动性是指及时满足财务应付义务的能力，而公司保持一定的流动性，不仅是公司经营所必需的，也是在实施股利分配方案时需要权衡的。

（3）举债能力。具有较强举债能力的公司因为能够及时地筹措到所需的现金，有可能采取高股利政策；而举债能力弱的公司则不得不多滞留盈余，因而往往采取低股利政策。

（4）投资机会。有着良好投资机会的公司，需要有强大的资金支持，因而往往少发放股利，将大部分盈余用于投资。缺乏良好投资机会的公司，保留大量现金会造成资金的闲置，于是倾向于支付较高的股利。正因为如此，处于成长中的公司多采取低股利政策；处于经营收缩中的公司多采取高股利政策。

（5）资本成本。与发行新股相比，保留盈余不需花费筹资费用，是一种比较经济的筹资渠道。所以，从资本成本考虑，如果公司有扩大资金的需要，也应当采取低股利政策。

（6）债务需要。具有较高债务偿还需要的公司，可以通过举借新债、发行新股筹集资金偿还债务，也可直接用经营积累偿还债务。如果公司认为后者适当的话，将会减少股利的支付。

4. 其他限制

除了上述的因素以外，还有其他一些因素也会影响公司的股利政策选择。

（1）债务合同约束。公司的债务合同，特别是长期债务合同，往往有限制公司现金支付程度的条款，这使公司只得采取低股利政策。

（2）通货膨胀。在通货膨胀的情况下，由于货币购买力下降，公司计提的折旧不能满足重置固定资产的需要，需要动用盈余补足重置固定资产的需要，因此在通货膨胀时期公司股利政策往往偏紧。

6.1.4 利润分配政策

利润分配政策是企业对利润分配有关事项所制定的方针和政策。利润分配政策从根本上说是税后利润分配政策，就股份制企业而言，就是股利政策。常用的股利政策有四种：剩余股利政策、固定股利或持续增长股利政策、固定股利支付率政策和低正常股利加额外股利政策。

1. 剩余股利政策

（1）剩余股利政策的内容。股利分配与公司的资本结构相关，而资本结构又是由投资所需资金构成的，因此实际上股利政策要受到投资机会及其资本成本的双重影响。剩余股利政策是在公司有着良好的投资机会时，根据一定的目标资本结构（最佳资本结构），测算出投资所需的权益资本，先从盈余当中留用，然后将剩余的盈余作为股利予以分配。

（2）剩余股利政策的实施步骤。

①设定目标资本结构，即确定权益资本与债务资本的比率，在此资本结构下，加

权平均资本成本将达到最低水平。

②确定目标资本结构下投资所需的股东权益数额。

③最大限度地使用保留盈余来满足投资方案所需的权益资本数额，再将其作为股利发放给股东。

【例 6－1】 中国琴岛公司去年税后利润 600 万元，今年年初讨论决定股利分配的数额。预计今年需要增加投资资本 800 万元。公司的目标资本结构是权益资本占 60%，债务资本占 40%，今年继续保持。按法律规定，至少要提取 10% 的公积金。公司采用剩余股利政策。试计算公司应分配多少股利。

利润留存 = 800 × 60% = 480（万元）

股利分配 = 600 － 480 = 120（万元）

相关思考

假定［例 6－1］中的这家公司除了当年取得税后利润 600 万元外，还有以前年度的累计未分配利润 1 000 万元，那么如果不考虑增加投资资本和保持现有资本结构的需要，只满足提取法定公积金的要求，该公司可用于分配股利的最高额是多少？

（3）剩余股利政策的优缺点。

①剩余股利政策的优点：留存收益优先保证再投资的需要，从而有助于降低再投资的资金成本，保持最佳的资本结构，实现企业价值的长期最大化。

②剩余股利政策的缺点：股利发放额每年随投资机会和盈利水平的波动而波动。不利于投资者安排收入与支出，也不利于公司树立良好的形象。

（4）剩余股利政策的适用范围。剩余股利政策一般适用于公司的初级阶段。

2. 固定股利或持续增长股利政策

（1）固定股利或持续增长股利政策的内容。固定股利或持续增长股利政策是指公司将每年发放的股利固定在一固定的水平上，并在较长的时期内保持不变，只有当公司认为未来盈余会显著地、不可逆转地增长时，才提高年度的股利发放额。另外，当发生通货膨胀时，大部分企业的盈余由于通货膨胀而表现为增长，而对股东来说，每年固定不变的股利额则由于购买力下降相对降低。因此，股东也要求公司增加股利的发放额，以弥补通货膨胀带来的影响。

（2）固定股利或持续增长股利政策的优缺点。

①固定股利或持续增长股利政策的优点：一是固定股利或持续增长股利政策可以传递给股票市场和投资者一个公司经营状况稳定、管理层对未来充满信心的信号，这有利于公司在资本市场上树立良好的形象、增强投资者信心，进而有利于稳定公司股价；二是固定股利或持续增长股利政策有利于吸引那些打算做长期投资的股东，这部分股东希望其投资的获得能够成为其稳定的收入来源，以便安排各种经常性的消费和

其他支出。

②固定股利或持续增长股利政策的缺点：一是固定股利或持续增长股利政策下的股利分配只升不降，股利支付与公司盈利相脱离，即不论公司盈利多少，均要按固定的乃至固定增长的股利派发股利；二是在公司的发展过程中，难免会出现经营状况不好或短暂的困难时期，如果这时仍执行固定或稳定增长的股利政策，那么派发的股利金额大于公司实现的盈利，必将侵蚀公司的留存收益，影响公司的后续发展，甚至侵蚀公司现有的资本，给公司的财务运作带来很大压力，最终影响公司正常的生产经营活动。

（3）固定股利或持续增长股利政策的适用范围。固定股利或持续增长股利政策一般适用于成熟的、盈利比较好的企业，且很难被长期采用。

3. 固定股利支付率政策

（1）固定股利支付率政策的内容。固定股利支付率政策是指企业先确定一个股利占净利润的比例，然后每年都按此比率从净利润中向股东发放股利，每年发放的股利额都等于净利润乘以固定的股利支付率。这样净利润多的年份，股东领取的股利就多；净利润少的年份，股东领取的股利就少。也就是说，采用此政策发放股利时，股东每年领取的股利额是变动的，其多少主要取决于企业每年实现的净利润的多少及股利支付率的高低。

（2）固定股利支付率政策的优缺点。

①固定股利支付率政策的优点：采用固定股利支付率政策，股利与公司盈余紧密地配合，体现了“多盈多分、少盈少分、无盈不分”的股利分配原则；采用固定股利支付率政策，公司每年按固定的比例从税后利润中支付现金股利，从企业支付能力的角度看，这是一种稳定的股利政策。

②固定股利支付率政策的缺点：一是传递的信息容易成为公司的不利因素。大多数公司每年的收益很难保持稳定不变，如果公司每年收益状况不同，固定支付率的股利政策将导致公司每年股利分配额的频繁变化。而股利通常被认为是公司未来前途的信号传递，那么波动的股利向市场传递的信息就是公司未来收益前景不明确、不可靠等，很容易给投资者留下公司经营状况不稳定、投资风险较大的不良印象，对于稳定股票价格不利；二是容易使公司面临较大的财务压力。公司实现的盈利越多，并不代表公司有充足的现金派发股利，只能表明公司盈利状况较好而已。如果公司的现金流量状况并不好，却还要按固定比率派发股利的话，就会给公司造成较大的财务压力；三是缺乏财务弹性。股利支付率是公司股利政策的主要内容，模式的选择、政策的制定是公司的财务手段和方法。在不同阶段，根据财务状况制定不同的股利政策，会更有效地实现公司的财务目标。但在固定股利支付率政策下，公司丧失了利用股利政策的财务方法，缺乏财务弹性；四是合适的固定股利支付率的确定难度大。如果固定股利支付率确定得较低，不能满足投资者对投资收益的要求；而固定股利支付率确定得较高，没有足够的现金派发股利时会给公司带来巨大

的财务压力。另外，当公司发展需要大量资金时，也要受其制约。所以，确定较优的股利支付率的难度很大。

（3）固定股利支付率政策的适用范围。固定股利支付率政策只是比较适用于那些处于稳定发展且财务状况也较稳定的企业。

4. 低正常股利加额外股利政策

（1）低正常股利加额外股利政策的内容。低正常股利加额外股利政策，是企业一般情况下每年只支付固定的、数额较低的股利，在盈余多的年份，再根据实际情况向股东发放额外股利。但额外股利并不固定化，不意味着企业永久地提高了规定的股利率。如果额外支付股利后，企业盈余发生不好的变动，企业就可以仍然只支付原来确定的较低的股利。

（2）低正常股利加额外股利政策的优缺点。

①低正常股利加额外股利政策的优点：一是低正常股利加额外股利政策赋予企业一定的灵活性，使企业在股利发放上留有余地和具有较大的财务弹性，同时，每年可以根据企业的具体情况，选择不同的股利发放水平，以完善企业的资本结构，进而实现企业的财务目标；二是低正常股利加额外股利政策有助于稳定股价，增强投资者信心。低正常股利加额外股利政策既吸收了固定股利政策对股东投资收益的保障优点，同时又摒弃了其对企业所造成的财务压力方面的不足，所以在资本市场上颇受投资者和企业的欢迎。

②低正常股利加额外股利政策的缺点：一是年份之间企业的盈利波动使得额外股利不断变化，或时有时无，造成分派的股利不同，容易给投资者以企业收益不稳定的感觉；二是当企业在较长时期持续发放额外股利后，可能会被股东误认为“正常股利”，而一旦取消了这部分额外股利，传递出去的信号可能会使股东认为这是企业财务状况恶化的表现，进而可能会引起企业股价下跌的不良后果。

（3）低正常股利加额外股利政策的适用范围。低正常股利加额外股利政策一般适用于盈利水平随着经济周期波动较大的企业或行业。

6.2　利润分配方案的确定

6.2.1　选择股利政策

企业选择股利政策通常需要考虑以下几个因素：

1. 企业所处的成长与发展阶段
2. 企业支付能力的稳定情况
3. 企业获利能力的稳定情况
4. 目前的投资机会

5. 投资者的态度

6. 企业的信誉状况

6.2.2 确定股利支付水平

股利支付水平通常用股利支付率来衡量。股利支付率是当年发放股利与当年净利润之比，或每股股利除以每股收益。

是否对股东派发股利以及比率高低，主要取决于企业对下列因素的权衡：

（1）企业所处的成长周期及目前的投资机会。

（2）企业的再筹资能力及筹资成本。

（3）企业的控制权结构。

（4）顾客效应。

（5）股利信号传递功能。

（6）贷款协议以及法律限制。

（7）通货膨胀因素等。

6.2.3 确定股利支付形式

选择发放股利的形式，是股利分配方案的一项重要内容。股利支付的形式主要有以下几种。

1. 现金股利形式

现金股利形式是指企业以现金的形式发放给股东的股利。发放现金股利的多少主要取决于公司的股利政策和经营业绩。上市公司发放现金股利主要出于两个原因：一是投资者偏好、减少代理成本；二是传递公司的未来信息。公司采用现金股利形式时，必须具备两个基本条件：一是公司要有足够的未指明用途的留存收益（未分配利润）；二是公司要有足够的现金。

2. 股票股利形式

股票股利形式是指企业以股票形式发放的股利，即按股东股份的比例发放股票作为股利的一种形式。它不会引起公司资产的流出或负债的增加，而只涉及股东权益内部结构的调整。

3. 财产股利

财产股利是指公司用有价值的财产物资作为股利支付给股东的股利支付形式。例如，用公司拥有的其他公司的股票、债券等有价证券作为现金的替代品向股东支付股利。

4. 负债股利

负债股利即公司通过建立一项负债的方式向股东发放股利。例如，以公司的应付票据或债券作为股利支付给股东，在未来一定时期再偿付该项负债。

6.2.4　确定股利发放日期

股份公司分配股利必须遵循法定的程序，先由董事会提出分配预案，然后提交股东大会决议，股东大会决议通过分配预案之后，向股东宣布发放股利的方案，并确定股权登记日、除息（或除权）日和股利支付日等。

1. 股利宣告日

股利宣告日即公司董事会宣布发放股利的日期。在股利宣告日，公司应将决定支付的股利总额作为负债加以确认。

2. 股权登记日

股权登记日是指有权领取股利的股东资格登记的最后日期。一般公司宣布发放股利后，可规定一段时期供股东过户登记。只有在股权登记日及之前列入股东名册上的股东，才有权获得本次分派的股利。

3. 除息（或除权）日

除息（或除权）日即除去交易中的股票领取本次分配的股利权利的日期。除息、除权分别适用于分配现金股利和股票股利的情况。在股权登记日确定之后，除息（或除权）日一般取决于证券业的交易习惯。例如，若证券业的交易习惯为实行“T+3”交易制度，即成交日之后的第三天才能完成交割和过户手续，那么为了保证在股权登记日成为法定意义上的股东，新股东最晚应在股权登记日之前的第三天购入股票，而从股权登记日之前的第二天开始购买股票的股东，不能在股权登记日完成交割和过户手续，就无权领取本次股利，在这种情况下，股权登记日之前的第二天即为除息（或除权）日。当证券交易通过先进的计算机交易系统进行时，证券交易、交割和过户往往在一天之内就能完成，那么在股权登记日当天购买股票的股东，仍然拥有领取本次发放的股利的权利，即在证券业实行“T+0”交易制度的情况下，除息（或除权）日应为股权登记日之后的第一个工作日。除息（或除权）日对股票的价格有明显的影响，从除息（或除权）日开始，股票价格因不再含有本次股利而会有所下降。

4. 股利支付日

股利支付日，即公司确定的向股东正式发放股利的日期。公司通过资本清算系统或其他方式将股利支付给股东。

【例6-2】中国琴岛公司于2017年3月10日举行的股东大会上通过了利润分配方案，并于当日由董事会宣布2016年利润分配方案为每10股派发现金股利6元，公司将于2017年3月31日将股利支付给已在2017年3月20日之前登记在册的本公司股东。

根据上述条件，中国琴岛公司的股利宣告日为2017年3月10日，股权登记日为2017年3月20日，股利支付日为2017年3月31日。如果证券交易所实行“T+3”交易制度，那么除息日应为2017年3月18日；如果证券交易所实行“T+0”交易制度，那么除息日应为 2017 年 3 月 21 日。

6.3 股票股利、股票分割和股票回购

6.3.1 股票股利

1. 股票股利的含义

股票股利是指企业以发行的股票作为股利的支付方式。股票股利并不直接增加股东的财富，不导致企业资产的流出或负债的增加，同时也并不因此而增加企业的财产，但会引起所有者权益各项目的结构发生变化。发放股票股利以后，如果盈利总额与市盈率不变，会由于普通股股数增加而引起每股收益和每股市价的下降。但由于股东所持股份的比例不变，每位股东所持有股票的市场价值总额仍保持不变，因而股票股利不涉及企业的现金流。

2. 发放股票股利对股东的意义

（1）事实上，有时公司发放股票股利后其股价并不成比例下降；一般在发放少量股票股利后，大体不会引起股价的立即变化。这可使股东得到股票价值相对上升的好处。

（2）发放股票股利通常由成长中的公司所为，因此，投资者往往认为发放股票股利预示着公司将有较大发展，利润将大幅度增长，足以抵销增发股票带来的消极影响。这种心理会稳定住股价甚至反致略有上升。

（3）在股东需要现金时，还可以将分得的股票股利出售，有些国家税法规定出售股票所需缴纳的资本利得（价值增值部分）税率比收到现金股利所需缴纳的所得税税率低，这使得股东可以从中获得纳税上的好处。

3. 发放股票股利对公司的意义

（1）发放股票股利可使股东分享公司的盈余无须分配现金，这使公司留存了大量现金，便于进行再投资，有利于公司长期发展。

（2）在盈余和现金股利不变的情况下，发放股票股利可以降低每股价格，从而吸引更多的投资者。

（3）发放股票股利往往会向社会传递公司将会继续发展的信息，从而提高投资者对公司的信心，在一定程度上稳定股票价格。但在某些情况下，发放股票股利也会被认为是公司资金周转不灵的征兆，从而降低投资者对公司的信心，加速股价的下跌。

（4）发放股票股利的费用比发放现金股利的费用大，会增加公司的负担。

【例 6-3】中国琴岛公司宣布发放 10% 的股票股利，即发放 20 000 股普通股股票，并规定现有股东每持 10 股可得 1 股新发放股票。若该股票当时市价为 20 元，随

着股票股利的发放，按照股票市值需从留存收益划转出的资金为：

$20 \times 200\ 000 \times 10\% = 400\ 000$（元）

派发 20 000 股的股票股利后，使股本账户增加了 20 000 元，由于股票面额（1 元）不变，股本数量也增加了 20 000 股，即从派发前的 200 000 股增加到 220 000 股。其余的 380 000（400 000 − 20 000）元应作为股票溢价转至资本公积账户，而公司股东权益总额保持不变。公司股东权益各项目在发放股票股利前后的情况如表6 − 1 所示。

表 6 − 1　　股票股利发放前后对比表

项　　目	发放股票股利前	发放股票股利后
股本（面额 1 元，均为发行的普通股）	200 000	220 000
资本公积	400 000	780 000
留存收益	2 000 000	1 600 000
股东权益合计	2 600 000	2 600 000

6.3.2　股票分割

1. 股票分割的含义

股票分割又称股票拆细或拆股，是指将一张较大面值的股票拆成几张较小面值的股票。股票分割对公司的资本结构不会产生任何影响，一般只会使发行在外的股票总数增加，使得每股面额降低，每股盈余下降；但公司价值不变，资产负债表中股东权益各账户（股本、资本公积、留存收益）的余额及其相互之间的比例都保持不变，股东权益的总额也保持不变。

2. 股票分割的主要作用

（1）有利于促进股票流通和交易。

（2）有助于公司并购政策的实施，增加对被并购方的吸引力。

（3）可能增加股东的现金股利，使股东感到满意。

（4）有利于增强投资者对公司的信心。

案例讨论

巴菲特拆分公司 B 股，为散户缔造投资通道

巴菲特旗下的伯克希尔哈撒韦公司于 2010 年 1 月 21 日执行股票分割计划，将每 1 股 B 股拆分成 50 股。这在便于完成收购北伯林顿铁路公司交易的同时，也令其 B 股的流动性大幅提高，更多的中小投资者因此有望买得起该公司股票。

《永恒的价值：巴菲特的故事》一书作者安迪·基尔帕特里克表示："B 股分拆后，人人都买得起它的股票了。"

此外，流动性的提高也将增加巴菲特公司股票被纳为标准普尔500指数成份股的机会。标准普尔500指数被视作评估经济环境的指标。分析人士认为，由于全球有数千亿美元的基金都以该指数为标的，加入标准普尔指数也将令伯克希尔哈撒韦公司的价值增加，这对该公司而言具有里程碑的意义。

该案例中股票分割对股票价格、股东收益和公司权益结构分别产生怎样的影响?

【例6-4】 中国琴岛公司原发行面额2元的普通股200 000股，若按1股换成2股的比例进行股票分割，分割前、后的每股收益计算如表6-2、表6-3所示。

表6-2　　股票分割前的股东权益

项　　目	金　　额
普通股（面额2元，已发行200 000股）	400 000
资本公积	800 000
未分配利润	4 000 000
股东权益合计	5 200 000

表6-3　　股票分割后的股东权益

项　　目	金　　额
普通股（面额2元，已发行400 000股）	400 000
资本公积	800 000
未分配利润	4 000 000
股东权益合计	5 200 000

假定公司本年净利润440 000元，那么股票分割前的每股收益为2.2元；假定股票分割后公司净利润不变，分割后的每股收益为1.1元，如果市盈率不变，每股市价也会因此而下降。

6.3.3　股票回购

1. 股票回购的含义

股票回购是指股份公司出资将其发行流通在外的股票以一定价格购回予以注销或作为库存股的一种资本动作方式。

知识拓展

《公司法》对股票回购的相关规定

我国《公司法》规定，公司只有在以下四种情形下才能回购本公司的股份：一是减少公司注册资本；二是与持有本公司股份的其他公司合并；三是将股份奖

> 励给本公司职工；四是股东因对股东大会作出的合并、分立决议持异议，要求公司收购其股份。
>
> 公司因第一种情况收购本公司股份的，应当在收购之日起10日内注销；属于第二、第四种情况的，应当在6个月内转让或者注销。公司因奖励职工回购股份的，不得超过本公司已发行股份总额的5%；用于回购的资金应当从公司的税后利润中支出；所收购的股份应当在一年内转让给职工。可见我国法规并不允许公司拥有西方实务中常见的库存股。

2. 股票回购对股东的意义

对股东而言，股票回购后股东得到的资本利得需缴纳资本利得税，发放现金股利后股东则需缴纳股息税。在前者低于后者的情况下，股东将得到纳税上的好处。

3. 股票回购对公司的意义

(1) 公司进行股票回购的目的之一是向市场传递股价被低估的信号。股票回购有着与股票发行相反的作用。股票发行被认为是公司股票被高估的信号，如果公司管理层认为公司目前的股价被低估，通过股票回购，向市场传递了积极信息。股票回购的市场反应通常是提升了股价，有利于稳定公司股票价格。如果回购以后股票仍被低估，剩余股东也可以从低价回购中获利。

(2) 当公司可支配的现金流明显超过投资项目所需的现金流时，可以用自由现金流进行股票回购，有助于增加每股盈利水平。股票回购减少了公司自由现金流，起到了降低管理层代理成本的作用。管理层通过股票回购试图使投资者相信公司的股票是具有投资吸引力的，公司没有把股东的钱浪费在收益不好的投资中。

(3) 避免股利波动带来的负面影响。当公司剩余现金流是暂时的或者是不稳定的，没有把握能够长期维持高股利政策时，可以在维持一个相对稳定的股利支付率的基础上，通过股票回购发放股利。

(4) 发挥财务杠杆的作用。如果公司认为资本结构中权益资本的比例较高，可以通过股东回购提高负债比率，改变公司的资本结构，并有助于降低加权平均资本成本。虽然发放现金股利也可以减少股东权益，增加财务杠杆，但两者在收益相同情形下的每股收益不同。特别是如果是通过发行债券融资回购本公司的股票，可以快速提高负债比率。

(5) 通过股票回购，可以减少外部流通股的数量，提高了股票价格，在一定程度上降低了公司被收购的风险。

(6) 调节所有权结构。公司拥有回购的股票（库存股），可以用来交换被收购或被兼并公司的股票，也可用来满足认股权证持有人认购公司股票或可转换债券持有人转换公司普通股的需要，还可以在执行管理层与员工股票期权时使用，避免发行新股而稀释收益。

4. 股票回购的方式

股票回购的方式按照不同的分类标准主要有以下几种。

（1）按照股票回购的地点不同，可以分为场内公开收购和场外协议收购两种。

场内公开收购是指公司把自己等同于任何潜在的投资者，委托证券公司代自己按照公司股票当前市场价格回购。场外协议收购是指公司与某一类或某几类投资者直接见面，通过协商来回购股票的一种方式。协商的内容包括价格与数量的确定，以及执行时间等。很显然，这一种方式的缺点就在于透明度比较低。

（2）按照股票回购的对象不同，可以分为在资本市场上进行随机回购、向全体股东招标回购和向个别股东协商回购三种。

在资本市场上随机收购的方式最为普遍，但往往受到监管机构的严格监控。在向全体股东招标回购的方式下，回购价格通常高于当时的股票价格，具体的回购工作一般要委托金融中介机构进行，成本费用较高。向个别股东协商回购由于不是面向全体股东，所以必须保持回购价格的公正合理性，以免损害其他股东的利益。

（3）按照筹资方式不同，可分为举债回购、现金回购和混合回购三种。

举债回购是指企业通过银行等金融机构借款的办法来回购本公司的股份。其目的无非是防御其他公司的恶意收购。现金回购是指企业利用剩余资金来回购本公司的股票。如果企业既动用剩余资金，又向银行等金融机构举债来回购本公司股票，称之为混合回购。

（4）按照回购价格的确定方式不同，可以分为固定价格要约回购和荷兰式拍卖回购两种。

固定价格要约回购是指企业在特定时间发出的以某一高出股票当前市场价格的价格水平，回购既定数量股票的卖出报价。为了在短时间内回购数量相对较多的股票，公司可以宣布固定价格回购要约。它的优点是赋予所有股东向公司出售其所持有股票的均等机会，而且通常情况下公司享有在回购数量不足时取消回购计划或延长要约有效期的权利。荷兰式拍卖回购首次出现于1981年Todd造船公司的股票回购。此种方式的股票回购在回购价格确定方面给予公司更大的灵活性。在荷兰式拍卖的股票回购中，首先公司指定回购价格的范围（通常较宽）和计划回购的股票数盘（可以上下限的形式表示）；而后股东进行投标，说明愿意以某一特定价格水平（股东在公司指定的回购价格范围内任选）出售股票的数量；公司汇总所有股东提交的价格和数量，确定此次股票回购的“价格——数量曲线”并根据实际回购数量确定最终的回购价格。

5. 股票回购应考虑的因素

（1）股票回购的节税效应。

（2）投资者对股票回购的反应。

（3）股票回购对股票市场价值的影响。

(4) 股票回购对公司信用等级的影响。

引例解析

股票回购对上市公司经营造成的负面影响

股票回购可能对上市公司经营造成的负面影响有以下几点：

(1) 股票回购需要大量资金支付回购的成本，易造成资金紧缺，资产流动性变差，影响公司发展后劲。

(2) 股票回购可能使公司的发起人股东更注重创业利润的兑现，而忽视公司长远的发展，损害公司的根本利益。

(3) 股票回购容易导致内部操纵股价。

本章小结

本章主要学习利润分配的相关知识，通过讲授要求掌握利润分配的顺序、利润分配政策、股利支付形式、股票股利的含义、股票分割的含义以及股票回购的含义；需结合案例着重掌握利润分配政策的优缺点以及主要的股利支付形式对股东和公司的意义；为企业涉及的各项财务管理奠定良好的基础。

重要概念

剩余股利政策　固定股利或持续增长股利政策　固定股利支付率政策　低正常股利加额外股利政策　现金股利　股票股利　财产股利　负债股利　股票股利　股票分割　股票回购

本章练习

单选题

1. 关于股票股利，说法正确的有（　　）。

A. 股票股利会导致股东财富的增加

B. 股票股利会引起所有者权益各项目的结构发生变化

C. 股票股利会导致公司资产的流出

D. 股票股利会引起负债的增加

2. 相对于其他股利政策而言，既可以维持股利的稳定性，又有利于优化结构的股利政策是（　　）。

A. 剩余股利政策

B. 固定股利政策

C. 固定股利支付率政策

D. 低正常股利加额外股利政策

3. 在以下股利政策中，有利于稳定股票价格，从而树立公司良好形象，但股利的支付与公司盈余相脱节的股利政策是（　　）。

A. 剩余股利政策　　B. 固定或持续增长的股利政策

C. 固定股利支付率政策　　D. 低正常股利加额外股利政策

4. 我国上市公司不得用于支付股利的权益资本是（　　）。

A. 资本公积　　B. 任意盈余公积

C. 法定盈余公积　　D. 上年未分配利润

5. 法律对利润分配进行超额累积利润限制的主要原因是（　　）。

A. 避免损害少数股东权益　　B. 避免资本结构失调

C. 避免股东避税　　D. 避免经营者出现短期行为

6. 主要依靠股利维持生活的股东和养老基金管理人最不赞成的公司股利政策是（　　）。

A. 剩余股利政策　　B. 固定或持续增长的股利政策

C. 固定股利支付率政策　　D. 低正常股利加额外股利政策

多选题

1. 企业选择股利政策通常需要考虑以下几个因素中的（　　）。

A. 企业所处的成长与发展阶段　　B. 企业支付能力的稳定情况

C. 企业获利能力的稳定情况　　D. 目前的投资机会

2. 下列说法正确的有（　　）。

A. 为了应付通货膨胀，公司多采用低股利政策

B. 为了更好约束经营者的背离行为，公司多采用高股利政策

C. 为了更好地为股东合理避税，公司多采用高股利政策

D. 依据股利相关论，高股利政策有助于增加股东财富

3. 发放股票股利，会产生下列影响中的（　　）。

A. 引起每股盈余下降　　B. 使公司留存大量现金

C. 股东权益各项目的比例发生变化　　D. 股东权益总额发生变化

4. 公司进行股票分割行为后产生的影响有（　　）。

A. 每股市价下降　　B. 发行在外的股数增加

C. 股东权益总额不变　　D. 股东权益各项目的结构不变

5. 上市公司发放现金股利主要出于以下原因中的（　　）。

A. 投资者偏好　　B. 减少代理成本

C. 传递公司的未来信息　　D. 降低财务杠杆

6. 股票分割的主要作用有（　　）。

A. 有利于促进股票流通和交易

B. 有助于公司并购政策的实施，增加对被并购方的吸引力

C. 可能增加股东的现金股利，使股东感到满意

D. 有利于增强投资者对公司的信心

判断题

1. 采用剩余股利分配政策的优点是有利于保持理想的资本结构，降低企业的加权平均资本成本。（　）

2. 固定股利政策的一个主要缺点是当企业盈余较少甚至亏损时，仍须支付固定数额的股利，可能导致企业财务状况恶化。（　）

3. 股票分割后对股东权益总额、股东权益各项目的金额及相互间的比例没有影响，这与发放股票股利有相同之处。（　）

4. 在公司股价上涨且预期难以下降时，可采用股票分割的办法降低股价；而在公司股价上涨幅度不大时，往往通过发放股票股利将股价维持在理想的范围内。（　）

5. 发放股票股利会因普通股股数的增加而引起每股盈余的下降，进而可能引起每股市价下跌，但每位股东所持股票的市场价值总额不会因此减少。（　）

简答题

1. 企业常用的股利政策有四种，试简要说明并评价。

2. 发放股票股利对企业和股东的财务影响是什么？

业务题

1. 中国琴岛公司已发行在外的普通股为 2 000 万股，拟发放 10% 的股票股利，并按发放股票股利后的股数支付现金股利，股利分配前的每股市价为 20 元，每股净资产为 5 元，若股利分配不改变市盈率，并要求股利分配后每股市价达到 18 元。要求计算派发的每股现金股利应达到多少元？

2. 中国琴岛公司现有发行在外的普通股 100 万股，每股面额 1 元，资本公积 300 万元，未分配利润 800 万元，股票市价 20 元；若按 10% 的比例发放股票股利并按市价折算。要求计算公司发放股票股利后财务报表中资本公积列示为多少万元？

案例题

中国琴岛公司 2015 年度的税后利润为 1 200 万元，该年分配股利 600 万元，2017 年拟投资 1 000 万元引进一条生产线以扩大生产能力，该公司目标资本结构为自有资金占 80%，借入资金占 20%。该公司 2016 年度的税后利润为 1 300 万元。

要求：

（1）如果该公司执行的是固定股利政策，并保持资本结构不变，则2017年度该公司为引进生产线需要从外部筹集多少自有资金？

（2）如果该公司执行的是固定股利支付率政策，并保持资本结构不变，则2017年度该公司为引进生产线需要从外部筹集多少自有资金？

（3）如果该公司执行的是剩余股利政策，本年不需要计提盈余公积金，则2016年度公司可以发放多少现金股利？

第 7 章

财务分析

内容提要

本章主要介绍财务分析的概念、目的和局限性；详细阐述财务分析的分析方法，偿债能力、营运能力、盈利能力、市价比率等相关指标的计算与分析以及企业综合财务分析方法。

重点难点

本章重点为各类财务分析比率的计算与分析以及杜邦分析体系的运用；难点为杜邦分析体系核心比率的计算。

学习目标

通过本章学习，学生应了解财务分析的概念、目的及局限性；明确财务分析的分析方法，包括比较分析法和因素分析法；掌握偿债能力、营运能力、盈利能力、市价比率等相关指标的计算与分析现金以及杜邦分析体系的核心比率计算和分析方法。

知识框架

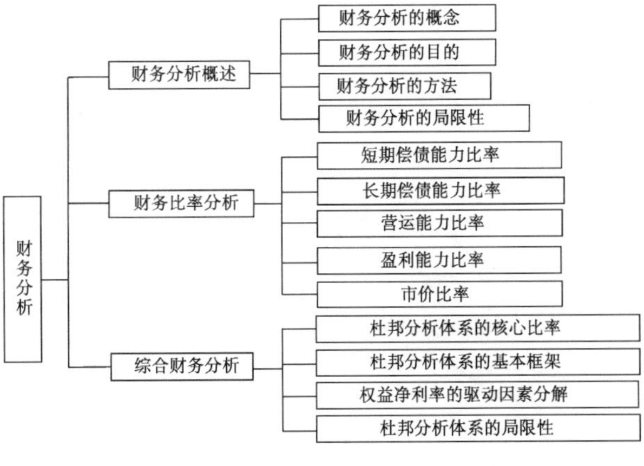

引入案例

欣泰电气两年半退市路

2016年7月12日，欺诈发行退市首单——欣泰电气（300372）开启了跌停板之旅。

2014年1月27日欣泰电气上市至2016年7月12日，也只有两年半时间。

在此期间，2015年5月，*ST二重成为2014年退市制度改革后第一家主动退市的公司。此后ST博元成为首家因重大信披违规退市的企业，此次欣泰电气的退市，则开启了因欺诈上市而退市的先河。

那么，这一出荒诞剧到底是如何上演的呢？

欺诈发行导致退市

欣泰电气总部位于辽宁丹东，主要从事变电设备的制造及销售。

2011年11月，欣泰电气向证监会提交了IPO申请；2012年7月3日，公司通过创业板发审会审核。2014年1月27日，欣泰电气正式登陆创业板。

但是，在其上市短短一年半以后，证监会就于2015年7月14日对其展开立案调查，证实欣泰电气不仅在上市申请文件中对相关财务数据做了虚假记载，而且在上市后披露的定期报告中也存在虚假记载和重大遗漏。

2016年6月1日，欣泰电气发表公告，公司涉嫌欺诈发行及信息披露违法违规案已由证监会调查完毕，证监会拟对欣泰电气及相关责任人做出行政处罚、罚款和市场禁入措施。

6月17日，证监会通报了对欣泰电气及中介机构违法违规案件的查处情况，指出一旦认定欣泰电气欺诈发行并作出行政处罚，将启动欣泰电气后续退市程序。

7月8日，证监会对欣泰电气欺诈发行正式作出行政处罚，启动强制退市程序。

至此，欣泰电气成为创业板退市第一股，同时也是第一家因欺诈发行退市的公司。

欣泰电气的退市是根据2014年10月证监会发布实施《关于改革完善并严格实施上市公司退市制度的若干意见》（以下简称《意见》）的规定进行处理的。其中规定，上市公司因首次公开发行股票申请或者披露文件存在虚假记载、误导性陈述或者重大遗漏，致使不符合发行条件的发行人骗取了发行核准，或者对新股发行定价产生了实质性影响，受到证监会行政处罚，或者因涉嫌欺诈发行罪被依法移送公安机关的，证券交易所应当依法作出暂停其股票上市交易的决定。

最高额赔付

作为欣泰电气的保荐机构，兴业证券也尝到了恶果。

2016年6月27日，兴业证券已公开表示拟使用公司自有资金5.5亿元设立欣泰电气适格投资者先行赔付专项基金，用于先行赔付适格投资者的投资损失。

兴业证券在2016年7月8日的公告中称，先行赔付专项基金在基金设立公告刊登之日起正式成立，兴业证券将于先行赔付专项基金设立前将出资额划付至先行赔付专项基金资金监管专户。

此前，因虚假陈述行为，曾有平安证券保荐的万福生科（300268.SZ）和海联讯（300277.SZ）两个主动赔付案例。

2013年5月，万福生科的IPO保荐机构平安证券出资3亿元设立万福生科虚假陈述事件投资者利益补偿专项基金，实际赔付金额约1.79亿元；2014年7月，海联讯4位主要股东出资2亿元设立了虚假陈述事件投资者利益补偿专项基金，实际赔付金额约0.89亿元。

5.5亿元的赔付金额，无疑创下至今资本市场赔付金额之最。

思考：有哪些方法可以检查出上市公司财务数据造假？

7.1 财务分析概述

7.1.1 财务分析的概念

财务分析是一个完整的体系，其分析的内容涉及企业财务分析的各个方面，分析方法和指标适用于任何企业及企业内的各个部门，只是不同的企业和部门具体应用时需要注意各自的特征。

广义的财务分析应包括企业一般与具体、整体与部门、内部与外部、目前与未来、价值与非价值等各种与企业经营成果和财务状况相关的内容分析。同时，财务分析也不受时间的限制，除了要进行定期的财务分析外，也可在平时对重要事项进行不定期分析，对特殊项目进行专项分析等，以帮助企业解决日常经营问题和特殊事项的决策问题。

从狭义上讲，财务分析是对各项财务指标完成情况所进行的分析，或将其理解为会计报表分析。

特别提示

本章讲解的财务分析，主要是进行狭义上的财务分析，即会计报表分析。

7.1.2 财务分析的目的

财务报表分析的目的是将财务报表数据转换成有用的信息，以帮助信息使用者改善决策。现代财务报表分析一般包括战略分析、会计分析、财务分析和前景分析四个维度。

1. 战略分析的目的

确定主要的利润动因及经营风险并定性评估公司盈利能力，包括宏观分析、行业分析和公司竞争策略分析等。

2. 会计分析的目的

评价公司会计反映其经济业务的程度，包括评估公司会计的灵活性和恰当性、修正会计数据等。

3. 财务分析的目的

主要运用财务数据评价公司当前及过去的业绩并评估，包括比率分析和现金流量分析等。

4. 前景分析的目的

预测企业未来，包括财务报表预测和公司估值等内容。

7.1.3 财务分析的方法

财务分析的方法有很多种类，可归为比较分析法和因素分析法两类。不同财务分析者，由于分析目的有别，而采用各自所需的分析方法。

1. 比较分析法

比较是认识事物的最基本方法，没有比较就没有鉴别。财务报表分析的比较分析法，是对两个或两个以上有关的可比数据进行对比，从而揭示趋势或差异。

（1）按比较分析的对象分为：

①与本企业历史的比较分析，即不同时期（3～10 年）指标相比，称为趋势分析。

②本企业与同类企业的比较分析，即与行业平均数或对标企业比较，称为横向比较分析。

③本企业实际与计划预算的比较分析，即实际执行结果与计划预算指标比较，称为预算差异分析。

（2）按比较内容分为：

①会计要素的总量比较分析。总量是指报表项目的总金额，例如，总资产、净资产、净利润等。总量比较主要采用时间序列分析，如研究利润的逐年变化趋势，看其增长潜力。有时也用于同业对比，分析企业相对规模和竞争地位的变化。

②结构百分比比较分析。把资产负债表、利润表、现金流量表转换成结构百分比报表。例如，以收入为 100%，分析利润表各项目的比重。结构百分比报表用于发现

有显著问题的项目，揭示进一步分析的方向。

③财务比率比较分析。财务比率是各会计指标之间的数量关系，反映它们的内在联系。财务比率是相对数，排除了规模的影响，具有较好的可比性，是最常用的比较分析方法。财务比率的计算相对简单，但对其加以说明和解释却比较复杂和困难。

2. 因素分析法

因素分析法，是依据财务指标与其驱动因素之间的关系，从数量上确定各因素对指标影响程度的一种方法。该方法将分析指标分解为各个可以量化的因素，并根据各个因素之间的依存关系，顺次用各因素的比较值（通常为实际值）替代基准值（通常为标准值或计划值），据以测定各因素对分析指标的影响。由于分析时，要逐次进行各因素的有序替代，因此又称为连环替代法。

因素分析法一般分为四个步骤：（1）确定分析对象，即确定需要分析的财务指标，比较其实际数额和标准数额（如上年实际数额），并计算两者的差额。（2）确定该财务指标的驱动因素，即根据该财务指标的形成过程，建立财务指标与各驱动因素之间的函数关系模型。（3）确定驱动因素的替代顺序。（4）按顺序计算各驱动因素脱离标准的差异对财务指标的影响。

【例 7－1】某企业 2017 年 3 月生产产品所耗某种材料费用的实际数是 6 720 元，而其计划数是 5 400 元。实际比计划增加 1 320 元。由于材料费用由产品产量、单位产品材料耗用量和材料单价三个因素的乘积构成。因此，可以把材料费用这一总指标分解为三个因素，然后逐个分析它们对材料费用总额的影响程度。现假设这三个因素的数值如表 7－1 所示。

表 7－1　材料费用资料

项目	单位	计划数	实际数	差异
产品产量	件	120	140	20
材料单耗	千克/件	9	8	－1
材料单价	元/千克	5	6	1
材料费用	元	5 400	6 720	1 320

根据表中资料，材料费用总额实际数较计划数增加 1 320 元，这是分析对象。运用连环替代法，可以计算各因素变动对材料费用总额的影响程度，具体如下：

计划指标：120 ×9 ×5 =5 400（元）　①

第一次替代：140 ×9 ×5 =6 300（元）　②

第二次替代：140 ×8 ×5 =5 600（元）　③

第三次替代：140 ×8 ×6 =6 720（元）（实际数）　④

各因素变动的影响程度分析：

② －① =6 300 －5 400 =900（元）产量增加的影响

③ －② =5 600 －6 300 = －700（元）材料节约的影响

④ - ③ = 6 720 - 5 600 = 1 120（元）价格提高的影响

900 - 700 + 1 120 = 1 320（元）全部因素的影响

企业是一个有机整体，每个财务指标的高低都受其他因素的驱动。从数量上测定各因素的影响程度，有助于抓住主要矛盾，或更有说服力地评价经营状况。财务分析的核心是追溯产生差异的原因，因素分析法提供了定量解释差异成因的工具。

7.1.4 财务分析的局限性

财务分析以财务报表数据为主要分析依据，而财务报表本身存在着一定的局限性。

1. 财务报表本身的局限性

财务报表是企业财务会计系统的产物。每个企业的财务会计系统，都会受会计环境和企业会计战略的影响。

会计环境包括会计规范和会计管理、税务与会计的关系、外部审计、会计争端处理的法律系统、资本市场结构、公司治理结构等。这些因素是决定企业会计系统质量的外部因素。会计环境缺陷会导致会计系统缺陷，使之不能完全反映企业的实际状况。会计环境的重要变化会导致会计系统的变化，影响财务数据的可比性。例如，会计规范要求以历史成本报告资产，使财务数据不代表其现行成本或变现价值；会计规范要求假设币值不变，使财务数据不按通货膨胀率或物价水平调整；会计规范要求遵循谨慎原则，使会计预计损失而不预计收益，有可能少计收益和资产；会计规范要求按年度分期报告，使得会计报表只报告短期信息，不能提供反映长期潜力的信息等。

企业会计战略是企业根据环境和经营目标作出的主观选择，不同企业会有不同的会计战略。企业会计战略包括选择会计政策、会计估计、补充披露及报告具体格式。不同会计战略会导致不同企业财务报告的差异，并影响其可比性。例如，对同一会计事项的会计处理，会计准则允许公司选择不同的会计政策，包括存货计价方法和固定资产折旧方法等。虽然财务报表附注对会计政策选择有一定的表述，但报表使用人未必能完成可比性的调整工作。

由于上述两方面原因，财务报表存在如下局限性：（1）财务报表没有披露企业的全部信息，管理层拥有更多的信息，披露的只是其中的一部分。（2）已经披露的财务信息存在会计估计误差，不可能是真实情况的全面准确计量。（3）管理层的各项会计政策选择，有可能导致降低信息可比性。

2. 财务报表的可靠性问题

只有依据符合规范的、信息可靠的财务报表，才能得出正确的分析结论。所谓“符合规范”，是指除了上述局限性以外，没有虚假陈述。当然，外部分析人员很难认定是否存在虚假陈述，财务报表的可靠性有赖于注册会计师的鉴证。当然，注册会计师不能保证财务报表没有任何错报和漏报。因此，分析人员自己必须关注财务报表的可靠性，对可能存在的问题保持足够的警觉。

外部分析人员虽然不能认定是否存在虚假陈述，但可以发现一些“危险信号”。对于存有危险信号的报表，分析人员要通过更细致的考察或获取其他有关信息，对财务报表信息的可靠性作出自己的判断。

常见的危险信号包括：

(1) 财务报告失范。不规范的财务报告，其可靠性也应受到怀疑。分析人员要关注财务报告是否存在重大遗漏，有的重大遗漏可能是因不想讲真话引起的；要注意是否及时提供财务报告，不能及时提供报告暗示企业当局与注册会计师存在分歧。

(2) 数据出现异常。异常数据如无合理解释，应考虑该数据的真实性和一贯性是否存在问题。例如，原因不明的会计调整，可能是利用会计政策的灵活性“粉饰”报表数据；与销售额相比应收账款异常增加，可能存在提前确认收入问题；报告净利润与经营活动产生的现金流量净额的缺口加大，报告利润总额与应纳税所得额之间的缺口加大，可能存在盈余管理；第四季度的大额的资产冲销和大额调整，可能是中期报告存在问题，年度报告根据注册会计师的意见进行了调整。

(3) 关联方交易异常。关联方交易的定价不公允，可能存在转移利润的动机。

(4) 资本利得金额大。在经营业绩不佳时，公司可能通过出售长期资产、债务重组等交易实现资本利得。

(5) 审计报告异常。无正当理由更换注册会计师，或审计报告附有保留意见，有待作进一步分析判断。

3. 比较基础问题

在比较分析时，需要选择比较的参照标准，包括同业数据、本企业历史数据和计划预算数据。

横向比较时，需要使用同业标准。同业平均数只有一般性的参考价值，未必具备有代表性或合理的基准。选同行业一组有代表性的企业求平均数，作为同业标准，可能比整个行业的平均数更有可比价值。近年来，分析人员以一流企业作为标杆，进行对标分析。也有不少企业实行多种经营，没有明确的行业归属，同业比较更加困难。

趋势分析应以本企业历史数据为比较基础。历史数据代表过去，并不代表合理性。经营环境变化后，本年比上年利润提高了，未必说明已经达到应该达到的水平，甚至未必说明管理有了改进。

实际与预算比较分析应以预算为比较基础。实际与预算发生差异，可能是执行中有问题，也可能是预算不合理，两者的区分并非易事。

总之，对比较基础本身要准确理解，并且要有限定地使用分析结论，避免简单化和绝对化。

7.2　财务比率分析

财务报表中有大量数据，可以用于计算公司有关的财务比率。为便于说明财务比率的计算和分析方法，仅以ABC股份有限公司（以下简称“ABC公司”）的财务报表数据为例。该公司2016年资产负债表、利润表和现金流量表，如表7－2、表7－3和表7－4所示。为简化计算，列举的数据都是假设的。

表7－2　　资产负债表

编制单位：ABC公司　　2016年12月31日　　单位：万元

资产	年末金额	年初金额	负债和股东权益	年末金额	年初金额
流动资产：			流动负债：		
货币资金	44	25	短期借款	60	45
以公允价值计量且其变动计入当期损益的金融资产	0	0	以公允价值计量且其变动计入当期损益的金融负债	0	0
应收票据	20	23	应付票据	33	14
应收账款	398	199	应付账款	100	109
预付账款	22	4	应付职工薪酬	10	4
应收利息	0	0	应收税费	2	1
应收股利	0	0	应付利息	5	4
其他应收款	12	22	应付股利	12	16
存货	119	326	其他应付款	0	0
一年内到期的非流动资产	77	11	一年内到期的非流动负债	25	22
其他流动资产	8	0	其他流动负债	0	0
流动资产合计	700	610	流动负债合计	53	5
			非流动负债：	300	220
非流动资产：			长期借款		
可供出售金融资产	0	0	应付债券	450	245
持有至到期投资	0	0	长期应付款	240	260
长期应收款	0	0	专项应付款	50	60
长期股权投资	30	0	预计负债	0	0
固定资产	1 238	1 000	递延所得税负债	0	0
在建工程	18	35	其他非流动负债	0	0
固定资产清理	0	12	非流动负债合计	0	15
无形资产	6	8	负债合计	740	580
开发支出	0	0	股东权益：	1 040	800
商誉	0	0	股本		
长期待摊费用	5	15	资本公积	100	100

续表

资产	年末金额	年初金额	负债和股东权益	年末金额	年初金额
递延所得税资产	0	0	其他综合收益	10	10
其他非流动资产	3	0	盈余公积	0	0
非流动资产合计	1 300	1 070	未分配利润	60	40
		0	股东权益合计	790	730
		0	负债和股东权益总计	960	880
资产总计	2 000	1 680		2 000	1 680

表 7－3　　　　利润表

编制单位：ABC 公司　　　　2016 年　　　　单位：万元

项目	本年金额	上年金额
一、营业收入	3 000	2 850
减：营业成本	2 644	2 503
税金及附加	28	28
销售费用	22	20
管理费用	46	40
财务费用	110	96
资产减值损失	0	0
加：公允价值变动收益	0	0
投资收益	6	0
二、营业利润	156	163
加：营业外收入	45	72
减：营业外支出	1	0
三、利润总额	200	235
减：所得税费用	64	75
四、净利润	136	160
五、其他综合收益的税后净额	0	0
（一）以后不能重分类进损益的其他综合收益	0	0
（二）以后将重分类进损益的其他综合收益	0	0
六、综合收益总额	136	160
七、每股收益：		
（一）基本每股收益（元/股）	略	略
（二）稀释每股收益（元/股）	略	略

表 7-4　　　　现金流量表

编制单位：ABC 公司　　　　2016 年　　　　单位：万元

项目	本年金额	上年金额（略）
一、经营活动产生的现金流量：		
销售商品、提供劳务收到的现金	2 810	
收到的税费返还	0	
收到其他与经营活动有关的现金	10	
经营活动现金流入小计	2 820	
购买商品、接受劳务支付的现金	2 363	
支付给职工以及为职工支付的现金	29	
支付的各项税费	91	
支付其他与经营活动有关的现金支出	14	
经营活动现金流出小计	2 497	
经营活动产生的现金流量净额	323	
二、投资活动产生的现金流量：		
收回投资收到的现金	0	
取得投资收益收到的现金	0	
处置固定资产、无形资产和其他长期资产收回的现金净额	22	
处置子公司及其他营业单位收到的现金净额	0	
收到其他与投资活动有关的现金	0	
投资活动现金流入小计	22	
购置固定资产、无形资产和其他长期资产支付的现金	369	
投资支付的现金	30	
支付其他与投资活动有关的现金	0	
投资活动现金流出小计	399	
投资活动产生的现金流量净额	-377	
三、筹资活动产生的现金流量：		
吸收投资收到的现金	0	
取得价款收到的现金	270	
收到其他与筹资活动有关的现金	0	
筹资活动现金流入小计	270	
偿还债务支付的现金	19	
分配股利、利润或偿付利息支付的现金	170	

续表

项目	本年金额	上年金额（略）
支付其他与筹资活动有关的现金	10	
筹资活动现金流出小计	197	
筹资活动产生的现金流量净额	73	
四、汇率变动对现金等价物的影响	0	
五、现金及现金等价物净增加额	19	
加：期初现金及现金等价物余额	25	
六、期末现金及现金等价物余额	44	

7.2.1　短期偿债能力比率

债务一般按到期时间分为短期债务和长期债务，偿债能力分析由此分为短期偿债能力分析和长期偿债能力分析两部分。

偿债能力的衡量方法有两种：一种是比较可供偿债资产与债务的存量，资产存量超过债务存量较多，则认为偿债能力较强；另一种是比较经营活动现金流量和偿债所需现金，如果产生的现金超过需要的现金较多，则认为偿债能力较强。

1. 可偿债资产与短期债务的存量比较

（1）营运资本。营运资本是指流动资产超过流动负债的部分。其计算公式如下：

营运资本 = 流动资产 − 流动负债

根据 ABC 公司的财务报表数据：

本年营运资本 = 700 − 300 = 400（万元）

上年营运资本 = 610 − 220 = 390（万元）

计算营运资本使用的“流动资产”和“流动负债”，数据通常可以直接取自资产负债表。资产负债表的资产和负债分为流动项目和非流动项目，并按流动性强弱排序，为计算营运资本和分析流动性提供了便利。

如果流动资产与流动负债相等，并不足以保证短期偿债能力没有问题，因为债务的到期与流动资产的现金生成，不可能同步同量；而且，为维持经营，企业不可能清算全部流动资产来偿还流动负债，而是必须维持最低水平的现金、存货、应收账款等。

因此，企业必须保持流动资产大于流动负债，即保有一定数额的营运资本作为安全边际，以防止流动负债“穿透”流动资产。ABC 公司现存 300 万元流动负债的具体到期时间不易判断，现存 700 万元流动资产生成现金的金额和时间也不好预测。营运资本 400 万元是流动负债“穿透”流动资产的“缓冲垫”。因此，营运资本越多，流动负债的偿还越有保障，短期偿债能力越强。

营运资本之所以能够成为流动负债的“缓冲垫”，是因为它是长期资本用于流动资产的部分，不需要在 1 年内偿还。

营运资本 = 流动资产 - 流动负债

= （总资产 - 非流动资产） - （总资产 - 股东权益 - 非流动负债）

= （股东权益 + 非流动负债） - 非流动资产

= 长期资本 - 长期资产

根据 ABC 公司的财务报表数据：

本年营运资本 = （960 + 740） - 1 300 = 1 700 - 1 300 = 400（万元）

上年营运资本 = （880 + 580） - 1 070 = 1 460 - 1 070 = 390（万元）

当流动资产大于流动负债时，营运资本为正数，表明长期资本的数额大于长期资产，超出部分被用于流动资产。营运资本的数额越大，财务状况越稳定。当全部流动资产未由任何流动负债提供资金来源，而全部由长期资本提供时，企业没有任何短期偿债压力。

当流动资产小于流动负债时，营运资本为负数，表明长期资本小于长期资产，有部分长期资产由流动负债提供资本来源。由于流动负债在 1 年或 1 个营业周期内需要偿还，而长期资产在 1 年或 1 个营业周期内不能变现，偿债所需现金不足，必须设法另外筹资，这意味着财务状况不稳定。

（2）短期债务的存量比率。短期债务的存量比率包括流动比率、速动比率和现金比率。

①流动比率。流动比率是流动资产与流动负债的比值，其计算公式如下：

流动比率 = 流动资产 ÷ 流动负债

根据 ABC 公司的财务报表数据：

本年流动比率 = 700 ÷ 300 = 2.33

上年流动比率 = 610 ÷ 220 = 2.77

流动比率假设全部流动资产都可用于偿还流动负债，表明每 1 元流动负债有多少流动资产作为偿债保障。ABC 公司的流动比率降低了 0.44（2.77 - 2.33），即为每 1 元流动负债提供的流动资产保障减少了 0.44 元。

流动比率和营运资本配置比率反映的偿债能力相同，它们可以互相换算：

流动比率 = 1 ÷ （1 - 营运资本 ÷ 流动资产）

根据 ABC 公司的财务报表数据：

本年流动比率 = 1 ÷ （1 - 57%） = 2.33

上年流动比率 = 1 ÷ （1 - 64%） = 2.78

流动比率是相对数，排除了企业规模的影响，更适合同业比较以及本企业不同历史时期的比较。此外，由于流动比率计算简单，因而被广泛应用。

但是，需要提醒注意的是，不存在统一、标准的流动比率数值。不同行业的流动比率，通常有明显差别。营业周期越短的行业，合理的流动比率越低。在过去很长一段时期里，人们认为生产型企业合理的最低流动比率是 2。这是因为流动资产中变现能力最差的存货金额约占流动资产总额的一半，剩下的流动性较好的流动资产至少要等于流动负债，才能保证企业最低的短期偿债能力。这种认识一直未能从理论上证明。最近几十年，企业的经营方式和金融环境发生了很大变化，流动比率有下降的趋势，许多成功企业的流动比率都低于2。

如果流动比率相对上年发生较大变动，或与行业平均值出现重大偏离，就应对构成流动比率的流动资产和流动负债的各项目逐一分析，寻找形成差异的原因。为了考察流动资产的变现能力，有时还需要分析其周转率。

流动比率有其局限，在使用时应注意：流动比率假设全部流动资产都可以变为现金并用于偿债，全部流动负债都需要还清。实际上，有些流动资产的账面金额与变现金额有较大差异，如产成品等；经营性流动资产是企业持续经营所必需的，不能全部用于偿债；经营性应付项目可以滚动存续，无需动用现金全部结清。因此，流动比率是对短期偿债能力的粗略估计。

②速动比率。构成流动资产的各项目，流动性差别很大。其中，货币资金、交易性金融资产和各种应收款项等，可以在较短时间内变现，称为速动资产；另外的流动资产，包括存货、预付款项、一年内到期的非流动资产及其他流动资产等，称为非速动资产。

非速动资产的变现金额和时间具有较大的不确定性：一是存货的变现速度比应收款项要慢得多；部分存货可能已毁损报废、尚未处理；存货估价有多种方法，可能与变现金额相距甚远。二是一年内到期的非流动资产和其他流动资产的金额有偶然性，不代表正常的变现能力。因此，将可偿债资产定义为速动资产，计算短期债务的存量比率更可信。速动资产与流动负债的比值，称为速动比率，其计算公式如下：

速动比率 = 速动资产 ÷ 流动负债

根据 ABC 公司的财务报表数据：

本年速动比率 = （44 + 6 + 14 + 398 + 12） ÷ 300 = 1.58

上年速动比率：（25 + 12 + 11 + 199 + 22） ÷ 220 = 1.22

速动比率假设速动资产是可偿债资产，表明每1元流动负债有多少速动资产作为偿债保障。ABC公司的速动比率比上年提高了0.36，说明为每1元流动负债提供的速动资产保障增加了0.36元。

与流动比率一样，不同行业的速动比率差别很大。例如，大量现销的商店几乎没有应收款项，速动比率低于1亦属正常。相反，一些应收款项较多的企业，速动比率可能要大于1。影响速动比率可信性的重要因素是应收款项的变现能力。账面上的应收款项未必都能收回变现，实际坏账可能比计提的准备金多；季节性的变化，可能使报表上的应收款项金额不能反映平均水平。这些情况，外部分析人员不易了解，而内部人员则可能作出合理的估计。

③现金比率。速动资产中，流动性最强、可直接用于偿债的资产是现金。与其他速动资产不同，现金本身就是可以直接偿债，而其他速动资产需要等待不确定的时间，才能转换为不确定金额的现金。

现金与流动负债的比值称为现金比率，其计算公式如下：

现金比率 = 货币资金 ÷ 流动负债

根据 ABC 公司的财务报表数据：

本年现金比率 = 44 ÷ 30 = 0.147

上年现金比率 = 25 ÷ 220 = 0.114

现金比率表明 1 元流动负债有多少现金作为偿债保障。ABC 公司的现金比率比上年下降 0.033，说明企业为每 1 元流动负债提供的现金保障降低了 0.033 元。

2. 现金流量比率

经营活动现金流量净额与流动负债的比值，称为现金流量比率。其计算公式如下：

现金流量比率 = 经营活动现金流量净额 ÷ 流动负债

根据 ABC 公司的财务报表数据：

现金流量比率 = 323 ÷ 300 = 1.08

上列公式中的“经营活动现金流量净额”，通常使用现金流量表中的“经营活动产生的现金流量净额”。它代表企业创造现金的能力，且已经扣除了经营活动自身所需的现金流出，是可以用来偿债的现金流量。一般而言，该比率中的流动负债采用期末数而非平均数，因为实际需要偿还的是期末金额，而非平均金额。现金流量比率表明每 1 元流动负债的经营活动现金流量保障程度。该比率越高，偿债能力越强。用经营活动现金净额流量代替可偿债资产存量，与短期债务进行比较以反映偿债能力，更具说服力。因为一方面它克服了可偿债资产未考虑未来变化及变现能力等问题；另一方面，实际用以支付债务的通常是现金，而不是其他可偿债资产。

相关思考

影响短期偿债能力的表外因素有哪些？

1. 增强短期偿债能力的表外因素

（1）可动用的银行授信额度。企业尚未动用的银行授信额度，可以随时用借款增加企业现金，提高支付能力。这一数据不在财务报表中反映，但有的公司以董事会决议公告披露。

（2）可快速变现的非流动资产。企业可能有一些非经营性长期资产可随时出售变现，这未必列示在“一年内到期的非流动资产”项目中。例如，储备的土地、未开采的采矿权、目前出租的房产等，在企业发生周转困难时，将其出售并不影响企业的持续经营。

（3）偿债能力的声誉。如果企业的信用记录优秀，在短期偿债方面出现暂时困难，比较容易筹集到短缺现金。

2. 降低短期偿债能力的表外因素

（1）与担保有关的或有负债事项。如果该金额较大且很可能发生，应在评价偿债能力时予以关注。

（2）经营租赁合同中的承诺付款事项。这很可能变为偿付义务。

7.2.2　长期偿债能力比率

衡量长期偿债能力的财务比率，也分为存量比率和流量比率两类。

1. 总债务存量比率

长期来看，所有债务都要偿还。因此，反映长期偿债能力的存量比率是总资产、总债务和股东权益之间的比例关系。常用比率包括：资产负债率、产权比率、权益乘数和长期资本负债率。

（1）资产负债率。资产负债率是总负债与总资产的百分比，其计算公式如下；

资产负债率 =（负债总额 ÷ 资产总额）×100%

根据 ABC 公司的财务报表数据：

本年资产负债率 =（1 040 ÷ 2 000）×100% =52%

上年资产负债率 =（800 ÷ 1 680）×100% =48%

资产负债率反映总资产中有多大比例是通过负债取得的。它可用于衡量企业清算时对债权人利益的保障程度。资产负债率越低，企业偿债越有保证，负债越安全。资产负债率还代表企业的举债能力。一个企业的资产负债率越低，举债越容易。如果资产负债率高到一定程度，财务风险很高，就无人愿意提供贷款了。这表明企业的举债能力已经用尽。

通常，资产在破产拍卖的售价不到账面价值的 50%，因此如果资产负债率高于 50%，则债权人的利益就缺乏保障。各类资产变现能力有显著区别，房地产的变现价值损失小，专用设备则难以变现。由此可见，不同企业的资产负债率不同，这与其持有的资产类别相关。

（2）产权比率和权益乘数。产权比率和权益乘数是资产负债率的另外两种表现形式，它和资产负债率的性质一样，计算公式分别如下：

产权比率 = 负债总额 ÷ 股东权益

权益乘数 = 资产总额 ÷ 股东权益

产权比率表明每 1 元股东权益相对于负债的金额。权益乘数表明每 1 元股东权益相对于资产的金额。它们是两种常用的财务杠杆率。财务杠杆率表示负债的比例，与偿债能力相关。财务杠杆影响总资产净利率和权益净利率之间的关系，还表明权益净利率风险的高低，与盈利能力相关。

（3）长期资本负债率。长期资本负债率是指非流动负债占长期资本的百分比。其计算公式如下：

长期资本负债率 =［非流动负债 ÷（非流动负债 + 股东权益）］×100%

根据 ABC 公司的财务报表数据：

本年长期资本负债率 =［740 ÷（740 +960）］×100% =44%

上年长期资本负债率 =［580 ÷（580 +880）］×100% =40%

长期资本负债率是反映公司资本结构的一种形式。由于流动负债的金额经常变化，非流动负债较为稳定，资本结构管理通常使用长期资本结构来衡量。

2. 总债务流量比率

（1）利息保障倍数。利息保障倍数是指息税前利润对利息费用的倍数。其计算公式如下：

利息保障倍数 = 息税前利润 ÷ 利息费用

=（净利润 + 利息费用 + 所得税费用）÷ 利息费用

分母的“利息费用”是指本期的全部应付利息，不仅包括计入利润表中财务费用的利息费用，还应包括计入资产负债表固定资产等成本的资本化利息。

根据 ABC 公司的财务报表数据：

本年利息保障倍数 =（136 +110 +64）÷110 =2.82

上年利息保障倍数 =（160 +96 +75）÷96 =3.45

长期债务通常不需要每年还本，但往往需要每年付息。利息保障倍数表明每 1 元利息费用有多少倍的息税前利润作为偿付保障。它可以反映债务政策风险的大小。如果公司一直保持按时付息的信誉，则长期负债可以延续，举借新债也比较容易。利息保障倍数越大，利息支付越有保障。如果利息支付尚且缺乏保障，归还本金就更难指望。因此，利息保障倍数可以反映长期偿债能力。

如果利息保障倍数小于 1，表明自身产生的经营收益不能支持现有规模的债务。利息保障倍数等于 1 也很危险，因为息税前利润受经营风险的影响，很不稳定，但支付利息却是固定的。利息保障倍数越大，公司拥有的偿还利息的缓冲效果越好。

（2）现金流量利息保障倍数。现金流量利息保障倍数，是指经营活动现金流量净额对利息费用的倍数。其计算公式如下：

现金流量利息保障倍数 = 经营现金活动流量净额 ÷ 利息费用

根据 ABC 公司的财务报表数据：

本年现金流量利息保障倍数 =323 ÷110 =2.94

现金流量利息保障倍数是现金基础的利息保障倍数，表明每 1 元利息费用有多少倍的经营活动现金净流量净额作为支付保障。它比利润基础的利息保障倍数更为可靠，因为实际用以支付利息的是现金，而不是利润。

（3）现金流量与负债比率。现金流量与负债比率，是指经营活动现金流量净额与负债总额的比率。其计算公式如下：

经营活动现金流量净额与负债比率 =（经营活动现金流量净额 ÷ 负债总额）×100%

根据 ABC 公司的财务报表数据：

本年经营活动现金流量净额与负债比率 =（323 ÷1 040）×100% =31%

一般来讲，该比率中的负债总额采用期末数而非平均数，因为实际需要偿还的是期末金额，而非平均金额。该比率表明企业用经营活动现金流量净额偿付全部债务的能力。比率越高，偿还债务总额的能力越强。

相关思考

影响长期偿债能力的表外因素有哪些？

1. 长期租赁

当公司需要添置固定资产时，既可以筹资购买，也可以通过租赁方式解决。资产租赁的形式包括融资租赁和经营租赁。依据会计准则，融资租赁形成的负债会反映在资产负债表内，而经营租赁的负债则未能反映在资产负债表内。当公司的经营租赁额比较大、期限比较长或具有经常性时，就形成了一种长期性融资，因此，经营租赁也是一种表外融资。对于这种租赁，到期时必须支付租金，势必对公司偿债能力产生影响。因此，如果公司经常发生经营租赁业务，应考虑其对偿债能力的影响。

2. 债务担保

担保项目的时间长短不一，有的影响公司的长期偿债能力，有的影响公司的短期偿债能力。在分析公司长期偿债能力时，应根据有关资料判断担保责任可能带来的影响。

3. 未决诉讼

未决诉讼一旦判决败诉，便会影响公司的偿债能力，因此在评价公司校期偿债能力时要考虑其潜在影响。

7.2.3　营运能力比率

营运能力比率是衡量公司资产管理效率的财务比率。这方面常用的财务比率有：应收账款周转率、存货周转率、流动资产周转率、营运资本周转率、非流动资产周转率和总资产周转率等。

1. 应收账款周转率

应收账款周转率是营业收入与应收账款的比率。它有应收账款周转次数、应收账款周转天数和应收账款与收入比三种表示形式，计算公式分别如下：

应收账款周转次数 = 营业收入 ÷ 应收账款

应收账款周转天数 =365 ÷（营业收入 ÷ 应收账款）

应收账款与收入比 = 应收账款 ÷ 营业收入

根据 ABC 公司的财务报表数据：

本年应收账款周转次数 =3 000 ÷398 =7.5（次/年）

本年应收账款周转天数 =365 ÷（3 000 ÷398）=48.4（天/次）

本年应收账款与收入比 =398 ÷3 000 =13.3%

应收账款周转次数，表明1年中应收账款周转的次数，或者说每1元应收账款投资支持的营业收入。应收账款周转天数，也称为应收账款收现期，表明从销售开始到收回现金所需要的平均天数。应收账款与营业收入比，则表明每1元营业收入所需要的应收账款投资。

2. 存货周转率

存货周转率是营业收入与存货的比率。它有三种计算方法，计算公式分别如下：

存货周转次数 = 营业收入 ÷ 存货

存货周转天数 =365 ÷（营业收入 ÷ 存货）

存货与收入比 = 存货 ÷ 营业收入

根据 ABC 公司的财务报表数据：

本年存货周转次数 =3 000 ÷119 =25.2（次/年）

本年存货周转天数 =365 ÷（3 000 ÷119）=14.5（天/次）

本年存货与收入比 =119 ÷3 000 =4%

存货周转次数，表明1年中存货周转的次数，或者说明每1元存货支持的营业收入。存货周转天数表明存货周转一次需要的时间，也就是存货转换成现金平均需要的时间。存货与收入比，表明每1元营业收入需要的存货投资。

3. 流动资产周转率

流动资产周转率是营业收入与流动资产的比率。它有三种计算方法，计算公式分别如下：

流动资产周转次数 = 营业收入 ÷ 流动资产

流动资产周转天数 =365 ÷（营业收入 ÷ 流动资产）

流动资产与收入比 = 流动资产 ÷ 营业收入

根据 ABC 公司的财务报表数据：

本年流动资产周转次数 =3 000 ÷700 =4.3（次/年）

本年流动资产周转天数 =365 +（3 000 ÷700）=85.2（天/次）

本年流动资产与收入比 =700 ÷3 000 =23.3%

流动资产周转次数，表明1年中流动资产周转的次数，或者说明每1元流动资产支持的营业收入。流动资产周转天数表明流动资产周转一次需要的时间，也就是流动资产转换成现金平均需要的时间。流动资产与营业收入比，表明每1元销售收入需要的流动资产投资。

4. 营运资本周转率

营运资本周转率是营业收入与营运资本的比率。它有三种计算方法，计算公式分别如下：

营运资本周转次数 = 营业收入 ÷ 营运资本

营运资本周转天数 = 365 ÷（营业收入 ÷ 营运资本）

营运资本与收入比 = 营运资本 ÷ 营业收入

根据 ABC 公司的财务报表数据：

本年营运资本周转次数 = 3 000 ÷ 400 = 7.5（次/年）

本年营运资本周转天数 = 365 ÷（3 000 ÷ 400）= 48.7（天/次）

本年营运资本与收入比 = 400 ÷ 3 000 = 13.3%

营运资本周转次数，表明 1 年中营运资本周转的次数，或者说明每 1 元营运资本支持的营业收入。营运资本周转天数表明营运资本周转一次需要的时间，也就是营运资本转换 成现金平均需要的时间。营运资本与营业收入比，表明每 1 元营业收入需要的营运资本投资。

营运资本周转率是一个综合性的比率。严格意义上，应仅有经营性资产和负债被用于计算这一指标，即短期借款、交易性金融资产和超额现金等因不是经营活动必需的而应被排除在外。

5. 非流动资产周转率

非流动资产周转率是营业收入与非流动资产的比率。它有三种计算方法，计算公式分别如下：

非流动资产周转次数 = 营业收入 ÷ 非流动资产

非流动资产周转天数 = 365 ÷（营业收入 ÷ 非流动资产）

非流动资产与营业收入比 = 非流动资产 ÷ 营业收入

根据 ABC 公司的财务报表数据：

本年非流动资产周转次数 = 3 000 ÷ 1 300 = 2.3（次/年）

本年非流动资产周转天数 = 365 ÷（3 000 ÷ 1 300）= 158.2（天/次）

本年非流动资产与营业收入比 = 1 300 ÷ 3 000 = 43.3%

非流动资产周转次数，表明 1 年中非流动资产周转的次数，或者说明每 1 元非流动资产支持的营业收入。非流动资产周转天数表明非流动资产周转一次需要的时间，也就是非流动资产转换成现金平均需要的时间。非流动资产与营业收入比，表明每 1 元营业收入需要的非流动资产投资。

非流动资产周转率反映非流动资产的管理效率，主要用于投资预算和项目管理分析，以确定投资与竞争战略是否一致，收购和剥离政策是否合理等。

6. 总资产周转率

总资产周转率是营业收入与总资产的比率。它有三种计算方法，计算公式分别如下：

总资产周转次数 = 营业收入 ÷ 总资产

总资产周转天数 = 365 ÷（营业收入 ÷ 总资产）

总资产与收入比 = 总资产 ÷ 营业收入

根据 ABC 公司的财务报表数据：

本年总资产周转次数 = 3 000 ÷ 2 000 = 1.5（次/年）

本年总资产周转天数 = 365 ÷ (3 000 ÷ 2 000) = 243.3（天/次）

本年总资产与收入比 = 2 000 ÷ 3 000 = 66.7%

总资产周转次数，表明 1 年中总资产周转的次数，或者说明每 1 元总资产支持的营业收入。总资产周转天数表明总资产周转一次需要的时间，也就是总资产转换成现金平均需要的时间。总资产与营业收入比，表明每 1 元营业收入需要的总资产投资。

7.2.4 盈利能力比率

1. 营业净利率

营业净利率是指净利润与营业收入的比率，通常用百分数表示。其计算公式如下：

营业净利率 = (净利润 ÷ 营业收入) × 100%

根据 ABC 公司的财务报表数据：

本年营业净利率 = (136 ÷ 3 000) × 100% = 4.53%

上年营业净利率 = (160 ÷ 2 850) × 100% = 5.61%

变动 = 4.53% − 5.61% = −1.08%

"净利润"、"营业收入"两者相除可以概括公司的全部经营成果。该比率越大，公司的盈利能力越强。

2. 总资产净利率

总资产净利率是指净利润与总资产的比率，它表明每 1 元总资产创造的净利润。其计算公式如下：

总资产净利率 = (净利润 ÷ 总资产) × 100%

根据 ABC 公司的财务报表数据：

本年总资产净利率 = (136 ÷ 2 000) × 100% = 6.8%

上年总资产净利率 = (160 ÷ 1 680) × 100% = 9.52%

变动 = 6.8% − 9.52% = −2.72%

总资产净利率是公司盈利能力的关键。虽然股东报酬由总资产净利率和财务杠杆共同决定，但提高财务杠杆会同时增加公司风险，往往并不增加公司价值。此外，财务杠杆的提高有诸多限制，公司经常处于财务杠杆不可能再提高的临界状态。因此，提高权益净利率的基本动力是总资产净利率。

3. 权益净利率

权益净利率，也称净资产收益率，是净利润与股东权益的比率，它反映每 1 元股东权益赚取的净利润，可以衡量企业的总体盈利能力。其计算公式如下：

权益净利率 = (净利润 ÷ 股东权益) × 100%

根据 ABC 公司的财务报表数据：

本年权益净利率 =（136 ÷960）×100% =14.17%

上年权益净利率 =（160 ÷880）×100% =18.18%

权益净利率的分母是股东的投入，分子是股东的所得。权益净利率具有很强的综合性，概括了公司全部经营业绩和财务业绩。

7.2.5　市价比率

1. 市盈率

市盈率是指普通股每股市价与每股收益的比率，它反映普通股股东愿意为每 1 元净利润支付的价格。其中，每股收益是指可分配给普通股股东的净利润与流通在外普通股加权平均股数的比率，它反映每只普通股当年创造的净利润水平。其计算公式如下：

市盈率 = 每股市价 ÷ 每股收益

每股收益 = 普通股股东净利润 ÷ 流通在外普通股加权平均股数

【例 7 –2】 假设 ABC 公司无优先股，2016 年 12 月 31 日普通股每股市价 36 元，2016 年流通在外普通股加权平均股数 100 万股。根据 ABC 公司的财务报表数据：

本年市盈率 =36 ÷1.36 =26.47（倍）

本年每股收益 =136 ÷100 =1.36（元/股）

2. 市净率

市净率也称市账率，是指普通股每股市价与每股净资产的比率。它反映普通股股东愿意为 1 元净资产支付的价格，说明市场对公司资产质量的评价。其中，每股净资产也称每股账面价值，是指普通股股东权益与流通在外普通股股数的比率。它表示每股普通股享有的净资产，是理论上的每股最低价值。其计算公式如下：

市净率 = 每股市价 ÷ 每股净资产

每股净资产 = 普通股股东权益 ÷ 流通在外普通股股数

对于既有优先股又有普通股的公司，通常只为普通股计算每股净资产。在这种情况下，普通股每股净资产的计算需要分两步完成。一是从股东权益总额中减去优先股权益，包括优先股的清算价值及全部拖欠的股息，得出普通股权益；二是用普通股权益除以流通在外普通股股数，确定普通股每股净资产。

【例 7 –3】 假设 ABC 公司有优先股 10 万股，清算价值为每股 15 元，累积股息为每股 5 元；2016 年 12 月 31 日普通股每股市价 36 元，流通在外普通股股数 100 万股。根据 ABC 公司的财务报表数据：

本年市净率 =36 ÷7.6 =4.74

本年每股净资产 =［960 –（15 +5）×10］÷100 =7.6（元/股）

在计算市净率和每股净资产时，应注意所使用的流通在外普通股股数是资产负债表日流通在外普通股股数，而不是当前流通在外普通股加权平均数。这是因为每股净资产的分子为时点数，分母也应选取同一时点数。

3. 市销率

市销率是指普通股每股市价与每股营业收入的比率。它表示普通股股东愿意为每1元营业收入支付的价格。其中，每股营业收入是指营业收入与流通在外普通股加权平均数的比率，它表示每只普通股创造的营业收入。计算公司分别如下：

市销率 = 每股市价 ÷ 每股营业收入

每股营业收入 = 营业收入 ÷ 流通在外普通股加权平均股数

【例 7－4】 假设2016年12月31日普通股每股市价36元，2016年流通在外普通股加权平均股数100万股。根据ABC公司的财务报表数据：

本年市销率 ＝36 ÷30 ＝1.2

本年每股营业收入 ＝3 000 ÷100 ＝30（元/股）

7.3 综合财务分析

杜邦分析体系，又称杜邦财务分析体系，简称杜邦体系，是利用各主要财务比率之间的内在联系，对公司财务状况和经营成果进行综合系统评价的系统方法。该体系是以权益净利率为核心，以总资产净利率和权益乘数为分解，重点揭示公司获利能力及杠杆水平对权益净利率的影响，以及各相关指标间的相互作用关系。杜邦体系最初由美国杜邦公司成功应用而得名。

7.3.1 杜邦分析体系的核心比率

权益净利率是分析体系的核心比率，具有很好的可比性，可用于不同公司之间的比较。由于资本具有逐利性，总是流向投资报酬率高的行业和公司，因此各公司的权益净利率会比较接近。如果一个企业的权益净利率经常高于其他公司，就会引来竞争者，迫使该公司的权益净利率回到平均水平。如果一个公司的权益净利率经常低于其他公司，就难以增获资本，会被市场驱逐，从而使幸存公司的权益净利率提升到平均水平。

权益净利率不仅有很强的可比性，而且有很强的综合性。公司为了提高权益净利率，可从如下三个分解指标入手：

$$权益净利率 = \frac{净利润}{营业收入} \times \frac{营业收入}{总资产} \times \frac{总资产}{股东权益}$$

$$= 营业净利率 \times 总资产周转次数 \times 权益乘数$$

无论提高其中的哪个比率，权益净利率都会提高。其中，“营业净利率”是利润表的一种概括表示，“净利润”和“营业收入”两者相除可以概括企业经营成果；“权益乘数”是资产负债表的一种概括表示，表明资产、负债和股东权益的比例关系，使权益净利率可以综合分析评价整个企业经营成果和财务状况。

7.3.2　杜邦分析体系的基本框架

杜邦分析体系的基本框架可用图 7 - 1 表示。

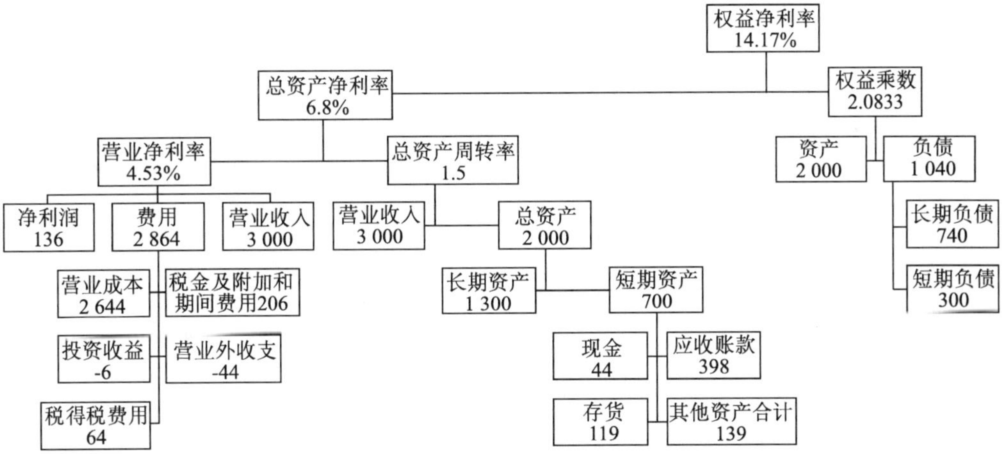

图 7 - 1　杜邦分析体系的基本框架图

由图可见，该体系是一个多层次的财务比率分解体系。各项财务比率，可在每个层次上与本公司历史或同业财务比率比较，比较之后向下一级分解。逐级向下分解，逐步覆盖公司经营活动的每一个环节，以实现系统、全面评价公司经营成果和财务状况的目的。

第一层次的分解，是把权益净利率分解为营业净利率、总资产周转次数和权益乘数。这三个比率在各企业之间可能存在显著差异。通过对差异的比较，可以观察本公司与其他公司的经营战略和财务政策有什么不同。

分解出来的营业净利率和总资产周转次数，可以反映公司的经营战略。一些公司营业净利率较高，而总资产周转次数较低；另一些公司与之相反，总资产周转次数较高而营业净利率较低。两者经常呈反方向变化。这种现象不是偶然的。为了提高营业净利率，就要增加产品附加值，往往需要增加投资，引起周转率的下降。与此相反，为了加快周转，就要降低价格，引起营业净利率下降。通常，营业净利率较高的制造业，其周转率都较低；周转率很高的零售业，营业净利率很低。采取“高盈利、低周转”还是“低盈利、高周转”的方针，是企业根据外部环境和自身资源作出的战略选择。正因如此，仅从营业净利率的高低并不能看出业绩好坏，应把它与总资产周转次数联系起来考察企业经营战略。真正重要的是两者共同作用得到的总资产净利率。总资产净利率可以反映管理者运用企业资产赚取盈利的业绩，是最重要的盈利能力。

分解出来的财务杠杆（以权益乘数表示）可以反映企业的财务政策。在总资产净利率不变的情况下，提高财务杠杆可以提高权益净利率，但同时也会增加财务风险。如何配置财务杠杆是公司最重要的财务政策。一般而言，总资产净利率较高的公司，财务杠杆较低，反之亦然。这种现象也不是偶然的。可以设想，为了提高权益净利率，公司倾向于尽可能提高财务杠杆。但是，贷款提供者不一定会同意这种做法。贷款提供者不分享超过利息的收益，更倾向于为预期未来经营活动现金流量净额比较稳定的企业提供贷款。为了稳定现金流量，公司的一种选择是降低价格以减少竞争；另一种选择是增加营运资本以防止现金流中断，这都会导致总资产净利率下降。这就是说，为了提高流动性，只能降低营利性。因此，经营风险低的公司可以得到较多的贷款，其财务杠杆较高；经营风险高的企业，只能得到较少的贷款，其财务杠杆较低。总资产净利率与财务杠杆负相关，共同决定了公司的权益净利率。因此，公司必须使其经营战略和财务政策相匹配。

7.3.3 权益净利率的驱动因素分解

该分析体系要求，在每一个层次上进行财务比率的比较和分解。通过与上年比较可以识别变动的趋势，通过与同业比较可以识别存在的差距。分解的目的是识别引起变动（或产生差距）的原因，并衡量其重要性，为后续分析指明方向。

下面以 ABC 公司权益净利率的比较和分解为例，说明其一般方法。

权益净利率的比较对象，可以是其他公司的同期数据，也可以是本公司的历史数据，这里仅以本公司的本年与上年的比较为例。

权益净利率 = 营业净利率 × 总资产周转次数 × 权益乘数

ABC 公司本年权益净利率 14.17% = 4.533% × 1.5 × 2.0833

上年权益净利率 18.18% = 5.614% × 1.6 964 × 1.9091

ABC 公司本年与上年权益净利率变动 = −4.01%

与上年相比，权益净利率下降了，公司整体业绩不如上年。影响权益净利率变动的不利因素是营业净利率和总资产周转次数的下降；有利因素是财务杠杆的提高。

利用连环替代法可以定量分析相关因素对权益净利率变动的影响程度，如下所示：

（1）营业净利率变动的影响：

按本年营业净利率计算的上年权益净利率 = 4.533% × 1.6 964 × 1.9 091

= 14.68%

营业净利率变动的影响 = 14.68% − 18.18% = −3.5%

（2）总资产周转次数变动的影响：

按本年营业净利率、总资产周转次数计算的上年权益净利率 = 4.533% × 1.5 × 1.9 091 = 12.98%

总资产周转次数变动的影响 = 12.98% − 14.68% = −1.7%

（3）财务杠杆变动的影响：

财务杠杆变动的影响 = 14.17% - 12.98% = 1.19%

通过分析可知，最重要的不利因素是营业净利率降低，使权益净利率减少3.5%；其次是总资产周转次数降低，使权益净利率减少1.7%。有利的因素是权益乘数提高，使权益净利率增加1.19%。不利因素超过有利因素，所以权益净利率减少4.01%。由此应重点关注营业净利率降低的原因。

在分解之后进入下一层次的分析，分别考察营业净利率、总资产周转次数和财务杠杆的变动原因。前面已经对此作过说明，此处不再赘述。

7.3.4　杜邦分析体系的局限性

前述杜邦分析体系虽然被广泛使用，但也存在某些局限性。

（1）计算总资产净利率的“总资产”与“净利润”不匹配。总资产为全部资产提供者享有，而净利润则专属于股东，两者不匹配。由于总资产利润率的“投入与产出”不匹配，该指标不能反映实际的报酬率。为了改善该比率，要重新调整分子和分母。

公司资本的提供者包括无息负债的债权人、有息负债的债权人和股东，无息负债的债权人不要求分享收益，要求分享收益的是股东和有息负债的债权人。因此，需要计量股东和有息负债债权人投入的资本，并且计量这些资本产生的收益，两者相除才是合乎逻辑的总资产净利率，才能准确反映企业的基本盈利能力。

（2）没有区分经营活动损益和金融活动损益。这种杜邦分析体系没有区分经营活动和金融活动。对于大多数公司来说，金融活动是净筹资，它们在金融市场上主要是筹资，而不是投资。筹资活动不产生净利润，而是支出净费用。这种筹资费用是否属于经营活动费用，在会计准则制定过程中始终存在很大争议，各国的会计准则对此的处理不尽相同。从财务管理角度看，公司的金融资产是尚未投入实际经营活动的资产，应将其与经营资产相区别。与此相应，金融损益也应与经营损益相区别，才能使经营资产和经营损益匹配。因此，正确计量基本盈利能力的前提是区分经营资产和金融资产，区分经营损益和金融损益。

（3）没有区分金融负债与经营负债。既然要把金融活动分离出来单独考察，就需要单独计量筹资活动成本。负债的成本（利息支出）仅仅是金融负债的成本，经营负债是无息负债。因此，必须区分金融负债与经营负债，利息与金融负债相除，才是真正的平均利息率。此外，区分金融负债与经营负债后，金融负债与股东权益相除，可以得到更符合实际的财务杠杆。经营负债没有固定成本，本来就没有杠杆作用，将其计入财务杠杆，会歪曲杠杆的实际效应。

本章小结

本章主要学习财务分析的分析方法和相关指标的计算分析。通过讲授财务分析比较分析与因素分析的方法，结合具体财务报表数据计算与分析了企业偿债能力、营运能力、盈利能力、市价比率等指标，并通过杜邦分析体系对企业整体财务进行了分析。

重要概念

比较分析　因素分析　偿债能力　营运能力　盈利能力　杜邦分析体系

本章练习

单选题

1. 会计分析的关键在于（　　）。

A. 揭示会计信息的质量状况　　B. 评价企业会计工作

C. 找出会计核算错误　　D. 分析会计人员素质

2. 可以预测企业未来财务状况的分析方法是（　　）。

A. 水平分析　　B. 垂直分析

C. 趋势分析　　D. 比率分析

3. 酸性试验比率又称为（　　）。

A. 流动比率　　B. 速动比率

C. 存货周转率　　D. 利息保障倍数

4. 杜邦分析法是（　　）。

A. 基本因素分析的方法　　B. 财务综合分析的方法

C. 财务综合评价的方法　　D. 财务预测分析的方法

5. 对于连环替代法中各因素的替代顺序，传统的排列方法是（　　）。

A. 主要因素在前，次要因素在后

B. 影响大的因素在前，影响小的因素在后

C. 不能明确责任的在前，可以明确责任的在后

D. 数量指标在前，质量指标在后

6. 某企业现在的流动比率为2:1，下列哪项经济业务会引起该比率降低(　　)。

A. 用银行存款偿还应付账款　　B. 发行股票收到银行存款

C. 收回应收账款　　D. 开出短期票据借款

7. 如果流动比率大于1，则下列结论成立的是（　　）。

A. 速动比率大于1　　B. 现金比率大于1

C. 营运资金大于0　　D. 短期偿债能力绝对有保障

8. 从资产流动性方面反映总资产效率的指标是（　　）。

A. 总资产产值率　　B. 总资产收入率

C. 总资产周转率　　D. 产品销售率

9. 反映资产占用与收入之间关系的指标是（　　）。

A. 流动资产产值率　　B. 流动资产周转率

C. 固定资产产值率　　D. 总资产产值率

10. 影响流动资产周转率的因素是（　　）。

A. 产出率　　B. 销售率

C. 成本收入率　　D. 收入成本率

多选题

1. 比率分析的基本形式有（　　）。

A. 百分率　　B. 比

C. 周转天数　　D. 增长率

E. 分数

2. 从投资者观点看主要关心的比率有（　　）。

A. 总资产报酬率　　B. 总资产周转率

C. 净资产利润率　　D. 资产负债率

E. 股利支付率

3. 属于会计分析的方法是（　　）。

A. 比率分析法　　B. 因素分析法

C. 水平分析法　　D. 垂直分析法

E. 趋势分析法

4. 反映企业营运能力的指标有（　　）。

A. 总资产收入率　　B. 固定资产收入率

C. 流动资产周转率　　D. 存货周转率

E. 应收账款周转率

5. 反映资产占用与总产值之间关系的指标有（　　）。

A. 固定资产产值率　　B. 固定资产收入率

C. 流动资产产值率　　D. 总资产收入率

E. 总资产产值率

判断题

1. 会计分析是战略分析和财务分析的基础和导向。（　　）

2. 财务指标分析就是指财务比率分析。（　　）

3. 水平分析法在不同企业应用中，一定要注意其可比性问题，即使在同一企业中应用，对于差异的评价也应考虑其对比基础。（　　）

4. 债权人通常不仅关心企业偿债能力比率，而且关心企业盈利能力比率。（　　）

5. 比率分析法能综合反映比率与计算它的会计报表之间的联系。 ( )

简答题

杜邦分析体系的局限性有哪些？

业务题

分析资料：ABC 公司某年财务报表有关数据如下：

(1) 损益表有关数据（单位：元）：

销售收入净额 90 000 元；现销收入 10 000 元；利息费用 4 500 元；

产品销售成本 41 130 元；利润总额 18 800 元；净利润 6 204 元。

(2)

资产负债表

单位：元

资产	年初数	年末数	负债和所有者权益	年初数	年末数
流动资产：			流动负债：		
货币资金	12 500	37 500	短期借款	9 162.5	15 725
应收款项净额	21 250	18 750	应付账款	5 000	10 525
存货	1 612.5	18 750	流动负债合计	14 162.5	26 250
流动资产合计	35 362.5	41 250	长期负债	15 000	18 750
固定资产净值	31 000	41 250	负债总额	29 162.5	45 000
			所有者权益：		
			股本	11 250	11 250
			资本公积	13 500	13 625
			盈余公积	6 450	6 475
			未分配利润	6 000	6 150
			所有者权益合计	37 200	37 500
资产总计	66 362.5	82 500	权益总计	66 362.5	82 500

分析要求：根据上述资料，计算 ABC 公司 2017 年下列动态和静态指标：

(1) 流动比率；(2) 速动比率；(3) 现金比率；(4) 应收账款周转次数；(5) 存货周转天数；(6) 资产负债率；(7) 净资产负债率；(8) 有形净资产负债率；(9) 长期负债率；(10) 利息保证倍数。

财务管理概论模拟试题

模拟试题（一）

得分	

一、单项选择题（本大题共 10 小题，每小题 1 分，共 10 分）

1	2	3	4	5	6	7	8	9	10

1. 下列活动中，属于筹资引起的财务活动是（　　）。

A. 购买股票　　B. 支付广告费用

C. 发行债券　　D. 分配股利

2. 已知某种证券的 β 系数等于 1，则表明该证券（　　）。

A. 无风险　　B. 有非常低的风险

C. 与证券市场上所有证券平均风险一致

D. 比证券市场上所有证券平均风险高一倍

3. 在其他条件不变的情况下，如果企业的负债比例增加，则财务杠杆系数将会（　　）。

A. 保持不变　　B. 增大

C. 减小　　D. 变化但方向不确定

4. 下列各项中，属于发行公司债券筹资缺点的是（　　）。

A. 资本成本较高　　B. 财务风险较高

C. 分散公司股东控制权　　D. 不利于调整资本结构

5. 下列各项中不会影响公司债券价格变化的是（　　）。

A. 债券的面值　　B. 债券的到期时间

C. 债券的票面利率　　D. 债券的发行主体

6. 当经营杠杆和财务杠杆系数都为 1.5 时，联合杠杆系数为（　　）。

A. 3　　B. 2.25

C. 1.5　　D. 0.75

7. 甲公司股票每年支付股利 1.2 元，若必要报酬率为 12%，则该公司股票的价值为（　　）。

A. 20 元　　B. 40 元

C. 10 元　　D. 60 元

8. 信用条件“2/10，n/30”表示（　　）。
A. 信用期限为 10 天，折扣期限为 30 天
B. 如果在开票后 10～30 天内付款可享受 2% 的折扣
C. 信用期限为 30 天，现金折扣为 20%
D. 如果在 10 天内付款，可享受 2% 的现金折扣
9. 采用 ABC 分类管理法对存货进行管理时，应当重点管理的是（　　）。
A. 数量较多的存货　　B. 占用资金较多的存货
C. 品种较多的存货　　D. 库存时间较长的存货
10. 领取股利的权利与股票分开的日期是（　　）。
A. 股权登记日　　B. 除息日
C. 股利宣告日　　D. 股利发放日

得分	

二、多选题（本大题共 5 小题，每小题 1 分，共 5 分）

1	2	3	4	5

1. 下列各项因素中，引起的风险属于非系统性风险的有（　　）。
A. 国家税法变化引起的风险　　B. 公司经营决策失误引起的风险
C. 货币政策变化引起的风险　　D. 公司投资失败引起的风险
2. 下列关于优先股的说法中，正确的有（　　）。
A. 具有优先分配股利的权利　　B. 可以优先分配公司的剩余财产
C. 股利一般固定　　D. 享有经营管理的优先表决权
3. 营业现金流量的计算方法有（　　）。
A. 营业现金流量 = 营业收入 - 付现成本 - 所得税
B. 营业现金流量 = 税后利润 + 折旧
C. 营业现金流量 = 税后收入 - 税后成本 - 税负减少
D. 营业现金流量 = 税后收入 - 税后成本 + 税负减少
4. 下列关于短期融资政策的说法中，正确的有（　　）。
A. 配合型融资政策可降低公司不能偿还到期债务的风险
B. 激进型融资政策是一种收益高、风险大的融资政策
C. 稳健型融资政策下，临时性流动负债满足临时性流动资产和长期资产的需要
D. 稳健型融资政策是一种风险低、报酬低的融资政策
5. 下列各项中属于与存货经济订货批量相关的有（　　）。
A. 存货单价　　B. 单位储存成本
C. 订货提前期　　D. 年度计划存货总需要量

得分	

三、判断题（本大题共 10 小题，每小题 1 分，共 10 分）

1	2	3	4	5	6	7	8	9	10

1. 经济订货批量是使企业存货的订货成本、储存成本之和最低的进货批量。 （ ）

2. 存货管理的目标是在存货成本与存货收益之间进行权衡，达到两者的最佳结合。 （ ）

3. 赊销是扩大销售有力手段之一，企业应尽可能放宽信用条件，增加赊销量。 （ ）

4. 风险和报酬之间的关系是风险越大，所要求的报酬也越高。 （ ）

5. 没有财务风险的企业也就没有经营风险。 （ ）

6. 当一个方案净现值大于零时，其获利指数必定大于 1。 （ ）

7. 债券的价值随市场利率的变化而变化。当市场利率上升时，债券价值下降，当市场利率下降时，债券价值会上升。 （ ）

8. 通过发行股票筹资，可以不付利息，因此，其成本比借款筹资的成本低。 （ ）

9. 经营杠杆并不是经营风险的来源，而只是放大了经营风险。 （ ）

10. 最佳资本结构是使企业筹资能力最强、财务风险最小的资本结构。 （ ）

得分	

四、计算分析题（本大题共 7 小题：第 1 小题 5 分，第 2 – 7 小题每小题 10 分，共 65 分）

1. 昌盛公司连续 6 年向银行借入资金 20 000 元，银行贷款年利率为 5%，那么昌盛公司 6 年借款的现值是多少？

2. 股票 M 的 β 系数为 2.0，市场组合报酬率为 16%，必要报酬率为 24%。如果股票 N 的 β 系数为 1.6，则其必要报酬率是多少？

3. 某企业目前拥有资本 1 000 万元，其资本结构为：债务资本 20%（年利息为 20 万元），普通股股本 80%（发行普通股 10 万股，每股面值 80 元）。现准备追加筹资 400 万元，有两种筹资方案可供选择：

方案一：全部发行普通股，每股面值 80 元，增发 5 万股；

方案二：全部筹措长期债务，利率为 10%，每年利息 40 万元。

企业追加筹资后，预计可实现息税前利润 160 万元，所得税税率为 33%。要求：计算该企业每股收益无差别点并进行筹资决策。

4. 假设企业有一笔 4 年后到期的借款，到期值为 200 万元。若存款年利率为

10%，则为偿还该借款应建立的偿债基金为多少？

5. 某公司准备购入一设备以扩充生产能力。现有甲、乙两个方案可供选择，甲方案需投资20 000元，使用寿命为5年，采用直线法计提折旧，5年后设备无残值。5年中每年销售收入为8 000元，每年的付现成本为3 000元。乙方案需投资24 000元，采用直线法计提折旧，使用寿命也为5年，5年后有残值收入4 000元，5年中每年的销售收入为10 000元，付现成本第一年为4 000元，以后随着设备陈旧，逐年将增加修理费200元，另需垫支营运资金3 000元。假设所得税率为40%，资金成本为10%。要求：（1）计算两个方案的现金流量；（2）计算两个方案的获利指数，并作出两方案是否可行的决策。

6. 东方公司准备投资购买西部公司的股票，该股票上年每股股利为2元，预计以后每年以4%的增长率增长，东方公司经分析后，认为必须得到10%的报酬率，才能购买西部公司的股票，则该种股票的内在价值为多少？

7. 已知：某公司现金收支平稳，预计全年现金需要量为360 000元，现金与有价证券的转换成本为每次300元，有价证券年平均报酬率为6%。要求：（1）计算最佳现金持有量；（2）计算最低现金管理相关总成本；（3）计算现金年最佳转换次数。

得分	

五、简答题（本大题共2题，每小题5分，共10分）

1. 简述年金的概念和种类。
2. 简述在投资决策中使用现金流量的原因。

模拟试题（二）

得分	

一、单项选择题（本大题共 10 小题，每小题 1 分，共 10 分）

1	2	3	4	5	6	7	8	9	10

1. 财务管理的内容不包括（　　）。

A. 筹资管理　　B. 投资管理

C. 股利分配管理　　D. 会计账务处理

2. 公司财务管理的对象是（　　）。

A. 资金及其运动　　B. 各项有形资产

C. 各项无形资产　　D. 有形资产和无形资产之和

3. A 方案在 3 年中每年年初付款 5 000 元，B 方案在 3 年中每年年末付款 5 000 元，若利率为 10%，则两个方案第 3 个年末时的终值相差（　　）元。

A. 1 050　　B. 1 655

C. 6 655　　D. 5 050

4. 若两个投资项目的预期报酬率相同，但其概率分布不同，则这两个项目（　　）。

A. 风险相同　　B. 风险不同

C. 方差相同　　D. 标准离差相同

5. 下列因素引起的风险，企业可以通过多角化投资予以分散的是（　　）。

A. 市场利率上升　　B. 社会经济衰退

C. 生产技术革新　　D. 通货膨胀

6. 获利指数（　　）说明该项目具有正的净现值，对企业有利。

A. 大于 0　　B. 小于 0

C. 大于 1　　D. 小于 1

7. 投资者在购买债券时，可以接受的最高价为（　　）。

A. 出卖市价　　B. 风险价值

C. 内在价值　　D. 票面价值

8. 当市场利率等于票面利率时，债券采用的发行方式是（　　）。

A. 平价发行　　B. 溢价发行

C. 折价发行　　D. 市价发行

9. 下列各项中，不影响经营杠杆系数的是（　　）。

A. 产品销售数量　　B. 产品销售价格

C. 固定成本　　D. 利息费用

10. 容易造成公司股利支付与公司盈利想脱离的股利政策是（　　）。

A. 剩余股利政策　　B. 固定股利政策

C. 固定股利支付率政策　　D. 低正常加额外股利政策

得分	

二、多选题（本大题共 5 小题，每小题 1 分，共 5 分）

1	2	3	4	5

1. 下列属于财务管理宏观环境的有（　　）。

A. 经济环境　　B. 法律环境

C. 金融市场环境　　D. 企业组织结构。

2. 递延年金具有的特点是（　　）。

A. 首期没有款项的收付

B. 递延年金终值的计算公式与普通年金终值的计算公式相同

C. 递延年金没有现值

D. 递延年金没有终值

3. 风险与报酬的关系可表述为（　　）。

A. 风险与报酬成正比

B. 风险与报酬成反比

C. 风险越大，要求的报酬越高

D. 风险越小，要求的报酬越低

4. 按照资本资产定价模型，影响股票必要收益率的因素有（　　）。

A. 无风险收益率　　B. 平均风险股票的收益率

C. 股票的贝塔系数　　D. 财务杠杆系数

5. 相对股票投资而言，债券投资的优点有（　　）。

A. 收入稳定　　B. 投资收益高

C. 本金安全性高　　D. 拥有管理权

得分	

三、判断题（本大题共 10 小题，每小题 1 分，共 10 分）

1	2	3	4	5	6	7	8	9	10

1. 一般来讲，当某种存货品种数量比重超过 70% 左右时，应将其划为 A 类存货进行重要管理。（　　）

2. 订货提前期对经济订货批量的确定并没有影响，只是改变了订货周期。（　　）

3. 年金是指一定时期内每隔相同时间支付的款项。（　）

4. 在运用资本资产定价模型时，某资产的 β 值小于零，说明该资产的系统风险小于市场平均风险。（　）

5. 现金流量是以收付实现制为基础的。（　）

6. 当债券票面利率大于市场利率时，债券发行时的价格低于债券的面值。（　）

7. 如果不考虑影响股价的其他因素，股利恒定的股票价值与投资者要求的必要报酬率成反比，与预期股利成正比。（　）

8. 在市场经济条件下，企业举债会增加财务风险，因此企业应尽量少举债。（　）

9. 由于经营杠杆的作用，当息税前利润下降时，普通股每股收益会下降得更快。（　）

10. 无论是经营杠杆系数变大，还是财务杠杆系数变大，都可能导致企业的联合杠杆系数变大。（　）

得分	

四、计算分析题（本大题共 7 小题：第 1 小题 5 分，第 2 ~ 7 小题每小题 10 分，共 65 分）

1. 向银行借入一笔款项，银行贷款的年利率为 12%，前 3 年不用付款，后 3 年每年年末需要向银行偿付本息 50 000 元，这笔借款的现值是多少？

2. 某企业面临一投资机会，现有两个可供选择的方案，根据市场预测，两方案在不同市场状况下的预计报酬率及概率资料如下表所示。

投资项目的预计报酬率及概率分布

市场状况	概率	预计报酬率	
		A 项目	B 项目
繁荣	0.3	30%	25%
一般	0.4	15%	15%
衰退	0.3	0	5%

要求：假设该公司所处行业的风险报酬系数为 8%，无风险报酬率为 5%，试计算各方案的必要报酬率。

3. 大华公司拟拓展业务，现有甲、乙两个项目可供选择。甲项目需投资 180 000 元，使用寿命为 5 年，采用直线法折旧，5 年后设备无残值，5 年中每年销售收入为 130 000 元，每年的付现成本为 50 000 元；乙项目需投资 240 000 元，使用寿命也为 5 年，5 年后有残值收入 40 000 元，也采用直线法折旧，5 年中每年的销售收入为 150 000元，付现成本第一年为 45 000 元，以后随着设备陈旧，逐年将增加修理费

2 000元，另需垫支流动资金 20 000 元。假设公司所得税税率为 40%，要求：（1）计算两个项目的现金流量；（2）计算两个项目的投资回收期。

4. 九华公司共筹集资金 1 200 万元，其中：银行借款 300 万元，年利率 6%，每年付息一次，到期一次还本，筹资费用率 0.5%；发行 5 年期债券，面值为 300 万元，年利率 12%，发行价格为 380 万元，发行费用率 4%；发行普通股 520 万元，每股价格 13 元，第一年每股股利为 1.3 元，筹资费用率为 5%，预计未来股利年增长率为 2%。所得税税率 25%。要求：计算九华公司的加权平均资本成本。

5. 某公司持有由三种股票构成的证券组合，其 β 系数分别为 2.0，1.5，0.6，它们在证券组合中所占的比重分别为 60%，30% 和 10%，股票的市场收益率为 15%，无风险利率为 12%。要求：计算该证券组合的预期收益率。

6. 某公司向银行借入 1 000 万元，约定在 8 年内按年利率 10% 等额偿还，则每年还本付息的金额是多少？

7. 某企业全年需要 A 零件 1 500 个，每个零件每年储存成本为 0.5 元，每次订货费用为 81.67 元。供应商规定，每次订货量达到 750 个时，可获得 2% 的价格优惠，不足 750 个时单价为 50 元。要求作出选用哪个方案的决策。

得分	

五、简答题（本大题共 2 题，每小题 5 分、共 10 分）

1. 简述企业的财务活动。
2. 简述股利的发放程序。

各章练习参考答案

第 1 章　财务管理总论

单选题

1	2	3	4	5
A	B	D	A	A

多选题

1	2	3
ABCE	BCD	BE

判断题

1	2	3	4	5
×	×	×	√	×

简答题

1.（1）财务管理的内容：①投资管理。投资管理主要研究和解决公司应该投资于什么样的资产，投资规模多大，并在对风险与收益进行权衡的基础上做出选择。②筹资管理。筹资管理主要解决的问题是如何取得公司所需资本，包括向谁筹集、在何时筹集、筹集多少资本，以及确定各种长期资本来源所占的比重，即确定最佳资本结构。③营运资本管理。营运资本管理分为营运资本投资管理和营运资本筹资管理两部分。④股利分配管理。

（2）财务管理的特点：①综合性强；②涉及面广；③对公司的经营管理状况反应迅速。

2.（1）优点：①考虑了时间价值；②考虑了风险因素；③反映了资本与收益之间的关系。

（2）缺点：①大量的非上市公司不可能采用这一目标；②股票价格受多种因素的影响，影响股票价格的因素并非都是公司所能控制的，把公司不可控的因素引入财务管理目标是不合理的；③股东财富最大化强调了股东利益最大化，很容易忽视其他利益相关者的利益。

3.（1）优点：①考虑了不确定性和时间价值，强调风险与收益的权衡；②将企业长期、稳定的发展和持续的获利能力放在首位，能够克服企业追求利润的短期行为；③反映了对企业资产的保值增值要求；④有利于资源的优化配置。

（2）缺点：①尽管上市公司股票价格的变动在一定程度上可以揭示企业价值的变化，但是股价是受多种因素综合影响的结果，特别是在资本市场弱式有效的情况下，股票价格很难反映公司的真实价值；②对于非上市公司，只有对公司进行专门评估才能确定其价值；③在评估企业价值时，企业未来报酬和与企业风险相适应的折现率很难预计。

4.（1）纯利率。（2）通货膨胀率。（3）违约风险报酬率。（4）流动性风险报酬率。（5）期限性风险报酬率。

第 2 章　财务管理的价值观念

单选题

1	2	3	4	5	6	7	8	9	10
B	A	A	A	C	D	D	B	B	C

多选题

1	2	3	4	5
AB	ABC	DE	AB	BCE

判断题

1	2	3	4	5
√	√	×	×	√

简答题

1. 资金时间价值也称货币时间价值，是指一定量资金在不同时点上价值量的差额，是资金在周转使用中随着时间的推移而形成的价值增量。

资金时间价值可以用绝对数表示，也可以用相对数表示，即以利息额或利息率来表示。

2. 后付年金是指一定时期内每期期末等额的系列收付款项，又称为普通年金。先付年金是指一定时期内每期期初等额的系列收付款项，又称即付年金。它与后付年金的区别仅在于付款时间不同。

3. (1) 经营风险和财务风险。经营风险是指由于生产经营上的原因给企业的利润额或利润率带来的不确定性。财务风险是指企业由于负债融资导致的净资产收益率或每股收益的不确定性，也是企业到期不能偿还本息的可能性。财务风险也称筹资风险。

(2) 公司特别风险和市场风险。按照风险可分散特性的不同，风险可分为公司特别风险和市场风险。公司特别风险是指发生在个别企业的特有事件造成投资者发生损失的可能性。市场风险是指对所有公司产生影响的因素引起的风险。

计算题

1. 解：根据复利终值的计算公式：

$F = 123\ 600 \times (F/P, 10\%, 7) = 123\ 600 \times 1.949 = 240\ 896.4$ (元)

由以上计算可知，7 年后这笔存款的本利和为 240 896.4 元，比设备的价格高，故 7 年后利民工厂可以用这笔存款的本利和购买设备。

2. 解：债券的现值 $P = 1\ 000 \times (P/F, 3\%, 4) = 1\ 000 \times 0.888 = 888$ (元)

3. 解：根据后付年金现值的计算公式，购置设备后可节约人工成本的现值

$P = 15\ 000 \times (P/A, 12\%, 8) = 15\ 000 \times 4.968 = 74\ 520$ (元)

74 520 元小于设备的购置价格 90 000 元，所以该设备不应购置。

4. 解：根据先付年金现值的计算公式，租用设备的租金现值

$P = 1\ 500 \times (P/A, 8\%, 8) \times (1 + 8\%) = 1\ 500 \times 5.747 \times 1.08 = 9\ 310.14$ (元)

9 310.14 元高于设备的买价 9 000 元，因此该设备应购买。

5. 解：根据递延年金的现值计算公式

$P = 50\ 000 \times (P/A, 12\%, 3) \times (P/F, 12\%, 3) = 50\ 000 \times 2.402 \times 0.712 = 85\ 511.2$ (元)

或 $P = 50\ 000 \times (F/A, 12\%, 3) \times (P/F, 12\%, 6) = 50\ 000 \times 3.374 \times 0.507 = 85\ 530.9$ (元)

或 $P = 50\ 000 \times [(P/A, 12\%, 6) - (P/A, 12\%, 3)] = 50\ 000 \times (4.111 - 2.402) = 85\ 450$ (元)

6. 解：(1) 根据资本回收额的计算公式 $A = \frac{5\ 000}{(P/A, 16\%, 8)} = \frac{5\ 000}{4.344} = 1\ 511$ (万元)

(2) 根据 $5\ 000 = 1\ 500 \times (P/A, 16\%, n)$ 可得 $(P/A, 16\%, n) = \frac{5\ 000}{1\ 500} = 3.333$

查年金现值系数表，可知 $n = 5$ 时，$(P/A, 16\%, 5) = 3.274$；$n = 6$ 时，$(P/A, 16\%, 6) = 3.685$，所以期数在 5 ~ 6 之间，利用插值法计算：

$$\frac{n-5}{6-5} = \frac{3.333 - 3.274}{3.685 - 3.274} \qquad n = 5.14 \text{ (年)}$$

7. 解：根据 250 000 = 50 000 × (F/P,i,20)　可得 (F/P，i，20)　$=\frac{250\ 000}{50\ 000}=5$

查复利终值系数表，可知 i = 8% 时，(F/P,i,20) = 4.661；i = 9% 时，(F/P,i,20) = 5.604，所以利率在 8% ~9% 之间，利用插值法计算：

$$\frac{i-8\%}{9\%-8\%}=\frac{5-4.661}{5.604-4.661}\qquad i=8.36\%$$

8. 解：(1) 证券组合的 β 系数 = 60/100 × 2 + 30/100 × 1.3 + 10/100 × 0.7 = 1.66

(2) 证券组合的风险报酬率 = [1.66 × (10% − 5%)] × 100% = 8.3%

9. 解：(1) 项目 A 的期望投资收益率 = (0.2 × 0.15 + 0.6 × 0.1 + 0.2 × 0) × 100% = 9%

项目 B 的期望投资收益率 = [0.3 × 0.2 + 0.4 × 0.15 + 0.3 × (−0.1)] × 100% = 9%

(2) 项目 A 的标准差 = $\sqrt{0.0024}$ = 0.049

项目 B 的标准差 = $\sqrt{0.0159}$ = 0.126

(以上计算结果表明项目 B 的风险要高于项目 A 的风险。)

(3) 项目 A 的标准离差率 = 0.049/0.09 × 100% = 54.4%

项目 B 的标准离差率 = 0.126/0.09 × 100% = 140%

第 3 章　投资管理

单选题

1	2	3	4	5	6	7
D	D	B	D	B	C	B

多选题

1	2	3	4	5
BC	BCE	AE	ABC	ABCDE

判断题

1	2	3	4	5
√	√	√	×	×

简答题

1. (1) 优点：本金安全性高；收入稳定性强；市场流动性好。(2) 缺点：购买力风险较大；没有经营管理权。

2.（1）优点：投资收益高；购买力风险低；拥有经营控制权。（2）缺点：求偿权居后；价格不稳定，收入不稳定。

3.（1）事前阶段：投资项目的决策。

①投资项目的提出。

②投资项目的评价。

③投资项目的决策。

（2）事中阶段：投资项目的实施与监控。

（3）事后阶段：投资项目的事后审计与评价。

计算题

1. 解：

$P = 2\ 000 \times 10\% \times (P/A, 12\%, 3) + 2\ 000 \times (P/F, 12\%, 3)$

$\quad = 200 \times 2.402 + 2\ 000 \times 0.712 = 1\ 904.4$（元）

1 904.4 元大于债券市价 1 500 元，所以应该投资该债券。

2. 解：$V = \dfrac{3 \times (1 + 8\%)}{15\% - 8\%} = 46.29$（元）

3. 解：（1）$PP_A = \dfrac{100\ 000}{43\ 000} = 2.33$（年）

$PP_B = 2 + \dfrac{5\ 000}{18\ 000} = 2.28$（年）

（2）$NPV_A = 43\ 000 \times (P/A, 10\%, 3) - 100\ 000 = 43\ 000 \times 2.487 - 100\ 000 = 6\ 941$（元）

$NPV_B = 35\ 000 \times (P/F, 10\%, 1) + 20\ 000 \times (P/F, 10\%, 2) + 18\ 000 \times (P/F, 10\%, 3) - 60\ 000$

$\quad = 35\ 000 \times 0.909 + 20\ 000 \times 0.826 + 18\ 000 \times 0.751 - 60\ 000 = 1\ 853$（元）

（3）$PI_A = \dfrac{6\ 941 + 100\ 000}{100\ 000} = 1.07$

$PI_B = \dfrac{1\ 853 + 60\ 000}{60\ 000} = 1.03$

4. 解：

A 方案：

每年折旧额 $= \dfrac{10\ 000}{5} = 2\ 000$（元）

每年营业现金流量 $= 6\ 000 - 2\ 000 - (6\ 000 - 2\ 000 - 2\ 000) \times 25\% = 3\ 500$（元）

甲方案现金流量表

项目	0	1	2	3	4	5
固定资产投资	-10 000					
营业现金流量		3 500	3 500	3 500	3 500	3 500
净现金流量	-10 000	3 500	3 500	3 500	3 500	3 500

B 方案：

$$每年折旧额=\frac{12\ 000-2\ 000}{5}=2\ 000\ （元）$$

第 1 年营业现金流量 $=8\ 000-3\ 000-(8\ 000-3\ 000-2\ 000)\times25\%=4\ 250$（元）

第 2 年营业现金流量 $=8\ 000-3\ 400-(8\ 000-3\ 400-2\ 000)\times25\%=3\ 950$（元）

第 3 年营业现金流量 $=8\ 000-3\ 800-(8\ 000-3\ 800-2\ 000)\times25\%=3\ 650$（元）

第 4 年营业现金流量 $=8\ 000-4\ 200-(8\ 000-4\ 200-2\ 000)\times25\%=3\ 350$（元）

第 5 年营业现金流量 $=8\ 000-4\ 600-(8\ 000-4\ 600-2\ 000)\times25\%=3\ 050$（元）

乙方案现金流量表

项目	0	1	2	3	4	5
固定资产投资	-12 000					
流动资金垫支	-3 000					
营业现金流量		4 250	3 950	3 650	3 350	3 050
固定资产残值						2 000
流动资金收回						3 000
净现金流量	-15 000	4 250	3 950	3 650	3 350	8 050

（2）A 方案的投资回收期 $=10\ 000\div3\ 500=2.86$（年）

A 方案的平均报酬率 $=3\ 500\div10\ 000=35\%$

$$\begin{aligned}A\ 方案的净现值&=3\ 500\times(P/A,10\%,5)-10\ 000=3\ 500\times3.791-10\ 000\\&=13\ 268.5-10\ 000\\&=3\ 268.5\ （元）\end{aligned}$$

A 方案的获利指数 $=13\ 268.5\div10\ 000=1.33$

B 方案的投资回收期 $=3+(15\ 000-4\ 250-3\ 950-3\ 650)\div3\ 350=3.94$（年）

$$\begin{aligned}B\ 方案的平均报酬率&=[(4\ 250+3\ 950+3\ 650+3\ 350+8\ 050)\div5]\\&\quad\div15\ 000\times100\%=31\%\end{aligned}$$

$$\begin{aligned}B\ 方案的净现值&=4\ 250\times(P/F,10\%,1)+3\ 950\times(P/F,10\%,2)\\&\quad+3\ 650\times(P/F,10\%,3)+3\ 350\times(P/F,10\%,4)\\&\quad+8\ 050\times(P/F,10\%,5)-15\ 000\\&=4\ 250\times0.909+3\ 950\times0.826+3\ 650\times0.751+3\ 350\\&\quad\times0.683+8\ 050\times0.621-15\ 000=2\ 154.2\ （元）\end{aligned}$$

B 方案的获利指数 = 17 154.2 ÷ 15 000 = 1.14

（3）因为 A 方案的净现值、获利指数均大于 B 方案，所以应选择 A 方案。

第 4 章　筹资管理

单选题

1	2	3	4	5	6	7	8	9	10
A	B	B	B	B	C	B	C	C	B

多选题

1	2	3	4	5
CDE	BD	ACE	ACE	ACE

判断题

1	2	3	4	5
√	√	×	√	×

简答题

1.（1）权益资本具有以下几个特点：①体现了投资者和公司之间的权益关系；②使用期限不受限制；③一般没有固定的回报要求。所以权益资本财务风险小，但付出的资本成本相对较高。

（2）债务资本具有以下几个特点：①体现了债权人和公司之间的债权债务关系；②债务资本需到期偿还；③需要定期付息，有固定的回报要求。所以债务资本财务风险较高，但资本成本相对较低。

2. 销售百分比法是根据销售收入与资产负债表和利润表各项目之间的关系，预计各项目的金额，进而预测外部资金需要量的方法。基本步骤可分为：第一，预计利润表；第二，计算留存收益增加额；第三，预计资产负债表；第四，计算外部资金需要量。

3.（1）销售收入的稳定性；（2）公司的资产结构；（3）公司的风险状况；（4）公司的成长率；（5）公司的盈利能力；（6）政府的税收政策；（7）管理人员的态度；（8）贷款人和信用评级机构的影响；（9）公司的财务灵活性；（10）市场状况。

计算题

1. 解：$K_1 = \frac{10\% \times (1-25\%)}{1-5\%} = 7.89\%$

2. 解：$K_b = \frac{1\ 000 \times 10\% \times (1-25\%)}{1\ 100 \times (1-2\%)} = 6.96\%$

3. 解：$K_\omega = \frac{2\ 000}{10\ 000} \times 5\% + \frac{1\ 000}{10\ 000} \times 7\% + \frac{2\ 000}{10\ 000} \times 12\% + \frac{3\ 500}{10\ 000} \times 13\% + \frac{1\ 500}{10\ 000} \times 12.5\% = 10.53\%$

4. 解：$\frac{(\overline{EBIT}-20) \times (1-25\%)}{20+10} = \frac{(\overline{EBIT}-20-30) \times (1-25\%)}{20}$

解得$\overline{EBIT} = 110$（万元）

公司预计可实现息税前利润100万元，小于每股收益无差别点，因此应选择方案一追加筹资。

第5章 营运资金管理

单选题

1	2	3	4	5	6	7	8	9	10
B	D	A	C	A	D	D	C	B	C

多选题

1	2	3	4	5
ABE	BDE	ABCE	ABCDE	ABCDE

判断题

1	2	3	4	5
√	×	√	√	×

简答题

1. 营运资金也叫营运资本，是指一个企业投放在流动资产上的资金，具体包括现金、有价证券、应收账款、存货等占用的资金，是企业从购买原材料进行生产直至销售产品收回货款这一生产和营销过程中所必需的资产。营运资金，从会计的角度看，是指流动资产与流动负债的净额。

2. 信用政策即应收账款的管理政策，是公司财务政策的一个重要组成部分。公司要管好、用好应收账款，必须事先制定合理的信用政策。信用政策主要包括信用标准、信用条件和收账政策三部分。

3. 商业信用筹资的优点：（1）使用方便。商业信用筹资是一种自发性筹资，伴随商品交易而自然产生，不需为此特别办理手续。（2）成本低。如果没有现金折扣或公司不放弃现金折扣，则使用商业信用筹资没有筹资成本。（3）限制少。与借款相比，商业信用筹资限制条件较少，选择余地较大。

商业信用筹资的缺点是：商业信用筹资的期限较短，特别是应付账款，不利于公司对资本的统筹运用，如果拖欠则有可能导致公司信用地位和信用等级下降。另外，如果公司享受现金折扣，则付款时间会更短；如果放弃现金折扣，会负担较高的机会成本。

计算题

1. 解：最佳现金持有量 $=\sqrt{\dfrac{2\times400\ 000\times200}{10\%}}=40\ 000$（元）

2. 解：经济订货批量 $=\sqrt{\dfrac{2\times5\ 000\times3\ 000}{120}}=500$（吨）

最佳订货次数 $=\dfrac{5\ 000}{500}=10$（次）

最低存货总成本 $=\sqrt{2\times5\ 000\times3\ 000\times120}=60\ 000$（元）

3. 解：采取贴现法时实际利率 $=\dfrac{100\ 000\times6\%}{100\ 000\times(1-6\%)}=6.38\%$

采取收款法实际利率 = 名义利率 = 7%

采取补偿性余额实际利率 $=\dfrac{100\ 000\times5\%}{100\ 000\times(1-10\%)}=5.56\%$

采取加息法实际利率 $=\dfrac{100\ 000\times4\%}{100\ 000/2}=8\%$

四者比较，采取补偿性余额实际利率最低，因此应选用方案三。

4. 解：（1）放弃现金折扣的成本

$\dfrac{2\%}{1-2\%}\times\dfrac{360}{40-10}=24.49\%$

（2）应借款总额 $=\dfrac{495\ 000}{1-20\%}=618\ 750$（元）

借款的实际年利率 $=\dfrac{8\%}{1-20\%}=10\%$

（3）应借款总额 $=\dfrac{495\ 000}{1-1\%}=500\ 000$（元）

借款的实际月利率 $= \frac{1\%}{1-1\%} = 1.01\%$

借款的实际年利率 $= 1.01\% \times 12 = 12.12\%$

（4）方案 2 的成本最小，应该选择方案 2。

第 6 章　利润分配管理

单选题

1	2	3	4	5	6
B	D	B	A	C	A

多选题

1	2	3	4	5	6
ABCD	ABD	ABC	ABCD	ABC	ABCD

判断题

1	2	3	4	5
√	√	×	√	√

简答题

1. 答：（1）剩余股利政策

含义：就是在公司有着良好的投资机会时，根据一定的目标资本结构（最佳资本结构），测算出投资所需的权益资本，先从盈余当中留用，然后将剩余的盈余作为股利予以分配。

优点：有助于降低再投资的资金成本，保持最佳的资本结构，实现企业价值的长期最大化。

缺点：股利发放额每年随投资机会和盈利水平的波动而波动。不利于投资者安排收入与支出，也不利于公司树立良好的形象。

（2）固定或持续增长的股利政策

含义：指公司将每年发放的股利固定在一固定的水平上，并在较长的时期内保持不变，只有当公司认为未来盈余会显著地、不可逆转地增长时，才提高年度的股利发放额。

优点：一是有利于公司在资本市场上树立良好的形象、增强投资者信心，进而有利于稳定公司股价；二是有利于吸引那些打算做长期投资的股东。

缺点：一是股利支付与公司盈利相脱离；二是在公司出现经营状况不好或短暂的困难时期，可能给公司的财务运作带来很大压力，最终影响公司正常的生产经营活动。

（3）固定股利支付率政策

含义：指企业先确定一个股利占净利润的比例，然后每年都按此比率从净利润中向股东发放股利，每年发放的股利额都等于净利润乘以固定的股利支付率。

优点：一是体现“多盈多分、少盈少分、不盈不分”的原则；二是从企业支付能力的角度看，这是一种稳定的股利政策。

缺点：一是很容易给投资者留下公司经营状况不稳定、投资风险较大的不良印象，对于稳定股票价格不利；二是容易使公司面临较大的财务压力；三是缺乏财务弹性；四是合适的固定股利支付率的确定难度大。

（4）低正常股利加额外股利政策

含义：是企业一般情况下每年只支付固定的、数额较低的股利，在盈余多的年份，再根据实际情况向股东发放额外股利。

优点：一是赋予企业一定的灵活性；二是有助于稳定股价，增强投资者信心。

缺点：一是容易给投资者以企业收益不稳定的感觉；二是当企业在较长时期持续发放额外股利后，可能会被股东误认为“正常股利”，而一旦取消了这部分额外股利，传递出去的信号可能会使股东认为这是企业财务状况恶化的表现，进而可能会引起企业股价下跌的不良后果。

2. 答：（1）发放股票股利对公司的财务影响

①发放股票股利可使股东分享公司的盈余而无需分配现金留存了大量现金，便于进行再投资，有利于公司长期发展。

②在盈余和现金股利不变的情况下，发放股票股利可以降低每股价值，从而吸引更多的投资者。

③发放股票股利往往会向社会传递公司将会继续发展的信息，从而提高投资者对公司的信心，在一定程度上稳定股票价格。但在某些情况下，发放股票股利也会被认为是公司资金周转不灵的征兆，从而降低投资者对公司的信心，加剧股价的下跌。

④发放股票股利的费用比发放现金股利的费用大，会增加公司的负担。

（2）发放股票股利对股东的财务影响

①有时公司发放股票股利后其股价并不成比例下降；这可使股东得到股票价值相对上升的好处。

②发放股票股利通常由成长中的公司所为，因此投资者往往认为发放股票股利预示着公司将会有较大发展，利润将大幅度增长，足以抵销增发股票带来的消极影响。这种心理会稳定住股价甚至反致略有上升。

③在股东需要现金时，还可以将分得的股票股利出售，有些国家税法规定出售股票所需交纳的资本利得（价值增值部分）税率比收到现金股利所需交纳的所得税税率低，这使得股东可以从中获得纳税上的好处。

业务题

1.

股利分配前的净资产总额 =5 ×2 000 =10 000（万元）

股利分配前的市盈率 =20/5 =4

派发股利后每股净资产 =18/4 =4.5（元）

股利分配后的净资产总额 =4.5 ×2 000 ×(1 +10%) =9 900（万元）

股东权益总额减少数 =10 000 −9 900 =100（万元），即用于发放现金股利总额为 100 万元

派发的每股现金股利 =100/[2 000 ×(1 +10%)] =0.0455（元）

2.

公司按 10% 的比例发放股票股利后：

股本（按面值）的增加数 =1 ×100 ×10% =10（万元）

未分配利润（按市价）的减少数 =20 ×100 ×10% =200（万元）

资本公积（按差额）的增加数 =200 −10 =190（万元）

累计资本公积 =300 +190 =490（万元）

即公司发放股票股利后财务报表中资本公积为 490 万元。

案例题

（1）2016 年度公司留存利润 =1 300 −600 =700（万元）

2017 年自有资金需要量 =1 000 ×80% =800（万元）

2017 年外部自有资金筹集数额 =800 −700 =100（万元）

（2）2015 年股利支付率 =600/1 200 =50%

2016 年公司留存利润 =1 300 ×(1 −50%) =650（万元）

2017 年自有资金需要量 =1 000 ×80% =800（万元）

2017 年外部自有资金筹集数额 =800 −650 =150（万元）

（3）2017 年自有资金需要量 =1 000 ×80% =800（万元）

2016 年发放的现金股利 =1 300 −800 =500（万元）

第 7 章　财务分析

单选题

1	2	3	4	5	6	7	8	9	10
A	C	B	B	D	D	C	C	B	C

多选题

1	2	3	4	5
ABE	ACE	CDE	ABCDE	ACE

判断题

1	2	3	4	5
×	×	√	√	×

简答题

1. (1) 计算总资产净利率的“总资产”与“净利润”不匹配。(2) 没有区分经营活动损益和金融活动损益。(3) 没有区分金融负债与经营负债。

业务题

解：(1) 流动比率 = 41 250 ÷ 26 250 = 1.57

(2) 速动比率 = (41 250 − 18 750) ÷ 26 250 = 0.86

(3) 现金比率 = 37 500 ÷ 26 250 × 100% = 14.29%

(4) 应收账款周转次数 = (90 000 − 10 000) ÷ [(21 250 + 18 750)/2] = 4 (次)

(5) 存货周转天数 = [(1 612.5 + 18 750)/2 × 360] ÷ 41 130 = 89.11 (天)

(6) 资产负债率 = 45 000 ÷ 82 500 × 100% = 54.55%

(7) 净资产负债率 = 45 000 ÷ 37 500 × 100% = 120%

(8) 有形净资产负债率 = 45 000 ÷ (37 500 − 0) × 100% = 120%

(9) 长期负债率 = 18 750 ÷ 45 000 × 100% = 41.67%

(10) 利息保障倍数 = (18 800 + 4 500) ÷ 4 500 = 5.18 (倍)

财务管理概论模拟试题参考答案

模拟试题（一）参考答案

一、单项选择题（本大题共10小题，每小题1分，共10分）

1	2	3	4	5	6	7	8	9	10
C	C	B	B	D	B	C	D	B	B

二、多项选择题（本大题共5小题，每小题1分，共5分）

1	2	3	4	5
BD	ABC	ABD	ABCD	BD

三、判断题（本大题共10小题，每小题1分，共10分）

1	2	3	4	5	6	7	8	9	10
√	√	×	√	×	√	√	×	√	×

四、计算分析题（本大题共7小题：第1小题5分，第2－7小题每小题10分，共65分）

1. 解：P＝20 000×（P/A，5%，6）×（1＋5%）＝106 596（元）　（5分）

2. 解：无风险报酬率 $R_f=8\%$　（4分）

必要报酬率 K＝［8%＋1.6×（16%－8%）］×100%＝20.8%　（6分）

3. 解：$\frac{(\overline{EBIT}-20)\times(1-33\%)}{10+5}=\frac{(\overline{EBIT}-20-40)\times(1-33\%)}{10}$　（5分）

解得，$\overline{EBIT}=140$（万元）　（3分）

预计实现息税前利润160万元大于每股收益无差别点，应选择方案二，增加长期债务。（2分）

4. 解：$A=\frac{200}{(F/A,\ 10\%,\ 4)}=43.09$（万元）　（10分）

5. （1）甲方案：年折旧额 $=\frac{20\ 000}{5}=4\ 000$（元）　（1分）

营业现金流量＝8 000－3 000－（8 000－3 000－4 000）×40%＝4 600（元）（1分）

现金流量表

t	0	1	2	3	4	5
固定资产投资	-20 000					
营业现金流量		4 600	4 600	4 600	4 600	4 600
现金流量合计	-20 000	4 600	4 600	4 600	4 600	4 600

乙方案：年折旧额 $=\frac{24\ 000-4\ 000}{5}=4\ 000$（元）　　（1 分）

第 1 年营业现金流量 $=10\ 000-4\ 000-(10\ 000-4\ 000-4\ 000)\times40\%=5\ 200$（元）（1 分）

第 2 年营业现金流量 $=10\ 000-4\ 200-(10\ 000-4\ 200-4\ 000)\times40\%=5\ 080$（元）（1 分）

第 3 年营业现金流量 $=10\ 000-4\ 400-(10\ 000-4\ 400-4\ 000)\times40\%=4\ 960$（元）（1 分）

第 4 年营业现金流量 $=10\ 000-4\ 600-(10\ 000-4\ 600-4\ 000)\times40\%=4\ 840$（元）（1 分）

第 5 年营业现金流量 $=10\ 000-4\ 800-(10\ 000-4\ 800-4\ 000)\times40\%=4\ 720$（元）（1 分）

现金流量表

t	0	1	2	3	4	5
固定资产投资	-24 000					
流动资金垫支	-3 000					
营业现金流量		5 200	5 080	4 960	4 840	4 720
固定资产残值						4 000
流动资金收回						3 000
现金流量合计	-27 000	5 200	5 080	4 960	4 840	11 720

（2）甲方案获利指数 $PI=\frac{4\ 600\times(P/A,10\%,5)}{20\ 000}=0.87$　不可行　（1 分）

乙方案

现金流量现值之和 $=5\ 200\times(P/F,10\%,1)+5\ 080\times(P/F,10\%,2)$

$+4\ 960\times(P/F,10\%,3)+4\ 840\times(P/F,10\%,4)$

$+11\ 720\times(P/F,10\%,5)$

$=23\ 231.68$（元）

获利指数 $PI=\frac{23\ 231.68}{20\ 000}=1.16$　　可行（1 分）

6. 解：股票的价值 $V=\frac{2\times(1+4\%)}{10\%-4\%}=34.67$（元）　　（10 分）

7. 解：最佳现金持有量 $=\sqrt{\dfrac{2\times 360\ 000\times 300}{6\%}}=60\ 000$（元）（4 分）

最低现金管理总成本 $=\sqrt{2\times 360\ 000\times 300\times 6\%}=3\ 600$（元）（3 分）

年最佳转换次数 $=\dfrac{360\ 000}{60\ 000}=6$（次）（3 分）

五、简答题（本大题共 2 题，每小题 5 分，共 10 分）

1. 年金是指一定时期内每期相等金额的收付款项。年金按付款方式，可分为后付年金、先付年金、递延年金和永续年金。后付年金是指每期期末有等额收付款项的年金；先付年金是指在一定时期内，每期期初等额的系列收付款项；递延年金是指在最初若干期没有收付款项的情况下，后面若干期有等额的系列收付款项的年金；永续年金是指期限无穷的年金。

2. 投资决策之所以要以按收付实现制计算的现金流量作为评价项目经济效益的基础，主要有以下两方面原因：(1) 采用现金流量有利于科学地考虑时间价值因素。科学的投资决策必须认真考虑资金的时间价值，这就要求在决策时弄清每笔预期收入款项和支出款项的具体时间，因为不同时间的资金具有不同的价值。因此，在衡量方案优劣时，应根据各投资项目寿命周期内各年的现金流量，按照资本成本率，结合资金的时间价值来确定。而利润的计算并不考虑资金收付的时间，它是以权责发生制为基础的。(2) 采用现金流量才能使投资决策更符合客观实际情况。在长期投资决策中，应用现金流量能科学、客观地评价投资方案的优劣，而利润则明显存在不科学、不客观的成分。这是因为：1) 利润的计算没有一个统一的标准，在一定程度上要受存货估值、费用分摊和折旧计提的不同方法的影响，因而，利润的计算比现金流量的计算有更大的主观随意性，作为决策的主要依据不太可靠；2) 利润反映的是某一会计期间"应计"的现金流量，而不是实际的现金流量。

模拟试题（二）参考答案

一、单项选择题（本大题共 10 小题，每小题 1 分，共 10 分）

1	2	3	4	5	6	7	8	9	10
D	A	B	D	C	C	C	A	D	B

二、多项选择题（本大题共 5 小题，每小题 1 分，共 5 分）

1	2	3	4	5
ABC	AB	AC	ABC	AC

三、判断题（本大题共 10 小题，每小题 1 分，共 10 分）

1	2	3	4	5	6	7	8	9	10
×	√	×	×	√	×	√	×	×	√

四、计算分析题（本大题共 7 小题：第 1 小题 5 分，第 2－7 小题每小题 10 分，共 65 分）

1. 解：P＝50 000×(P/A,12%,3)×(P/F,12%,3)＝85 511.2（元）　（5 分）

2. 解：A 项目：期望报酬率＝（30%×0.3＋15%×0.4＋0×0.3）×100%＝15%

$$标准离差=\sqrt{(30\%-15\%)^2\times0.3+(15\%-15\%)^2\times0.4+(0-15\%)^2\times0.3}\times100\%=11.62\%$$

$$标准离差率=\frac{11.62\%}{15\%}\times100\%=77.47\%$$

风险报酬率＝8%×77.47%＝6.2%

必要报酬率＝6.2%＋5%＝11.2%　（5 分）

B 项目：期望报酬率＝（25%×0.3＋15%×0.4＋5%×0.3）×100%＝15%

$$标准离差=\sqrt{(25\%-15\%)^2\times0.3+(15\%-15\%)^2\times0.4+(5\%-15\%)^2\times0.3}\times100\%=7.75\%$$

$$标准离差率=\frac{7.75\%}{15\%}\times100\%=51.67\%$$

风险报酬率＝8%×51.67%×100%＝4.13%

必要报酬率＝4.13%＋5%＝9.13%　（5 分）

3. 解：（1）甲方案：年折旧额$=\frac{180\ 000}{5}=36\ 000$（元）　（1 分）

营业现金流量＝130 000－50 000－（130 000－50 000－36 000）×40%＝62 400（元）（1 分）

现金流量表

t	0	1	2	3	4	5
固定资产投资	－180 000					
营业现金流量		62 400	62 400	62 400	62 400	62 400
现金流量合计	－180 000	62 400	62 400	62 400	62 400	62 400

乙方案：年折旧额$=\frac{240\ 000-40\ 000}{5}=40\ 000$（元）　（1 分）

第 1 年营业现金流量＝150 000－45 000－（150 000－45 000－40 000）×40%＝79 000（元）（1 分）

第 2 年营业现金流量＝150 000－47 000－（150 000－47 000－40 000）×40%＝77 800（元）（1 分）

第 3 年营业现金流量 = 150 000 − 49 000 − (150 000 − 49 000 − 40 000) × 40% = 76 600（元）（1 分）

第 4 年营业现金流量 = 150 000 − 51 000 − (150 000 − 51 000 − 4 000) × 40% = 75 400（元）（1 分）

第 5 年营业现金流量 = 150 000 − 53 000 − (150 000 − 53 000 − 4 000) × 40% = 74 200（元）（1 分）

现金流量表

t	0	1	2	3	4	5
固定资产投资	−240 000					
流动资金垫支	−20 000					
营业现金流量		79 000	77 800	76 600	75 400	74 200
固定资产残值						40 000
流动资金收回						20 000
现金流量合计	−260 000	79 000	77 800	76 600	75 400	134 200

（2）甲方案投资回收期 $PP=\frac{180\ 000}{62\ 400}=2.88$（年）　（1 分）

乙方案投资回收期计算

n	净现金流量	年末尚未收回投资额
0	−260 000	260 000
1	79 000	181 000
2	77 800	103 200
3	76 600	26 600
4	75 400	/
5	134 200	

$PP=3+\frac{26\ 600}{75\ 400}=3.35$（年）（1 分）

4. 解：银行借款资本成本 $K_1=\frac{6\%\times(1-25\%)}{1-0.5\%}=4.5\%$（3 分）

债券资本成本 $K_b=\frac{300\times12\%\times(1-25\%)}{380\times(1-4\%)}=7.4\%$（3 分）

普通股资本成本 $K_s=\frac{1.3}{13\times(1-5\%)}+2\%=12.5\%$（3 分）

加权平均资本成本 $K_\omega=\frac{300}{1\ 200}\times4.5\%+\frac{380}{1\ 200}\times7.4\%+\frac{520}{1\ 200}\times12.5\%=8.89\%$（1 分）

5. 解：组合的β系数 $\beta_p = 2.0 \times 60\% + 1.5 \times 30\% + 0.6 \times 10\% = 1.71$（4分）

预期收益率 $K = 12\% + 1.71 \times (15\% - 12\%) = 17.13\%$（6分）

6. 解：$A = \frac{1\ 000}{(P/A,\ 10\%,\ 8)} = 187.44$（万元）（10分）

7. 解：经济订货批量 $Q = \sqrt{\frac{2 \times 1\ 500 \times 81.67}{0.5}} = 700$ （3分）

放弃折扣，按每次700个订购，总成本 $= 1\ 500 \times 50 + \frac{700}{2} \times 0.5 + \frac{1\ 500}{700} \times 81.67 =$ 75 350（元）

享受折扣，按每次750个订购。

总成本 $= 1\ 500 \times 50 \times (1 - 2\%) + \frac{750}{2} \times 0.5 + \frac{1\ 500}{750} \times 81.67 = 73\ 850.84$（元）（6分）

因此，应享受折扣，按每次750个订购。

五、简答题（本大题共2题，每小题5分，共10分）

1. 企业的财务活动是以现金收支为主的企业资金收支活动的总称。财务活动的四个方面：筹资引起的财务活动、投资引起的财务活动、经营引起的财务活动和分配引起的财务活动。上述财务活动的四个方面，不是相互割裂、互不相关的，而是相互联系、互相依存的。正是上述互相联系而又有一定区别的四个方面，构成了完整的企业财务活动，这四个方面也正是财务管理的基本内容：企业筹资管理、企业投资管理、营运资本管理、利润及其分配管理。

2. 股份有限公司分配股利必须遵循法定的程序，一般是先由董事会提出股利分配预案，然后提交股东大会决议通过才能进行分配。股东大会决议通过股利分配预案之后，要向股东宣布发放股利的方案，并确定股权登记日、除息日和股利发放日。股东大会决议通过并由董事会宣布发放股利的日期称为宣告日。股权登记日是有权领取本次股利的股东资格登记截止日期。只有在股权登记日这一天登记在册的股东才有资格领取本期股利，而在这一天没有登记在册，即使是在股利发放日之前买入股票的股东，也无权领取本次分配的股利。除息日，也称除权日，是指从股价中除去股利的日期，即领取股利的权利与股票分开的日期。在除息日之前的股票价格中包含了本次股利，在除息日之后的股票价格中不再包含本次股利，因此投资者在除息日之前购买股票，才能领取本次股利，在除息日当天或以后购买股票，不能领取本次股利。股利发放日，也称股利支付日，是公司将股利正式支付给股东的日期。

附　　录

一、复利终值系数表（F/P，i，n）

i / n	1%	2%	3%	4%	5%	6%	7%	8%	9%	10%
1	1.010	1.020	1.030	1.040	1.050	1.060	1.070	1.080	1.090	1.100
2	1.020	1.040	1.061	1.082	1.103	1.124	1.145	1.166	1.188	1.210
3	1.030	1.061	1.093	1.125	1.158	1.191	1.225	1.260	1.295	1.331
4	1.041	1.082	1.126	1.170	1.216	1.262	1.311	1.360	1.412	1.464
5	1.051	1.104	1.159	1.217	1.276	1.338	1.403	1.469	1.539	1.611
6	1.062	1.126	1.194	1.265	1.340	1.419	1.501	1.587	1.677	1.772
7	1.072	1.149	1.230	1.316	1.407	1.504	1.606	1.714	1.828	1.949
8	1.083	1.172	1.267	1.369	1.477	1.594	1.718	1.851	1.993	2.144
9	1.094	1.195	1.305	1.423	1.551	1.689	1.838	1.999	2.172	2.358
10	1.105	1.219	1.344	1.480	1.629	1.791	1.967	2.159	2.367	2.594
11	1.116	1.243	1.384	1.539	1.710	1.898	2.105	2.332	2.580	2.853
12	1.127	1.268	1.426	1.601	1.796	2.012	2.252	2.518	2.813	3.138
13	1.138	1.294	1.469	1.665	1.886	2.133	2.410	2.720	3.066	3.452
14	1.149	1.319	1.513	1.732	1.980	2.261	2.579	2.937	3.342	3.797
15	1.161	1.346	1.558	1.801	2.079	2.397	2.759	3.172	3.642	4.177
16	1.173	1.373	1.605	1.873	2.183	2.540	2.952	3.426	3.970	4.595
17	1.184	1.400	1.653	1.948	2.292	2.693	3.159	3.700	4.328	5.054
18	1.196	1.428	1.702	2.026	2.407	2.854	3.380	3.996	4.717	5.560
19	1.208	1.457	1.754	2.107	2.527	3.026	3.617	4.316	5.142	6.116
20	1.220	1.486	1.806	2.191	2.653	3.207	3.870	4.661	5.604	6.727
25	1.282	1.641	2.094	2.666	3.386	4.292	5.427	6.848	8.623	10.835
30	1.348	1.811	2.427	3.243	4.322	5.743	7.612	10.063	13.268	17.449
40	1.489	2.208	3.262	4.801	7.040	10.286	14.974	21.725	31.409	45.259
50	1.645	2.692	4.384	7.107	11.467	18.420	29.457	46.902	74.358	117.391

续表

i / n	11%	12%	13%	14%	15%	16%	17%	18%	19%
1	1.110	1.120	1.130	1.140	1.150	1.160	1.170	1.180	1.190
2	1.232	1.254	1.277	1.300	1.323	1.346	1.369	1.392	1.416
3	1.368	1.405	1.443	1.482	1.521	1.561	1.602	1.643	1.685
4	1.518	1.574	1.630	1.689	1.749	1.811	1.874	1.939	2.005
5	1.685	1.762	1.842	1.925	2.011	2.100	2.192	2.288	2.386
6	1.870	1.974	2.082	2.195	2.313	2.436	2.565	2.700	2.840
7	2.076	2.211	2.353	2.502	2.660	2.826	3.001	3.185	3.379
8	2.305	2.476	2.658	2.853	3.059	3.278	3.511	3.759	4.021
9	2.558	2.773	3.004	3.252	3.518	3.803	4.108	4.435	4.785
10	2.839	3.106	3.395	3.707	4.046	4.411	4.807	5.234	5.695
11	3.152	3.479	3.836	4.226	4.652	5.117	5.624	6.176	6.777
12	3.498	3.896	4.335	4.818	5.350	5.936	6.580	7.288	8.064
13	3.883	4.363	4.898	5.492	6.153	6.886	7.699	8.599	9.596
14	4.310	4.887	5.535	6.261	7.076	7.988	9.007	10.147	11.420
15	4.785	5.474	6.254	7.138	8.137	9.266	10.539	11.974	13.590
16	5.311	6.130	7.067	8.137	9.358	10.748	12.330	14.129	16.172
17	5.895	6.866	7.986	9.276	10.761	12.468	14.426	16.672	19.244
18	6.544	7.690	9.024	10.575	12.375	14.463	16.879	19.673	22.901
19	7.263	8.613	10.197	12.056	14.232	16.777	19.748	23.214	27.252
20	8.062	9.646	11.523	13.743	16.367	19.461	23.106	27.393	32.429
25	13.585	17.000	21.231	26.462	32.919	40.874	50.658	62.669	77.388
30	22.892	29.960	39.116	50.950	66.212	85.850	111.065	143.371	184.675
40	65.001	93.051	132.782	188.884	267.864	378.721	533.869	750.378	1 051.668
50	184.565	289.002	450.736	700.233	1 083.657	1 670.704	2 566.215	3 927.357	5 988.914

续表

n \ i	20%	25%	30%	35%	40%	50%
1	1. 200	1. 250	1. 300	1. 350	1. 400	1. 500
2	1. 440	1. 563	1. 690	1. 823	1. 960	2. 250
3	1. 728	1. 953	2. 197	2. 460	2. 744	3. 375
4	2. 074	2. 441	2. 856	3. 322	3. 842	5. 063
5	2. 488	3. 052	3. 713	4. 484	5. 378	7. 594
6	2. 986	3. 815	4. 827	6. 053	7. 530	11. 391
7	3. 583	4. 768	6. 275	8. 172	10. 541	17. 086
8	4. 300	5. 960	8. 157	11. 032	14. 758	25. 629
9	5. 160	7. 451	10. 604	14. 894	20. 661	38. 443
10	6. 192	9. 313	13. 786	20. 107	28. 925	57. 665
11	7. 430	11. 642	17. 922	27. 144	40. 496	86. 498
12	8. 916	14. 552	23. 298	36. 644	56. 694	129. 746
13	10. 699	18. 190	30. 288	49. 470	79. 371	194. 620
14	12. 839	22. 737	39. 374	66. 784	111. 120	291. 929
15	15. 407	28. 422	51. 186	90. 158	155. 568	437. 894
16	18. 488	35. 527	66. 542	121. 714	217. 795	656. 841
17	22. 186	44. 409	86. 504	164. 314	304. 913	985. 261
18	26. 623	55. 511	112. 455	221. 824	426. 879	1 477. 892
19	31. 948	69. 389	146. 192	299. 462	597. 630	2 216. 838
20	38. 338	86. 736	190. 050	404. 274	836. 683	3 325. 257
25	95. 396	264. 698	705. 641	1 812. 776	4 499. 880	25 251. 168
30	237. 376	807. 794	2 619. 996	8 128. 550	24 201. 432	191 751. 059
40	1 469. 772	7 523. 164	36 118. 865	163 437. 135	700 037. 697	11 057 332. 321
50	9 100. 438	70 064. 923	497 929. 223	3 286 157. 879	20 248 916. 240	637 621 500. 214

二、复利现值系数表（P/F，i，n）

n \ i	1%	2%	3%	4%	5%	6%	7%	8%	9%	10%
1	0.990	0.980	0.971	0.962	0.952	0.943	0.935	0.926	0.917	0.909
2	0.980	0.961	0.943	0.925	0.907	0.890	0.873	0.857	0.842	0.826
3	0.971	0.942	0.915	0.889	0.864	0.840	0.816	0.794	0.772	0.751
4	0.961	0.924	0.888	0.855	0.823	0.792	0.763	0.735	0.708	0.683
5	0.951	0.906	0.863	0.822	0.784	0.747	0.713	0.681	0.650	0.621
6	0.942	0.888	0.837	0.790	0.746	0.705	0.666	0.630	0.596	0.564
7	0.933	0.871	0.813	0.760	0.711	0.665	0.623	0.583	0.547	0.513
8	0.923	0.853	0.789	0.731	0.677	0.627	0.582	0.540	0.502	0.467
9	0.914	0.837	0.766	0.703	0.645	0.592	0.544	0.500	0.460	0.424
10	0.905	0.820	0.744	0.676	0.614	0.558	0.508	0.463	0.422	0.386
11	0.896	0.804	0.722	0.650	0.585	0.527	0.475	0.429	0.388	0.350
12	0.887	0.788	0.701	0.625	0.557	0.497	0.444	0.397	0.356	0.319
13	0.879	0.773	0.681	0.601	0.530	0.469	0.415	0.368	0.326	0.290
14	0.870	0.758	0.661	0.577	0.505	0.442	0.388	0.340	0.299	0.263
15	0.861	0.743	0.642	0.555	0.481	0.417	0.362	0.315	0.275	0.239
16	0.853	0.728	0.623	0.534	0.458	0.394	0.339	0.292	0.252	0.218
17	0.844	0.714	0.605	0.513	0.436	0.371	0.317	0.270	0.231	0.198
18	0.836	0.700	0.587	0.494	0.416	0.350	0.296	0.250	0.212	0.180
19	0.828	0.686	0.570	0.475	0.396	0.331	0.277	0.232	0.194	0.164
20	0.820	0.673	0.554	0.456	0.377	0.312	0.258	0.215	0.178	0.149
25	0.780	0.610	0.478	0.375	0.295	0.233	0.184	0.146	0.116	0.092
30	0.742	0.552	0.412	0.308	0.231	0.174	0.131	0.099	0.075	0.057
40	0.672	0.453	0.307	0.208	0.142	0.097	0.067	0.046	0.032	0.022
50	0.608	0.372	0.228	0.141	0.087	0.054	0.034	0.021	0.013	0.009

续表

i / n	11%	12%	13%	14%	15%	16%	17%	18%	19%
1	0. 901	0. 893	0. 885	0. 877	0. 870	0. 862	0. 855	0. 847	0. 840
2	0. 812	0. 797	0. 783	0. 769	0. 756	0. 743	0. 731	0. 718	0. 706
3	0. 731	0. 712	0. 693	0. 675	0. 658	0. 641	0. 624	0. 609	0. 593
4	0. 659	0. 636	0. 613	0. 592	0. 572	0. 552	0. 534	0. 516	0. 499
5	0. 593	0. 567	0. 543	0. 519	0. 497	0. 476	0. 456	0. 437	0. 419
6	0. 535	0. 507	0. 480	0. 456	0. 432	0. 410	0. 390	0. 370	0. 352
7	0. 482	0. 452	0. 425	0. 400	0. 376	0. 354	0. 333	0. 314	0. 296
8	0. 434	0. 404	0. 376	0. 351	0. 327	0. 305	0. 285	0. 266	0. 249
9	0. 391	0. 361	0. 333	0. 308	0. 284	0. 263	0. 243	0. 225	0. 209
10	0. 352	0. 322	0. 295	0. 270	0. 247	0. 227	0. 208	0. 191	0. 176
11	0. 317	0. 287	0. 261	0. 237	0. 215	0. 195	0. 178	0. 162	0. 148
12	0. 286	0. 257	0. 231	0. 208	0. 187	0. 168	0. 152	0. 137	0. 124
13	0. 258	0. 229	0. 204	0. 182	0. 163	0. 145	0. 130	0. 116	0. 104
14	0. 232	0. 205	0. 181	0. 160	0. 141	0. 125	0. 111	0. 099	0. 088
15	0. 209	0. 183	0. 160	0. 140	0. 123	0. 108	0. 095	0. 084	0. 074
16	0. 188	0. 163	0. 141	0. 123	0. 107	0. 093	0. 081	0. 071	0. 062
17	0. 170	0. 146	0. 125	0. 108	0. 093	0. 080	0. 069	0. 060	0. 052
18	0. 153	0. 130	0. 111	0. 095	0. 081	0. 069	0. 059	0. 051	0. 044
19	0. 138	0. 116	0. 098	0. 083	0. 070	0. 060	0. 051	0. 043	0. 037
20	0. 124	0. 104	0. 087	0. 073	0. 061	0. 051	0. 043	0. 037	0. 031
25	0. 074	0. 059	0. 047	0. 038	0. 030	0. 024	0. 020	0. 016	0. 013
30	0. 044	0. 033	0. 026	0. 020	0. 015	0. 012	0. 009	0. 007	0. 005
40	0. 015	0. 011	0. 008	0. 005	0. 004	0. 003	0. 002	0. 001	0. 001
50	0. 005	0. 003	0. 002	0. 001	0. 001	0. 001	0	0	0

续表

i / n	20%	25%	30%	35%	40%	50%
1	0. 833	0. 800	0. 769	0. 741	0. 714	0. 667
2	0. 694	0. 640	0. 592	0. 549	0. 510	0. 444
3	0. 579	0. 512	0. 455	0. 406	0. 364	0. 296
4	0. 482	0. 410	0. 350	0. 301	0. 260	0. 198
5	0. 402	0. 328	0. 269	0. 223	0. 186	0. 132
6	0. 335	0. 262	0. 207	0. 165	0. 133	0. 088
7	0. 279	0. 210	0. 159	0. 122	0. 095	0. 059
8	0. 233	0. 168	0. 123	0. 091	0. 068	0. 039
9	0. 194	0. 134	0. 094	0. 067	0. 048	0. 026
10	0. 162	0. 107	0. 073	0. 050	0. 035	0. 017
11	0. 135	0. 086	0. 056	0. 037	0. 025	0. 012
12	0. 112	0. 069	0. 043	0. 027	0. 018	0. 008
13	0. 093	0. 055	0. 033	0. 020	0. 013	0. 005
14	0. 078	0. 044	0. 025	0. 015	0. 009	0. 003
15	0. 065	0. 035	0. 020	0. 011	0. 006	0. 002
16	0. 054	0. 028	0. 015	0. 008	0. 005	0. 002
17	0. 045	0. 023	0. 012	0. 006	0. 003	0. 001
18	0. 038	0. 018	0. 009	0. 005	0. 002	0. 001
19	0. 031	0. 014	0. 007	0. 003	0. 002	0
20	0. 026	0. 012	0. 005	0. 002	0. 001	0
25	0. 010	0. 004	0. 001	0. 001	0	0
30	0. 004	0. 001	0	0	0	0
40	0. 001	0	0	0	0	0
50	0	0	0	0	0	0

三、年金终值系数表（F/A，i，n）

n \ i	1%	2%	3%	4%	5%	6%	7%	8%	9%
1	1.000	1.000	1.000	1.000	1.000	1.000	1.000	1.000	1.000
2	2.010	2.020	2.030	2.040	2.050	2.060	2.070	2.080	2.090
3	3.030	3.060	3.091	3.122	3.153	3.184	3.215	3.246	3.278
4	4.060	4.122	4.184	4.246	4.310	4.375	4.440	4.506	4.573
5	5.101	5.204	5.309	5.416	5.526	5.637	5.751	5.867	5.985
6	6.152	6.308	6.468	6.633	6.802	6.975	7.153	7.336	7.523
7	7.214	7.434	7.662	7.898	8.142	8.394	8.654	8.923	9.200
8	8.286	8.583	8.892	9.214	9.549	9.897	10.260	10.637	11.028
9	9.369	9.755	10.159	10.583	11.027	11.491	11.978	12.488	13.021
10	10.462	10.950	11.464	12.006	12.578	13.181	13.816	14.487	15.193
11	11.567	12.169	12.808	13.486	14.207	14.972	15.784	16.645	17.560
12	12.683	13.412	14.192	15.026	15.917	16.870	17.888	18.977	20.141
13	13.809	14.680	15.618	16.627	17.713	18.882	20.141	21.495	22.953
14	14.947	15.974	17.086	18.292	19.599	21.015	22.550	24.215	26.019
15	16.097	17.293	18.599	20.024	21.579	23.276	25.129	27.152	29.361
16	17.258	18.639	20.157	21.825	23.657	25.673	27.888	30.324	33.003
17	18.430	20.012	21.762	23.698	25.840	28.213	30.840	33.750	36.974
18	19.615	21.412	23.414	25.645	28.132	30.906	33.999	37.450	41.301
19	20.811	22.841	25.117	27.671	30.539	33.760	37.379	41.446	46.018
20	22.019	24.297	26.870	29.778	33.066	36.786	40.995	45.762	51.160
25	28.243	32.030	36.459	41.646	47.727	54.865	63.249	73.106	84.701
30	34.785	40.568	47.575	56.085	66.439	79.058	94.461	113.283	136.308
40	48.886	60.402	75.401	95.026	120.800	154.762	199.635	259.057	337.882
50	64.463	84.579	112.797	152.667	209.348	290.336	406.529	573.770	815.084

续表

n \ i	10%	11%	12%	13%	14%	15%	16%	17%
1	1.000	1.000	1.000	1.000	1.000	1.000	1.000	1.000
2	2.100	2.110	2.120	2.130	2.140	2.150	2.160	2.170
3	3.310	3.342	3.374	3.407	3.440	3.473	3.506	3.539
4	4.641	4.710	4.779	4.850	4.921	4.993	5.066	5.141
5	6.105	6.228	6.353	6.480	6.610	6.742	6.877	7.014
6	7.716	7.913	8.115	8.323	8.536	8.754	8.977	9.207
7	9.487	9.783	10.089	10.405	10.730	11.067	11.414	11.772
8	11.436	11.859	12.300	12.757	13.233	13.727	14.240	14.773
9	13.579	14.164	14.776	15.416	16.085	16.786	17.519	18.285
10	15.937	16.722	17.549	18.420	19.337	20.304	21.321	22.393
11	18.531	19.561	20.655	21.814	23.045	24.349	25.733	27.200
12	21.384	22.713	24.133	25.650	27.271	29.002	30.850	32.824
13	24.523	26.212	28.029	29.985	32.089	34.352	36.786	39.404
14	27.975	30.095	32.393	34.883	37.581	40.505	43.672	47.103
15	31.772	34.405	37.280	40.417	43.842	47.580	51.660	56.110
16	35.950	39.190	42.753	46.672	50.980	55.717	60.925	66.649
17	40.545	44.501	48.884	53.739	59.118	65.075	71.673	78.979
18	45.599	50.396	55.750	61.725	68.394	75.836	84.141	93.406
19	51.159	56.939	63.440	70.749	78.969	88.212	98.603	110.285
20	57.275	64.203	72.052	80.947	91.025	102.444	115.380	130.033
25	98.347	114.413	133.334	155.620	181.871	212.793	249.214	292.105
30	164.494	199.021	241.333	293.199	356.787	434.745	530.312	647.439
40	442.593	581.826	767.091	1 013.704	1 342.025	1 779.090	2 360.757	3 134.522
50	1 163.909	1 668.771	2 400.018	3 459.507	4 994.521	7 217.716	10 435.649	15 089.502

续表

n \ i	18%	19%	20%	25%	30%	35%
1	1. 000	1. 000	1. 000	1. 000	1. 000	1. 000
2	2. 180	2. 190	2. 200	2. 250	2. 300	2. 350
3	3. 572	3. 606	3. 640	3. 813	3. 990	4. 173
4	5. 215	5. 291	5. 368	5. 766	6. 187	6. 633
5	7. 154	7. 297	7. 442	8. 207	9. 043	9. 954
6	9. 442	9. 683	9. 930	11. 259	12. 756	14. 438
7	12. 142	12. 523	12. 916	15. 073	17. 583	20. 492
8	15. 327	15. 902	16. 499	19. 842	23. 858	28. 664
9	19. 086	19. 923	20. 799	25. 802	32. 015	39. 696
10	23. 521	24. 709	25. 959	33. 253	42. 619	54. 590
11	28. 755	30. 404	32. 150	42. 566	56. 405	74. 697
12	34. 931	37. 180	39. 581	54. 208	74. 327	101. 841
13	42. 219	45. 244	48. 497	68. 760	97. 625	138. 485
14	50. 818	54. 841	59. 196	86. 949	127. 913	187. 954
15	60. 965	66. 261	72. 035	109. 687	167. 286	254. 738
16	72. 939	79. 850	87. 442	138. 109	218. 472	344. 897
17	87. 068	96. 022	105. 931	173. 636	285. 014	466. 611
18	103. 740	115. 266	128. 117	218. 045	371. 518	630. 925
19	123. 414	138. 166	154. 740	273. 556	483. 973	852. 748
20	146. 628	165. 418	186. 688	342. 945	630. 165	1 152. 210
25	342. 603	402. 042	471. 981	1 054. 791	2 348. 803	5 176. 504
30	790. 948	966. 712	1 181. 882	3 227. 174	8 729. 985	23 221. 570
40	4 163. 213	5 529. 829	7 343. 858	30 088. 655	120 392. 883	466 960. 385
50	21 813. 094	31 515. 336	45 497. 191	280 255. 693	1 659 760. 743	9 389 019. 656

四、年金现值系数表（P/A，i，n）

n \ i	1%	2%	3%	4%	5%	6%	7%	8%	9%	10%
1	0.990	0.980	0.971	0.962	0.952	0.943	0.935	0.926	0.917	0.909
2	1.970	1.942	1.913	1.886	1.859	1.833	1.808	1.783	1.759	1.736
3	2.941	2.884	2.829	2.775	2.723	2.673	2.624	2.577	2.531	2.487
4	3.902	3.808	3.717	3.630	3.546	3.465	3.387	3.312	3.240	3.170
5	4.853	4.713	4.580	4.452	4.329	4.212	4.100	3.993	3.890	3.791
6	5.795	5.601	5.417	5.242	5.076	4.917	4.767	4.623	4.486	4.355
7	6.728	6.472	6.230	6.002	5.786	5.582	5.389	5.206	5.033	4.868
8	7.652	7.325	7.020	6.733	6.463	6.210	5.971	5.747	5.535	5.335
9	8.566	8.162	7.786	7.435	7.108	6.802	6.515	6.247	5.995	5.759
10	9.471	8.983	8.530	8.111	7.722	7.360	7.024	6.710	6.418	6.145
11	10.368	9.787	9.253	8.760	8.306	7.887	7.499	7.139	6.805	6.495
12	11.255	10.575	9.954	9.385	8.863	8.384	7.943	7.536	7.161	6.814
13	12.134	11.348	10.635	9.986	9.394	8.853	8.358	7.904	7.487	7.103
14	13.004	12.106	11.296	10.563	9.899	9.295	8.745	8.244	7.786	7.367
15	13.865	12.849	11.938	11.118	10.380	9.712	9.108	8.559	8.061	7.606
16	14.718	13.578	12.561	11.652	10.838	10.106	9.447	8.851	8.313	7.824
17	15.562	14.292	13.166	12.166	11.274	10.477	9.763	9.122	8.544	8.022
18	16.398	14.992	13.754	12.659	11.690	10.828	10.059	9.372	8.756	8.201
19	17.226	15.678	14.324	13.134	12.085	11.158	10.336	9.604	8.950	8.365
20	18.046	16.351	14.877	13.590	12.462	11.470	10.594	9.818	9.129	8.514
25	22.023	19.523	17.413	15.622	14.094	12.783	11.654	10.675	9.823	9.077
30	25.808	22.396	19.600	17.292	15.372	13.765	12.409	11.258	10.274	9.427
40	32.835	27.355	23.115	19.793	17.159	15.046	13.332	11.925	10.757	9.779
50	39.196	31.424	25.730	21.482	18.256	15.762	13.801	12.233	10.962	9.915

续表

i / n	11%	12%	13%	14%	15%	16%	17%	18%	19%
1	0. 901	0. 893	0. 885	0. 877	0. 870	0. 862	0. 855	0. 847	0. 840
2	1. 713	1. 690	1. 668	1. 647	1. 626	1. 605	1. 585	1. 566	1. 547
3	2. 444	2. 402	2. 361	2. 322	2. 283	2. 246	2. 210	2. 174	2. 140
4	3. 102	3. 037	2. 974	2. 914	2. 855	2. 798	2. 743	2. 690	2. 639
5	3. 696	3. 605	3. 517	3. 433	3. 352	3. 274	3. 199	3. 127	3. 058
6	4. 231	4. 111	3. 998	3. 889	3. 784	3. 685	3. 589	3. 498	3. 410
7	4. 712	4. 564	4. 423	4. 288	4. 160	4. 039	3. 922	3. 812	3. 706
8	5. 146	4. 968	4. 799	4. 639	4. 487	4. 344	4. 207	4. 078	3. 954
9	5. 537	5. 328	5. 132	4. 946	4. 772	4. 607	4. 451	4. 303	4. 163
10	5. 889	5. 650	5. 426	5. 216	5. 019	4. 833	4. 659	4. 494	4. 339
11	6. 207	5. 938	5. 687	5. 453	5. 234	5. 029	4. 836	4. 656	4. 486
12	6. 492	6. 194	5. 918	5. 660	5. 421	5. 197	4. 988	4. 793	4. 611
13	6. 750	6. 424	6. 122	5. 842	5. 583	5. 342	5. 118	4. 910	4. 715
14	6. 982	6. 628	6. 302	6. 002	5. 724	5. 468	5. 229	5. 008	4. 802
15	7. 191	6. 811	6. 462	6. 142	5. 847	5. 575	5. 324	5. 092	4. 876
16	7. 379	6. 974	6. 604	6. 265	5. 954	5. 668	5. 405	5. 162	4. 938
17	7. 549	7. 120	6. 729	6. 373	6. 047	5. 749	5. 475	5. 222	4. 990
18	7. 702	7. 250	6. 840	6. 467	6. 128	5. 818	5. 534	5. 273	5. 033
19	7. 839	7. 366	6. 938	6. 550	6. 198	5. 877	5. 584	5. 316	5. 070
20	7. 963	7. 469	7. 025	6. 623	6. 259	5. 929	5. 628	5. 353	5. 101
25	8. 422	7. 843	7. 330	6. 873	6. 464	6. 097	5. 766	5. 467	5. 195
30	8. 694	8. 055	7. 496	7. 003	6. 566	6. 177	5. 829	5. 517	5. 235
40	8. 951	8. 244	7. 634	7. 105	6. 642	6. 233	5. 871	5. 548	5. 258
50	9. 042	8. 304	7. 675	7. 133	6. 661	6. 246	5. 880	5. 554	5. 262

续表

i / n	20%	25%	30%	35%	40%	50%
1	0.833	0.800	0.769	0.741	0.714	0.667
2	1.528	1.440	1.361	1.289	1.224	1.111
3	2.106	1.952	1.816	1.696	1.589	1.407
4	2.589	2.362	2.166	1.997	1.849	1.605
5	2.991	2.689	2.436	2.220	2.035	1.737
6	3.326	2.951	2.643	2.385	2.168	1.824
7	3.605	3.161	2.802	2.508	2.263	1.883
8	3.837	3.329	2.925	2.598	2.331	1.922
9	4.031	3.463	3.019	2.665	2.379	1.948
10	4.192	3.571	3.092	2.715	2.414	1.965
11	4.327	3.656	3.147	2.752	2.438	1.977
12	4.439	3.725	3.190	2.779	2.456	1.985
13	4.533	3.780	3.223	2.799	2.469	1.990
14	4.611	3.824	3.249	2.814	2.478	1.993
15	4.675	3.859	3.268	2.825	2.484	1.995
16	4.730	3.887	3.283	2.834	2.489	1.997
17	4.775	3.910	3.295	2.840	2.492	1.998
18	4.812	3.928	3.304	2.844	2.494	1.999
19	4.843	3.942	3.311	2.848	2.496	1.999
20	4.870	3.954	3.316	2.850	2.497	1.999
25	4.948	3.985	3.329	2.856	2.499	2.000
30	4.979	3.995	3.332	2.857	2.500	2.000
40	4.997	3.999	3.333	2.857	2.500	2.000
50	4.999	4.000	3.333	2.857	2.500	2.000

参考文献

[1] 王化成. 财务管理 [M]. 北京: 中国人民大学出版社, 2013.

[2] 马元兴. 财务管理实务 [M]. 北京: 高等教育出版社, 2014.

[3] 财政部会计资格评价中心. 财务管理 [M]. 北京: 中国财政经济出版社, 2017.